Philadelphia ∞ Tysoe
1730–ㅤㅤㅤSaul
1792ㅤㅤㅤHancock
ㅤㅤㅤㅤ1711–
ㅤㅤㅤㅤ1775

1			1	①	②
ncis ∞ Mary	Jane	Charles ∞ Fanny	Jean ∞ Eliza ∞ Henry		
liam ┊ Gibson	1775–	John ┊ Palmer	Capot ┊ 1761– ┊ Austen		
74– ┊ gest.	1817	1779– ┊ gest.	Comte de ┊ 1813		
65 ┊ 1823		1852 ┊ 1814	Feuillide		
			gest.		
			1794		

2ㅤㅤㅤㅤㅤㅤㅤ2
∞ Marthaㅤㅤㅤ∞ HarrietㅤㅤㅤHastings
LloydㅤㅤㅤㅤㅤPalmerㅤㅤㅤ1786–
gest.ㅤㅤㅤㅤㅤgest.ㅤㅤㅤㅤ1801
1843ㅤㅤㅤㅤㅤ1869

rriet | Frances ∞ Francis | Elizabeth | Charles ∞ Sophia | George | Henry | Jane
ne | Palmer ┊ William | geb. & | John ┊ de Blois | 1822– | 1826– | geb. &
0– | 1812– ┊ Austen | gest. | 1821– | 1824 | 1851 | gest.
65 | 1882 | 1814 | 1867 | | | 1825

George ∞ Louisa | Cassandra | Herbert ∞ Louisa | Elizabeth | Catherine ∞ John
1812– ┊ Lane | Eliza | Grey ┊ Lyns | 1817– | Anne ┊ Hubback
1903 | 1814– | 1815– | 1830 | 1818–
ㅤㅤㅤㅤ1849 | 1888 | | 1877

Edward ∞ Jane | Frances | Cholmeley
Thomas ┊ Clavell | Sophia | 1823–
1820– | 1821– | 1824
1908 | 1904

	1	2	3			
William ∞ Caroline ∞ Mary ∞ Jane				Elizabeth ∞ Edward	Marianne	
1796– ┊ Portal ┊ Northey ┊ Hope				1800– ┊ Royd	1801–	
1873				1884 ┊ Rice	1896	

	1		2			
Charles	Louisa ∞ Lord ∞ Cassandra			Brook ∞ Margaret		
Bridges	1804– ┊ George ┊ Jane			John ┊ Pearson		
1803–	1889 ┊ Augusta ┊ 1806–			1808–		
1867	ㅤㅤㅤㅤHill ┊ 1842			1878		

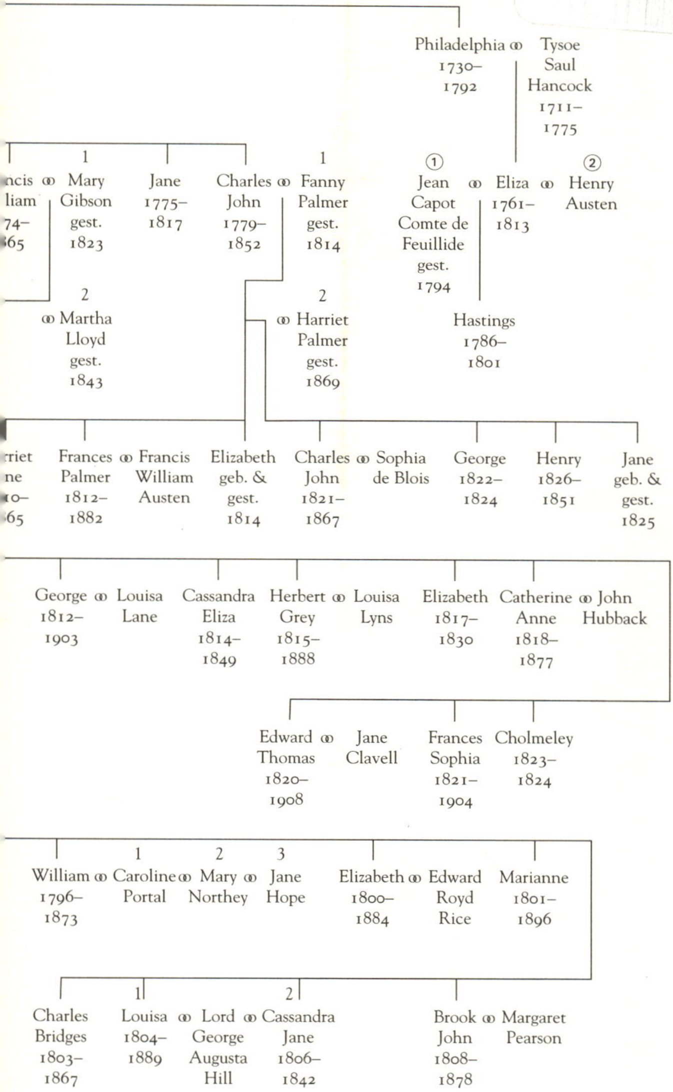

Elsemarie Maletzke

Jane Austen

Eine Biographie

Mit zahlreichen Abbildungen

Schöffling & Co.

Erste Auflage 1997
© Schöffling & Co. Verlagsbuchhandlung GmbH,
Frankfurt am Main 1997
Alle Rechte vorbehalten
Satz: Reinhard Amann, Aichstetten
Druck & Bindung: Pustet, Regensburg
ISBN 3-89561-602-8

J. Austen

Inhalt

Prolog · Jane Austens Überleben auf dem Bücher- und Medienmarkt

You could not shock her more than she shocks me;
Beside her Joyce seems innocent as grass.
It makes me most uncomfortable to see
An English spinster of the middle class
Describe the amorous effects of ›brass‹,
Reveal so frankly and with such sobriety
The economic basis of society.

W. H. Auden

Sicher hat er sie geliebt, brüderlich und eitel, aber was Henry Austen seiner Schwester nachsagte, grenzte für eine satirische Schriftstellerin an Rufmord. Jane Austen sei ängstlich bemüht gewesen, Gott zu gefallen und bei ihren Mitmenschen keinen Anstoß zu erregen. »Nie sprach sie ein unüberlegtes, leichtfertiges oder strenges Wort,« und »ihre Ansichten entsprachen genau denen der englischen Hochkirche.« Es wirkte. Nachfolgende Leser-Generationen genossen ihre »dear books« wie ein Täßchen Haferschleim und legten sich damit in der Sofaecke schlafen. Die liebe Jane und ihre exquisiten Miniaturen englischen Landlebens!

Nach Henrys Würdigung – und wer sollte sie besser kennen als ihr Lieblingsbruder – war die Perspektive erst einmal vorgegeben. Charlotte Brontë sah in ihrem Werk nur saubere Rasenkanten; H.G. Wells verglich sie mit einem bezaubernden Schmetterling – »ohne jedes Mark«, und die literarische Sekte der Janeites verteidigte ihren guten Ruf, »als ginge es um die Keuschheit ihrer Tante« (Virginia Woolf). Ihr Werk handele »von überhaupt nichts«, klagte ein Kritiker noch 1902. Jane Austen – eine Langweilerin von hohen Graden? Es hätte tödlich ausgehen können. Aber möglicherweise war Henry nicht zugegen, wenn sie ihren Schnabel an den Nachbarn wetzte, oder er hatte es ganz schnell vergessen; und möglicherweise verweigerte sich die viktorianische Literaturkritik ihrer Schärfe und nahm statt des Degens nur die Stickschere wahr.

Denn plötzlich, knapp zweihundert Jahre nach dem Erscheinen ihrer Bücher, hören und sehen Millionen Menschen Jane Austen zu. *Stolz und Vorurteil, Verstand und Ge-*

fühl, Emma und *Überredung* erleben aus heiterem Himmel eine Renaissance – im Fernsehen wie im Kino. Welches andere Medium hätte annähernd so viel Macht über unsere Lesegewohnheiten? Aus den Filmstudios sei das Knarren der Korsettstangen zu hören und ein unübersetzbares Geräusch, mit dem Brüste in historische Kostüme gezwängt würden, erfuhr die *Times*. *Sense and Sensibility* gewann einen Golden Globe; *Emma* einen Oscar. (Ich werde die deutschen Nonsense-Filmtitel *Sinn und Sinnlichkeit* sowie *Jane Austens Verführung* für *Persuasion* hier nicht verwenden.) Für die BBC-Serie von *Pride and Prejudice* sollen Engländer auf dem Weg zum Fernsehkasten Strafzettel wegen überhöhter Geschwindigkeit riskiert haben. Nur um zu erleben wie Mr. Darcy Elizabeth Bennet küßt. – Moment mal: küßt?! »Hätte Elizabeth ihm in die Augen sehen können, dann wäre ihr gewiß nicht entgangen, wie gut ihm der Ausdruck tiefempfundenen Glücks stand...« Bei Jane Austen wird viel geredet, nicht immer richtig hingeguckt und gar nicht geküßt. »Liebste!«, ein Händedruck, die Hochzeitstorte, Vorhang!

Was also gibt's zu sehen, da man uns im Kino doch sonst nichts vorenthält? Sind Austen-Verfilmungen die Schonkost, wie Emmas Vater sie seinen Gästen empfiehlt, das Täßchen Haferschleim, das kleine weichgekochte Ei, die wir uns nach cinematographischer fast-food genehmigen? »Mrs. Goddard, wie wäre es mit einem halben Glas Wein? Ein kleines halbes Glas, mit Wasser vermischt? Ich glaube nicht, daß es Ihnen schlecht bekommen würde...«

Es kann ja wohl nicht sein, daß wir uns nach Pferdekutschen, Nachttöpfen und Quadrillen zurücksehnen.

Oder doch nach Mäßigung, Geduld, Zurückhaltung, Auf-
richtigkeit und guten Manieren? Die *New York Times* sah
bereits im Kino ein Tugend-Revival aufdämmern; *News-
week* spürte »unsere moralisch groggy geschlagenen Köpfe
von einem Schwall kalten Wassers« erfrischt. Die englische Presse schrieb Austen eine Rolle zu, die früher die
königliche Familie innehatte: klassenübergreifend die Briten zusammenzuschweißen. »Ich freue mich, soviel Gutes
zu hören«, würde Miss Bates sagen, aber geht es vielleicht
auch eine Nummer kleiner?

»Jane Austen ist sexuell«, sagt Emma Thompson, die
das Drehbuch zu *Sense and Sensibility* schrieb. Ein verstoh-
lener Blick, eine zögernde Hand verraten das Herz, und
hinter dem Austausch höflicher Floskeln spratzeln die
erotischen Lunten. »Wir gehen nicht in Gesellschaft, weil
wir Vergnügen am Gespräch, sondern weil wir, direkt oder
indirekt, Vergnügen am Sex suchen. Wie hätten wir das
ohne Miss Austens Hilfe herausgefunden?« erkannte George Moore schon vor hundert Jahren. Das Kino zeigt uns das
Vergnügen nun in Großaufnahme. Was es nicht kann, weil
es in seinem überquellenden Ausstattungseifer zuviel tut,
ist die Abbildung von Austens erotischer Ökonomie. Ihre
Liebesszenen werden mit Worten, nicht mit Griffen vorangetrieben; Szenen, deren Intensität und schneller Stim-
mungswechsel an den Satz einer Schubert-Sonate erinnern, die man auch nicht verfilmen kann. Das Kino
traut den Worten nicht; sie sind nicht sein Medium. Es
traut auch dem Austen'schen Kammerspiel nicht. Wo im
Roman ein Gehölz als Rahmen für eine Liebeserklärung
reicht, rückt im Kino ein Mammutbaum ins Bild; wo ein

kalter Regensturm im Juli Emmas Schwermut widerspiegelt, strahlt im Film eine kalifornische Sonne über erlesenen Picknickutensilien und unverbrüchlich guter Laune. Bei den meisten Liebeserklärungen sind Austens Leser ohnehin nicht dabei. Ob die beiden in diesem unbeobachteten Moment doch . . .? »Es wird höchste Zeit, daß wir das Korsett sprengen!« schrieb eine Filmkritikerin und spendete Beifall für den Filmkuß von Anne Elliot und Kapitän Wentworth in Bath auf offener Straße. Ein bewegendes Bild, ein romantischer Augenblick, aber nicht von Austen.

Der Film *Sense and Sensibility*, der in Südengland und um einige seiner schönsten Häuser – Saltram House, Trafalgar House, Flete Estate, Montacute House und Wilton House – gedreht wurde, ist satt von grünem Licht und gesunder, feuchter Luft. Zarter Schmelz liegt noch auf dem verschossensten Hütchen und der verwohntesten Täfelung. *Persuasion* ist mehrere Lux dunkler und realitätsnäher. Ja, so finster ist es in kerzenerhellten Häusern. Die Säume der Reitermäntel schleifen im Schlamm und die Spitzenmanschetten durch die Bratensoße. Dick und gewöhnlich ist der Landadel. Selbst dem Helden, Kapitän Wentworth – schlecht rasiert und verschwitzt – fehlt ein Zahn. Anne Elliot wiederum sieht aus wie Jane Austen in einem unbeobachteten Moment: Rosinenaugen unter den dunklen Brauen und ein bekümmerter, schmaler Mund – »verblüht und schmächtig« mit 27 Jahren. *Persuasion – Überredung –* ist Austens letzter vollendeter Roman, böse und herb, eine Geschichte der verpaßten Gelegenheiten und der erzwungenen Resignation; vielleicht das einzige Werk, in dem die

Autorin ein klein wenig den Mantel der eigenen Befindlichkeit aufknöpft: Natürlich ist alles ausgedacht, aber
manchmal könnte man schießen.

In sieben vollendeten und zwei unvollendeten Romanen sichtete Austen am Ende des 18. Jahrhunderts ihre
Welt: der englische Landadel mit seinen Trabanten: Pfar-
rern, Anwälten, Offizieren, Glücksrittern und Damen von
zweifelhafter Ehre –, keine großen Tableaus, sondern »ein
Elfenbein-Täfelchen«, das sie ritzte und polierte. Weder
Krieg noch Revolution, weder Elend noch Verbrechen
kommen in ihren Büchern vor – in einer Zeit, in der
Amerika seine Unabhängigkeit erkämpfte, die Bastille
gestürmt wurde, England gegen Napoleon in den Krieg zog
(zwei von Janes Brüdern fuhren zur See), der Sklavenhandel florierte, die Landbevölkerung sich krumm schuftete
und Kinder deportiert werden konnten, wenn sie ein Brot
gestohlen hatten. Aber die Welt bricht zusammen, wenn
Lydia Bennet mit Mr. Wickham durchbrennt, der sie nicht
einmal heiraten will.

Es ist ein sozial und geographisch begrenztes Terrain,
doch mit einem weiten Ausblick auf die menschliche Natur. »Eine Teegesellschaft entlarvt Egoismus, Freundlichkeit, Selbstkontrolle und schlechte Laune ebensogut wie
ein Luftangriff«, schreibt Austens Biograph David Cecil.
Und so macht sich Emma, die auf einem Picknick der un-
aufhörlich plappernden Miss Bates über den Mund fährt,
nicht nur einer Taktlosigkeit schuldig, sie führt auch in
einer winzigen Szene vor, wie ungnädig arme alte Fräuleins
in guter Gesellschaft gelitten waren. Doch zugleich ist Miss
Bates eine von Jane Austens entzückendsten Gestalten.

Rührung mischt sich mit Erheiterung. »Schönheit erleuchtet diese Narren«, schrieb Virginia Woolf über Austens gerechte Satire. Keine andere verstand es wie sie, mit
leichter Hand das scheinbar Widersprüchliche zu verbinden: scharfe Beobachtung und zartes Verstehen, Farce und
Drama, Wortwitz und Moral. Und da sie niemals senti-
mental wird und sich niemals ereifert, sondern die Menschen beschreibt, wie sie sie kennt, sind auch ihre Figuren
unsterblich.

Da ist Mrs. Musgrove, die »breite, fette Seufzer« ihrem
toten Sohn hinterherschickt, »um den sich zeit seines
Lebens niemand gekümmert hatte.« – Mr. Collins, der
eine sehr gute Meinung von sich selbst hat und sich den
Damen durch zarte Schmeichelein angenehm zu machen
wünscht. »Kann er eigentlich ein vernünftiger Mann sein,
Vater?« »Nein, mein liebes Kind; ich glaube nicht.« – Lady
Catherine, die das Wetter von morgen bestimmt, und Mrs.
Bennet, die gerne gesprochen hätte, der aber nichts ein-
fällt.

Hinter dem Sofa stehen die Austenschen Helden in
Kniehosen, weißen Seidenstrümpfen und gedämpft lodern-
der Erotik: der stolze Mr. Darcy, der gekränkte Kapitän
Wentworth, der feinfühlige Mr. Knightley, der waidwunde
Oberst Brandon – Herren von Stand, nicht makellos, aber
lernfähig; die meisten erfreulicherweise mit Haus- und
Grundbesitz. Und alle denken an das eine: an die Liebe –
aber vor allem an die vorteilhafte Verbindung. Jüngere
Söhne suchten die reiche Erbin zu ergattern; jungen Damen blieb wenig Auswahl. Sie fanden einen Ehemann
oder lagen ihren Familien auf der Tasche. Aber sitzenzu-

bleiben war peinlich; und hatten sie kein Vermögen, war auf die Liebe kaum Verlaß. So gewinnt die verheerende kupplerische Tätigkeit von Mrs. Bennet (und die unbeteiligte Ironie von Mr. Bennet) eine andere Dimension, wenn man versteht, daß Madame bis zum Ableben ihres Mannes fünf Mädchen unter die Haube zu bringen hatte, die Mr. Collins als Erbe sonst nach Belieben aus dem Haus treiben konnte. (Wo Mrs. Bennet selbst abbliebe, wird nie erörtert).

Auch die Heldinnen sind auf der Suche nach der passenden Partie, abhängig von Familienbanden und eingeschränkt von dem Kreislauf aus Besuchen und Gegenbesuchen, Spazierfahrten und Bällen, von endlosen Abenden bei Handarbeiten, Whist und Geschwätz. Aber die besten von ihnen bringen es doch zu einem Solo in einer Gesellschaft, die wenig Wert auf die Tugenden tapferer, vernünftiger Frauen legte und überhaupt keinen auf ihre Wünsche. Und sie bekommen ihren Mann, nicht nur weil wahre Liebe stärker ist als gekränkter Stolz und raffgierige Verwandte, sondern oft aus ganz naheliegenden Gründen: Weil sie wie Catherine Morland so schrecklich verliebt sind, daß kein Henry auf Erden widerstehen kann; oder weil sie wie Fanny Price lange genug gewartet haben und die Konkurrenz sich als unwürdig erwies.

Das Happy-End ist manchmal von der wenig schmeichelhaften Sorte. Die Autorin weiß, was jede ihrer Heldinnen verdient hat: Elizabeth den edlen Mr. Darcy, die törichte Lydia den unguten Mr. Wickham, und Maria Bertram, die ihre Ehe bricht, wird in die Verbannung geschickt zur fürchterlichsten aller Tanten. »Und was die romantischsten Menschen auch immer sagen mögen, ohne Geld geht es nun einmal nicht«, weiß die praktische Isabella Thorpe in *Die Abtei von Northanger*. Es geht nicht ohne »brass«, nicht ohne den passenden Stand und nicht, bis Gefühl und Verstand gesprochen haben. Wirbelwind-Romanzen gehen bei Austen immer schief.

Und obwohl alle ihre Romane mit mindestens einem Ja-Wort enden, stiften sie wenig Vertrauen in die Ehe schlechthin. Sie sind bewohnt von schauerlichen Paaren wie den Bennets, den Dashwoods, den Allens, den Palmers, den Prices oder ungenügenden Elternteilen wie Mr. Woodhouse, Sir Walter Elliot, Mrs. Ferrars und General Tilney. Nur die Marine – immer fesch – bringt ein so glückliches altes Ehepaar wie Admiral und Mrs. Croft hervor.

»Einmal im Leben sollte jede das Recht haben, aus Liebe zu heiraten«, schreibt Jane Austen an ihre Schwester Cassandra, »und vorausgesetzt, daß Lady S. nun mit ihren Kopfschmerzen und ihrem pathetischen Getue ein Ende macht, kann ich ihr gestatten, kann ich ihr wünschen, glücklich zu sein.« Ein Satz wie ein Hieb. Danach kann man sich wieder über die Nadelarbeit beugen. Nur Lady S. hält sich die Wange.

Jane Austen, 1775 als siebtes von acht Kindern eines Geistlichen geboren, hat nie geheiratet, obwohl es ihr an Verehrern offenbar nicht gemangelt hat und eine Besucherin das junge Ding als »den hübschesten, albernsten, affektiertesten Schmetterling auf Gattenjagd« in Erinnerung behielt. Sie hatte schöne Augen und runde Wangen, Geschmack, Witz, und sie tanzte gern. Mit zwölf begann sie zu schreiben, erheiterte ihre Familie mit saugroben Parodien auf den empfindsamen Moderoman und spielte mit ihren Brüdern in der Scheune Theater. Wenig später entstanden ihre ersten Romane *Lady Susan, Elinor and Marianne* (ein Vorläufer von *Verstand und Gefühl*), *Die Abtei von Northanger*. Eine erste Fassung von *Stolz und Vorurteil* bot der Vater einem Verleger an. Sie mußte 17 Jahre auf sein Erscheinen warten.

Jane Austens einziges authentisches Portrait zeigt eine junge Frau, die bereits eine Haube trägt – ein Zeichen, daß sie sich jenseits des heiratsfähigen Alters betrachtete –, mit schmalen Lippen, kritischem Blick und vor der Brust verschränkten Armen. Die Haube war praktisch, weil man sich nicht jeden Tag großartig frisieren mußte, und sie war nun so frei, bei Hausbällen auf dem Sofa zu sitzen »und soviel Wein zu trinken, wie mir schmeckte«.

Als Autorin hat Jane Austen sich stets bedeckt gehalten – »by a Lady« stand auf den Büchern – und erst wenige Jahre vor ihrem Tod ihren literarischen Ruhm genossen. Tatsächlich trat sie eher als Tante denn als Schriftstellerin in Erscheinung, und man wünschte, es wären in ihrem Leben ein paar Neffen und Nichten weniger und ein paar Romane mehr erschienen. Eingebunden in einen großen Familienclan, der sie uns als friedfertige alte Jungfer überlieferte und alles aus ihren Briefen herausschnitt, das auf das Gegenteil verwiesen hätte, wurden auch ihre »lieben Bücher« als ungefährlich, pastoral und von kultiviertem Witz geschätzt. Aber Austen war kein zahmes Huhn, das in seinem literarischen Vorgärtchen pickte, sondern das eleganteste satirische Talent des ausgehenden 18. Jahrhunderts. Schwester Cassandras alten Augen sind ein paar

Brief-Sätze entwischt, die unter dem ganzen Hütchen-Schühchen-Spitzen-passend-Geplauder von Janes Gabe zeugen, auch mit der Stickschere zustechen zu können. »Mrs. Hall kam gestern sechs Wochen vor der Zeit mit einer Totgeburt nieder, verursacht durch einen Schock. Ich vermute, sie hat aus Versehen ihren Mann angeguckt.« Und über eine andere: »Arme Frau, sie wird doch nicht allen Ernstes schon wieder brüten wollen.« Oder: »Wir haben die Anzeige von Mrs. W.K.s Tod gesehen. Ich hatte ja keine Ahnung, daß irgend jemand sie leiden konnte.« Dies alles entre nous, liebe Cassandra. Am Teetisch war man dann wieder sehr höflich und sehr schweigsam. Nur die braunen Augen wanderten herum und später die Feder übers Papier.

Mit 27 Jahren hatte sie den Antrag eines Gentleman abgelehnt. Er war nett, er war wohlhabend, er lebte in der Nähe, seine Schwestern waren ihre Freundinnen. Konnte sie ihn nicht lieben? Trauerte sie einem anderen nach? Der Vorgang ist ihren Biographen ein Rätsel. Aber vielleicht wußte Miss Austen besser, was sie wollte und was sie als Mrs. Bigg Wither nicht haben konnte: Zeit zum Schreiben. Nicht um die Mußestunden zu füllen, sondern weil sie Schriftstellerin war. Zwischen 1811 und ihrem Todesjahr 1817 publizierte sie fünf große Romane und begann einen sechsten zu schreiben. Sie durfte kinderlos bleiben und wußte es zu schätzen. Drei ihrer Schwägerinnen waren im Kindbett gestorben, zwei von ihnen nach der elften Schwangerschaft. Austens Familienpflichten waren bindend genug. Ganze Sommer verbrachte die liebe, mittellose Tante Jane bei einem älteren Bruder als Gast, Kindermädchen und Stütze der Hausfrau. Das Cottage in Chawton teilte sie mit einer Freundin, Schwester Cassandra und ihrer schwer erträglichen alten Mutter. Ein Zimmer für sich allein? Sie hatte einen Tisch, einen kleinen.

Der literarische Erfolg kam wie ein verdienter Segen. Erfreulich war die Anerkennung durch den Prinzregenten oder Sir Walter Scott, aber ebenso erfreulich war das, was der Neffe Edward »Kies« nannte. Endlich eine eigene Reisekasse! Die Ausflüge nach London führten nicht nur ins Theater, sondern auch in die Geschäfte: Barchent und Bombasin, Tüll, rot getupfter Musselin, karierter Seidentaft, Hüte mit Klatschmohn oder Perlhuhnfedern, Strümpfe, Fächer, Knöpfe, neue Korsetts, Handschuhe, Hermelin-Capes. Die Briefe sind voll davon wie ein Theaterfundus. »Müssen wir schwarze Spitzen kaufen, weil der Herzog von Gloucester gestorben ist, oder tun es auch Bänder?« Das waren Fragen.

Sehr viel weiter als London, Bath, Canterbury und Southampton ist Jane Austen nie gekommen. »Sie führte ein ereignisloses Leben«, schrieb ihr Bruder Henry, der sich nicht vorstellen konnte, daß Frauen überhaupt etwas Interessantes vorhatten. Henry war mit einer kapriziösen Comtesse verheiratet; er war nacheinander Student, Offizier, Banker und Pfarrer; ihr Lieblingsbruder, charmant und eloquent. Aber er hatte uns nichts zu erzählen, was nach 200 Jahren noch leuchtete. Das tut Jane Austen, die so viel gewußt und so wenig erlebt hat.

I

Heirat der Eltern, Umzug nach Steventon,
Janes Geburt, Die Gentry als Trendsetter,
Die politische Lage

Sie mögen nach Belieben die kleinen Tatsachen ver-
vielfältigen, die man aus Bildern und Dokumenten,
Drucken und Gedenkstücken gewinnt – die wahre Sache
ist fast unmöglich zu bewerkstelligen, und auf den Kern
gebracht, ist die Wirkung gleich Null: Ich spreche von der
Erschaffung, der Darstellung des alten BEWUSSTSEINS,
der Seele, der Verfassung, dem Horizont, der Sicht von
Individuen, in deren Kopf es die Hälfte der Dinge,
die unsere Sicht ausmachen, die die moderne Welt ausmachen, gar nicht gab. Mit Ihrem modernen Apparat
müssen Sie sich einen Mann, eine Frau – oder auch
fünfzig – vorstellen, deren Art zu denken vollkommen
verschieden eingerichtet war. Sie müssen in einer
erstaunlichen tour de force zurück-vereinfachen, und
selbst dann kommt nur Unfug dabei heraus.
Henry James

Miss Cassandra Leigh hatte ein wenig unter ihrem Stand geheiratet. Der Reverend George Austen war zwar ein gutaussehender, manierlicher junger Mann mit einem gesicherten Einkommen, dazu liebenswürdig und strebsam, gewiß ein Gelehrter, aber streng genommen doch nur der Sproß einer Familie von Schneidern, während Miss Cassandra einen Herzog zu ihrer Verwandtschaft zählen konnte – angeheiratet, aber immerhin. Ihr Vater, der Reverend Thomas Leigh, und ihr Onkel Theophilus gehörten zum Lehrkörper der Universität Oxford, und obwohl ihre ältere Schwester Jane die Hübschere von beiden war, hielt sich Miss Cassandra viel auf ihren gesunden Menschenverstand zugute und ihr Talent, selbst erdachte Witze und Geschichten frei vorzutragen.

George Austen, mit seinen haselnußbraunen Augen, dem feinen Haar und dem kleinen Mund »der schöne Proktor« genannt, erfüllte seine Pflichten als Aufsichtsbeamter am St. John's College in Oxford mit der Gewissenhaftigkeit dessen, der zu Dank verpflichtet ist. Er stammte aus einer respektablen Familie von Tuchfabrikanten, den »Gray Coats of Kent«, war jedoch in eine verarmte Linie geraten. Sein Vater, ein praktischer Arzt – im 18. Jahrhundert keine sehr feine Profession – war, wie seine Mutter, früh gestorben, und der junge George hatte in seiner Familie Gönner gefunden; zwei landbesitzende Onkel, die ihn nach Oxford geschickt und ihm nach dem Studium zu einer Pfarrei und weiteren Pfründen in Hampshire verholfen hatten. Ob er die Theologie aus innerer Berufung gewählt hatte oder als äußere Voraussetzung für das nicht allzu beschwerliche Dasein eines Rektors und Gentleman,

Jane Austens Vater, der Reverend George Austen

Jane Austens Mutter, Cassandra Austen geborene Leigh

läßt sich nach über 200 Jahren nicht mehr entscheiden. Gesichert scheint, daß George Austen nicht durch religiösen Enthusiasmus auffiel, wie er zu seiner Zeit die Erneuerer der protestantischen Kirche um John Wesley umtrieb, sondern vielerlei weltliche Interessen pflegte: Jagdsport, Landwirtschaft, Bücher. Er las sogar Romane, ein in den Augen strenger Amtsbrüder nicht ganz tadelsfreier Zeitvertreib.

In Oxford hatte George Austen die gebieterische Miss Cassandra mit ihrer aristokratischen kleinen Hakennase kennengelernt und vier Jahre später geheiratet. Man konnte den Reverend nicht gerade eine glänzende Partie nennen, doch die Braut war mittlerweile 25, eine in allen Regeln des eleganten Haushalts unterrichtete junge Dame, nicht ohne Vermögen, aber auch nicht vollkommen liebenswürdig. Ihre resolute, schlagfertige Art ließ manchmal ein wenig Metall durchschimmern, und bei kleinen Unpäßlichkeiten hielt sie sich gerne länger auf. George Austen, 33 Jahre alt und eher von der diskreten Sorte, sah in ihr gleichwohl eine komplementäre Erscheinung: Ihre flinke Zunge entzückte ihn, ihre Unerschrockenheit zeichnete sie in seinen Augen aus, einem ländlichen Haushalt samt Garten, Kuhstall und Hühnerhof vorzustehen. So wurden sie im April 1764 in Bath getraut, und Miss Cassandra tauschte Prestige und Autorität der verheirateten Frau gegen geduldete Altjüngferlichkeit und ständige Verfügbarkeit im Haus ihres Vaters ein.

Sie fand sich ohne viel Etepetete im Landleben zurecht, richtete sich später eine »hübsche Molkerei« ein und schrieb ihrer Verwandtschaft vom Schweineschlachten, von ihren Enten und Gänsen, Rüben und Kartoffeln (sie war eine der ersten, die diese exotische Knolle anpflanzte) und beklagte den Regen, der das Getreide und die Erbsen verdarb. Bis ins hohe Alter – sie wurde 88 – sollte sie in ihrem Garten grubbern; trotz des Gejammers über die schwache Gesundheit eine unzerstörbare Erscheinung in der grünen Kittelschürze, breit geworden und ohne Vorderzähne, aber immer noch mit dieser angriffslustigen Nase im Gesicht.

Die Austens bezogen zunächst die Pfarrei von Deane in Hampshire, da das Haupthaus in Steventon in keinem präsentablen Zustand war. Sechs Jahre lebten sie dort samt Schwiegermutter Leigh und einem kleinen Schüler, und Mrs. Austen gebar pünktlich alle ein, zwei Jahre ein Kind. Dann, im Frühjahr 1771, war das Pfarrhaus endlich einzugsbereit.

Steventon in Hampshire ist ein Flecken in undramatischer Landschaft; ländliches, wohlbestelltes Süd-England zwischen Weiden und Hügeln, lichten Wäldern und kleinen Flüssen, über die sich tief die dunklen Erlen neigen. Die nächste Stadt, Basingstoke, ist rund sieben Meilen entfernt, London an die 70, eine 11-Stunden-Reise auf guter Straße. Der Postdienst war zuverlässig, die Chaussee sicher; zweimal am Tag hielt die Postkutsche nach London in Deane, ein Wedgwood Service wurde ohne Bruch von der Hauptstadt aufs Land geliefert. Bis zum heutigen Tag führt nur ein Landsträßchen nach Steventon, ein paar Häuserzeilen, die Kirche auf dem Hügel; man ist schon wieder draußen, ehe man drinnen war. Das Pfarrhaus wurde bereits von einem Enkel George Austens abgerissen, als der die Pfründe übernahm, und an anderer Stelle eleganter und solider wieder aufgebaut. Nur eine eiserne Waschküchenpumpe, Nachfolgerin einer hölzernen Gerätschaft, hat überlebt und steht mitten auf der Wiese dem Bauer im Weg.

1771, als der Reverend von Deane hierher übersiedelte, gab es lediglich einen ausgefahrenen Karrenweg zu seinem Anwesen, dessen Furchen ein Mann bei anstehendem höheren Verkehrsaufkommen mit ein paar Schaufeln Schotter auffüllte. Der Umzug mußte allerdings in voller Unbequemlichkeit erduldet werden. Die schwangere Mrs. Austen reiste an ein Federbett geklammert auf einer der wankenden Fuhren.

Als Seelsorger von Deane und Steventon verfügte George Austen über ein Jahreseinkommen von 600 Pfund, das ihm ein ganz behagliches Auskommen bot. Das Pfund hatte 20 Shilling à 12 Pence; und man darf seine Kaufkraft getrost mal 15 nehmen. Allerdings zahlte man für ein Pfund Lachs vergleichsweise wenig und für Briefporto – vom Empfänger zu entrichten – sehr viel. Jane Austen sah später zu, daß sie oder ihre Post eine Mitfahrgelegenheit fanden. Denn auch öffentliche Verkehrsmittel waren ungefähr 20 mal so teuer wie heute; eine Fahrt von London nach Winchester kostete in der Postkutsche ein halbes Pfund; das entsprach etwa dem Wochenlohn eines Landarbeiters; dafür zahlte man für das Pfund Beefsteak nur 8 Pence, für Butter 12, Käse 9einhalb. Um 1790 verdiente die Köchin eines Pfarrers 6 Pfund im Jahr, und während manche Geistlichen durch die Ansammlung von Pfründen mehrere Tausend im Jahr einstrichen, mußten sich ihre Kuraten mit 50 Pfund begnügen.

600 Pfund reichten dem Reverend, um Gärtner, Köchin und Dienstmädchen zu bezahlen und später eine Kutsche und zwei Pferde zu halten; keine allzu edlen Rösser, denn sie mußten auch den Pflug ziehen. Außerdem nahm der Pfarrer Knaben aus vornehmen Familien als Zöglinge ins Haus wie den erst dreijährigen Sohn des ersten Generalgouverneurs von Indien, Warren Hastings, eines hohen Herrn, der 1787 wegen Hochverrats vor den Fall kam und möglicherweise George Austens Schwester Philadelphia näher stand, als schicklich war. Der kleine George Hastings starb, ehe er Indien oder seinen Vater wiedersehen konnte, an Diphtherie.

Daß Kinder eine Seele haben, an der sie früh Schaden nehmen können, ist eine relativ neue Erkenntnnis; die »Mutterrolle« eine Erfindung des 19. Jahrhunderts. Das 18. machte nicht viel Wesen um die Kindheit, und es entsprach durchaus den Gepflogenheiten des höheren Mittelstands, Säuglinge aus dem Haus in die Pflege einer Amme zu geben, die den kleinen Schreihals durch die ersten besinnungslosen Monate brachte, bis er bildbar war und seinen Eltern Freude machen konnte.

Dem kleinen Mädchen, das den Austens am 16. Dezember 1775 geboren wurde, ging es nicht anders. Da ein bitterkalter Winter über Hampshire hereingebrochen war, konnte das Baby erst im April zur Kirche auf dem Hügel hinaufgetragen und getauft werden; danach trennten sich die Wege von Mutter und Kind. Erst ein Jahr später traf die kleine Jane wirklich im Pfarrhaus von Steventon ein, »ein Spielzeug für ihre Schwester Cassy«, wie der Vater

schreibt, »und eine zukünftige Gefährtin«. Doch die drei
Jahre ältere Schwester Cassandra war nicht begeistert. Sie
trampelte und schrie, bis man sie zur Raison brachte. Cassy
lernte schließlich, die Neue – Jenny – mit sich herumzu-
schleppen und aufzupassen, daß sie nicht in den Enten-
teich fiel. Sie wurden gute Freundinnen und Verbündete
in einem Haus voller Männer.

Jane hatte bereits vier ältere Brüder – nein, fünf. Aber
George, der Zweitgeborene, war bei der Amme geblieben
oder sonstwie fortgegeben worden. Er war taubstumm,
epileptisch, geistig behindert, so genau weiß das keiner
mehr, denn die Familie Austen schwieg sich über ihn aus.
Poor George, auf den aufzupassen niemand imstande war,
geriet in Vergessenheit. Die Eltern Austen berichteten
ihren Verwandten zum letztenmal, als er vier Jahre alt war
und – wieder einmal? – in Steventon lebte: »Gott allein
weiß, ob die Besserung anhält, aber ich glaube, wir dürfen
nicht zuviel erwarten. Es ist uns jedoch ein Trost, daß er
nie ein schlimmes oder bösartiges Kind sein wird« – der
Vater. »Mein armer kleiner George kam mich besuchen.
Er hatte wieder einen Anfall; seit zwölf Monaten der erste,
und ich hatte gehofft, er wäre darüber hinweg« – die Mutter. Jane, die später so stolz auf ihre zur See fahrenden
Brüder Francis und Charles und so entzückt von Henry
war, erwähnte ihn niemals. George starb 1838 an der Was-
sersucht, 72 Jahre alt. Das ist alles.

So war bei Janes Geburt der zehnjährige James unan-
gefochten der Älteste im Pfarrhaus, gefolgt von Edward,
sieben, und Henry vier; drei gesunden, unternehmungs-
lustigen Knaben. Nach ihnen kamen Cassandra und im

Jahr darauf Francis. 1779, als Jane vier Jahre alt war, wurde ihr kleiner Bruder Charles geboren. Nun waren sie komplett, sechs Brüder und zwei Schwestern. Alle hatten die gescheiten braunen Augen ihres Vaters geerbt, seinen kleinen Mund, und die Jüngeren einen Anflug von aristokratischer Nase.

Fünf Austen-Männer verheirateten sich im späteren Leben, vier von ihnen zweimal. Die Schwestern blieben ledig. Als Jane starb, war ihre Verwandtschaft auf 25 Neffen, Nichten und Großnichten angewachsen. Und da man sehr miteinander verbandelt war, gab es darunter einen James Edward, einen Edward, einen Henry, einen Henry Edgar, zwei Georges, je einen Francis und Charles, eine Cassandra Esten, eine Julia Cassandra, eine Cassandra Eliza, eine Cassandra Jane, eine Mary Jane und eine

Jane Austens Geburtshaus in Steventon, Zeichnung von Anna Lefroy

Harriet Jane. Wir müssen sie nicht alle kennenlernen und richten unser Augenmerk im Lauf der Geschichte im wesentlichen auf Janes Lieblingsnichten, die Anna und Fanny hießen.

Das Pfarrhaus, ein geräumiger, einstöckiger Bau mit schlichter Fassade und zwei Flügeln »hintenraus«, lag im Schatten großer Ulmen und Kastanien an einer Kreuzung im Grünen. Ein grasbewachsener Wall trennte den Blumen- und Gemüsegarten von den umliegenden Feldern und Weiden. Dachgauben, ein Spalier um den Eingang und eine breite Auffahrt verliehen ihm einen Anflug von Stattlichkeit, doch scheint es auch nach der Renovierung nicht sehr elegant gewesen zu sein – ein Neffe bemängelte den fehlenden Stuck und die nackten, weißgetünchten Deckenbalken. Cousine Eliza nannte es nach weiteren Maßnahmen »fast hübsch«, doch verglichen mit den Häusern der »besseren« Familien der Umgebung war Jane Austens Geburtshaus wohl eher ein ländliches Anwesen als der Sitz eines Gentleman.

An die fünfzehn Menschen lebten darin, Familie, Personal und mehrere zahlende Schüler. Eßzimmer und Salon lagen im Erdgeschoß mit großen Fenstern zur Auffahrt. Dort saß Mrs. Austen, stopfte Strümpfe und wartete, daß etwas geschah: Der Vorarbeiter trat ein, um mit dem Pfarrer zu sprechen, ihre Töchter gingen aus, um im Wheatsheaf Inn an der Hauptstraße die Post zu holen, selten ein Besuch, seltener ein Wagen ... Unterm Dach wurde es eng: viele Schlafzimmer, schräge Wände, die Schwestern teilten sich eine Kammer und ein Ankleidezimmer, das zugleich ihre Wohnstube war, mit einem schokoladenbrau-

nen Teppich, einer Kommode mit Bücherbrettern darüber,
Cassandras Aquarellkasten, Janes Klavier, ihrem Schreib-
pult und einem ovalen Spiegel zwischen den Fenstern. An
Sonntagen spazierte die Familie im Schutz einer wind-
dichten Hecke neben der Straße zur kleinen Kirche St.
Nicholas auf den Hügel, einem schmucklosen, 700 Jahre
alten Gotteshaus, das heute nicht sehr viel anders aussieht
als zu Austens Zeiten. Lediglich der Turm trägt eine Spitze,
und die Eibe im Kirchhof hat sich zu einem gewaltigen,
dunklen Baum ausgewachsen. Drinnen ist es kühl und still;
der Altar geschmückt mit zwei Armen voll Gartenblumen:
Pfingstrosen, Phlox, zartgrüner Frauenmantel, Margeriten
und Glockenblumen. Unter der Wandtünche zeichnen
sich die Mauerfugen wie ein Spalier für die aufgemalten
Rosenranken ab. Blaue Knie-Kissen sind auf einer Bank
gestapelt; jedes trägt in einem aufgestickten Blumenkränz-
chen das Bildnis einer Dame mit Federkiel. Als freches
kleines Mädchen hatte Jane sich im Kirchenregister als
Braut eines Mr. Fitzwilliam aus London und als frisch
Angetraute eines Mr. Mortimer aus Liverpool eingetragen,
und der Reverend, der gegen einen kleinen Scherz in der
Kirche nichts einzuwenden hatte, hatte einfach weiter-
geblättert.

Kraft Status und Verwandtschaft mit dem landbesitzen-
den Onkel Knight, der ihnen die Pfründe und das Nutz-
recht an dem benachbarten Hof übertragen hatte, gehörten die Austens zur »Gentry«, dieser leicht flüssigen
sozialen Schicht zwischen Aristokratie und Bürgertum.
Der Landadel zählte dazu, Geistliche und Offiziere; die
Marine wurde sehr schick, nachdem sie Napoleon aufs

Haupt geschlagen hatte, Rechtsanwälte sortierten sich in seine Reihen; verarmte Pfarrerswitwen und Schulleiterinnen wurden zu Kartenspiel und Abendessen in die Häuser der Gentry eingeladen, wie wir aus *Emma* erfahren. Die Grenzen begannen sich zu verwischen, fest standen die gewählten Umgangsformen. Zur Gentry zu gehören bedeutete für die Austens, daß der junge Lord Lymington zwar in ihrer Mansarde logierte – eine angenehme Beziehung, die später Einladungen zum Jahresball in Hurstbourne Park nach sich zog –, daß der Vater seiner Lordschaft jedoch nie den Salon im Pfarrhaus zu einem Familienfest betreten hätte. (Den Kutscher halten lassen, die Hausfrau aufscheuchen, ans Gartentor zitieren und ein paar gnädige Worte aus dem Wagenfenster fallenlassen, das war eher die Sache der Aristokratie.)

Hochadel und Gentry – ihre gebildeten, kunstinteressierten Vertreter – waren so etwas wie die Trendsetter des ausgehenden 18. Jahrhunderts. Ihr Geschmack war tonangebend und – vom späten 20. Jahrhundert aus betrachtet – erlesen, funktional und ästhetisch hochbefriedigend: klassische Fassaden im Stil von Palladio, Stühle und Anrichten von Chippendale, Hepplewhite und Sheraton, Geländer, denen die Brüder Adam Schwung verliehen hatten, und Teetassen aus dem Musterbuch von Josiah Wedgwood. Wer er sich leisten konnte, bestellte das Familienportrait bei Romney oder Lawrence; die Kühneren schätzten bereits den wilden Wolkenschieber Constable, sogar den völlig farbberauschten Turner. Der Mummenschanz der Viktorianer lag noch fern; es sah aus, als gäbe es wenig Überflüssiges unter dem englischen Himmel.

St. Nicholas Church in Steventon. Hier wurde Jane Austen getauft

Die Natur hatte im 18. Jahrhundert erst ihre Schrecken und dann ihre Förmlichkeit verloren. Das Pittoreske war in Mode. Der Gartenarchitekt Lancelot »Capability« Brown und sein Nachfolger Humphry Repton schichteten im Auftrag ihrer aristokratischen Klientel halbe Grafschaften im Sinne einer »idealen Landschaft« um, rodeten Wälder, weiteten Horizonte, setzen Baumgruppen und fluteten Täler für den schönen Blick aus hohen Fenstern. In *Mansfield Park* ist der junge Mr. Rushworth ganz erfüllt von dem Gedanken, sein elizabethanisches Anwesen von

Repton »verbessern« zu lassen, und da es ihm zwar nicht an Geld, aber an Geschmack gebricht, holt er den Rat weltläufigerer Wichtigtuer ein. Daß auf solchen Unternehmen kein Segen ruht, wußte auch Jane Austen schon: »Eine Allee fällen! Wie schade!« sagt ihre Heldin Fanny Price, die niemand um ihre Meinung gebeten hat, und zitiert mit Einverständnis der Autorin ein Dichterwort von Cowper: »Ihr gefällten Alleen, noch einmal klag ich euer unverdientes Los.«

Umsonst.

Dem freien Blick öffnete sich auch die Mode. Um die Jahrhundertwende schüttelte man die Perücken ab (die der Reverend Austen noch in mittleren Jahren getragen hatte), bürstete den Puder aus und zupfte sich die Locken à la Titus in die Stirn. Stoffe begannen zu fließen, und die tief dekolletierten, hochtaillierten »griechischen« Gewänder der Damen enthüllten bei Wind sehr viel mehr, als verflossene Reifröcke und zukünftige Krinolinen vorsahen. (Aber selbst à la grecque ging es nicht ohne Fischbein. Austens Nichten bekamen mit sieben und neun Jahren »neue Korsetts« angepaßt.) Auch die Herren waren der unbarmherzigen Anschmiegsamkeit enger Hosen und Strümpfe unter kurzen Westen und sich teilenden Rockschößen ausgeliefert. Es war ein Interim erstaunlicher Nacktheit – noch ganz frei vom Drang nachfolgender Generationen, alles zu verhängen, zu umhäkeln, aus- und vollzustopfen.

Großbritannien lag auf der Sonnenseite. Seit Beginn des Jahrhunderts und unter der Regentschaft des Hauses Hannover – Jane Austens Lebensspanne fällt fast gänzlich unter die Regierung Georg III – stieg das Land trotz des

Gartengestaltung im großen Stil;
Exlibris des Landschaftsarchitekten Humphry Repton

Verlusts der amerikanischen Besitzungen 1783 zur größten
Kolonialmacht und zur führenden Industrie- und Handels-
nation auf (wozu der Sklavenhandel ein Vermögen bei-
trug). Die Kriegsmarine schlug Frankreich zur See. Zu
Hause wurde es en vogue, das Teetäßchen aus bone china
zu erheben, statt den Bierhumpen auf den Tisch zu knallen. Wer mitreden wollte, durfte das nicht mit vollem
Mund tun. Lag Paris nun in Frankreich, oder Frankreich in
Paris? – der Reverend Austen konnte es seinem Nachbarn
sagen. Junge Herren brachen zur Grand Tour auf, um nach-
zusehen: Italien, die Alpen und der Rhein – Kulturreisen,
aber auch Schnäppchenjagden nach Kunst und Antiqui-
täten. In idealer Landschaft, an römische Tempelreste
gelehnt, ließen sich die »Milordi« malen. Die Säule nahmen sie anschließend mit.

Im Gegenzug wurde England für deutsche Reisende ein Sehnsuchtsziel, ein Ort der Aufklärung und des Fortschritts. Seit der »Glorious Revolution«, der unblutigen Machtübernahme durch William III., 1689, genossen die Briten eine Reihe grundsätzlicher Rechte. Sie demokratisch zu nennen wäre verfrüht – nur einer von acht Engländern war im Jahr 1780 wahlberechtigt, Engländerinnen hatten selbstverständlich gar nichts zu melden –, aber in den Machtkämpfen zwischen Whigs und Torys lag der Beginn des Zwei-Parteien-Systems und des Parlamentarismus. »O lieber Freund«, schrieb der Fußreisende Karl Philipp Moritz 1782 angenehm erschüttert, »wenn man hier siehet, wie ... ein jeder sein Gefühl zu erkennen gibt, daß er auch ein Mensch und ein Engländer sei, so gut wie sein König und sein Minister, dabei wird einem doch ganz anders zu Mute, als wenn wir bei uns in Berlin die Soldaten exerzieren sehen.« Die Städte hatten keine Mauern und keine Schlagbäume, die Presse polemisierte, der Herr saß mit seinem Pächter beim Bier, in ihren Kirchen jubelten die Dissenter, und vor der Verfassung waren sie alle gleich. »Good sense«, Vernunft und Gemeinsinn verbanden sich mit »good manners«, der Höflichkeit der Freien.

Daß nicht alle begünstigt waren, daß dem Müßiggang Weniger das Geracker und die Not sehr Vieler gegenüberstand, war offenkundig, jedoch kein Grund, die natürliche Ordnung anzuzweifeln. Daß es ein Oben und ein Unten gab, daß Vorrechte schon durch Geburt erworben waren, gehörte zur ideologischen Grundausstattung im England des 18. Jahrhunderts, so wie uns im 20. zumindest theoretisch die Gleichberechtigung aller Erdenbürger selbstverständlich erscheint. Die Austens waren stolz darauf, ihren Stand durch Fleiß (und ein paar gute Verbindungen) befördert zu haben. Armut war erbarmungswürdig. Dienstmädchen sollten nett behandelt werden. Doch viel mehr, als Pulswärmer für den »Armenkorb« zu stricken, konnte man nicht tun. »Ein sehr geringes Einkommen muß notwendigerweise den Geist einengen und die Stimmung verderben«, sagt Emma Woodhouse, der es an Geld und guter Laune nicht fehlt.

Die industrielle Revolution grummelte erst aus der Ferne. England war ländlich mit knapp neun Millionen Einwohnern und kaum einer größeren Stadt außer London mit 700 000 Bürgern, und auch die konnte man an einem Tag durchwandern; Chelsea lag schon im Grünen. Zwar hatte James Watt bereits in den 70er Jahren die Dampfmaschine zu einem brauchbaren Vehikel entwickelt, doch ist Jane Austen ihr Lebtag keiner Lokomotive begegnet, so wie sie nie eines Fahrrads, einer Konservenbüchse, eines Federhalters oder einer Packung Streichhölzer ansichtig wurde. Ihr Zeitgenosse, der Reverend Sydney Smith, zählte 1843 rückblickend auf, was in den vergangenen 70 Jahren sein Leben verändert hatte: »Früher habe ich mich in pechschwarzer Nacht durch die Straßen Londons getastet, jedem lasterhaften Übergriff ausgesetzt ... Nachtwächter gab es, aber keine Polizisten ... neun Stunden dauerte die Überfahrt von Dover nach Calais ... Ich hatte keinen Schirm; sie waren selten und teuer ... es gab keine Pennypost, keine Bank für die Armen, keine Hosenträger, kein Chinin gegen Fieber ... statt eleganter Clubs nur schmutzige Kaffeehäuser ... 15 Pfund gab ich pro Jahr allein für die

Reparatur meiner Kutsche aus, die von den schlechten Straßen zerrüttelt wurde; in den Gepäckkörben der Postkutschen gingen die Kleider zuschanden ... und sogar in der besten Gesellschaft war mindestens ein Drittel alle Gentlemen ständig betrunken.«

Vor der industriellen Revolution veränderte eine Agrar-Reform das Gesicht Englands. Kraft Parlamentsbeschlüssen und beschleunigt durch die hohen Getreidepreise während der napoleonischen Kriege, wurde im letzten Drittel des 18. Jahrhunderts Gemeindeland zusammengelegt, neu verteilt, unter den Pflug genommen und eingefriedet – ein nützliches Verfahren, aus dem vor allem die Besitzer großer, nun arrondierter Güter freudeglänzend hervorgingen, während kleinere Bauern und Freisassen von den Umlagen dieser Flurbereinigung – Grunderwerbssteuer, Meilen neuer Hecken, Zäune und Mauern und der Verlust des gemeinschaftlichen Weidelandes – in Armut und Tagelöhner-Abhängigkeit gedrückt wurden. Und da Großbritannien sich ständig im Krieg befand – erst gegen die abtrünnigen Kolonien in Amerika, dann gegen das revolutionäre Frankreich –, stiegen die Steuern und die Brotpreise. In den Londoner Slums verhungerten die Menschen; die Hälfte aller Neugeborenen starb vor dem zweiten Lebensjahr. Wer beim Stehlen erwischt wurde, konnte nach Gutdünken seines Richters zum Tode oder zu furchtbaren Leibstrafen wie Tretmühle und Auspeitschen verurteilt werden. Strafmündig wurde der Mensch mit sieben Jahren.

In der neuen Ordnung verschwand so manche wüste und verwunschene Ecke; dafür entstand ein Netz ordentlicher, gebührenpflichtiger Überlandstraßen mit Meilensteinen, Poststationen, Pferdeställen und Wirtshäusern. Reisen begann Spaß zu machen, und die besseren Stände brachen auf – an die See, ins Bad und zur Besichtigung der »stately homes« wie Blenheim oder Hampton Court. Das ländlich-liebliche England, wie wir es heute kennen, mit seinen großen Weiden und kleinen Gehölzen, alten Eichen und schmucken Herrenhäusern ist das Ergebnis einer konzertierten Aktion aus Rücksichtslosigkeit und Schönheitssinn, Absolutismus und Aufklärung.

Vielleicht hatte Virginia Woolf recht, als sie in *Orlando* von einem sonnenwarmen, klaren 18. Jahrhundert schrieb, das dem diffusen Licht und der Feuchtigkeit des 19. wich, in dem England zu frösteln begann, Teppiche ausgerollt, Plüschdecken aufgelegt wurden und Bärte wuchsen. Frauenleiber wurden wieder eingeschnürt und auch die Gefühle gut verpackt. Die Tinte floß reichlicher, und die Prosa schwoll.

Jane Austen, die einen Gutteil ihres erwachsenen Lebens im 19. Jahrhundert zubrachte und alle ihre Romane auf unserer Seite der Zeitwende publizierte, stand dennoch mit beiden Füßen im 18., als die gebildeten Stände stolz auf ihren »good sense« waren. Im Licht der Vernunft waren Distanzen gut zu sehen und einzuhalten. Und es war leicht, ironisch zu sein.

II Schulzeit, Die Brüder als junge Männer, Cassandra

Wie jede Familie damals und heute,
vor allem aber damals, wollten die Austens öffentlich
einen guten Eindruck machen.
Das ist ihnen gelungen, und es sei ihnen gegönnt.
Fay Weldon

»Wenn Cassandra der Kopf abgeschnitten werden sollte, würde Jane darauf bestehen, ihr Schicksal zu teilen.« Auf diese Formel brachte Mrs. Austen die Unzertrennlichkeit der beiden Schwestern. Sie wurde zum erstenmal auf die Probe gestellt, als Cassandra zehn Jahre alt war und die Eltern beschlossen, sie auf die Schule zu schicken. Eine Mrs. Cawley, die Witwe eines Oxford-Dozenten und weitläufig verwandt, betrieb in der Universitätsstadt ein Institut oder etwas dergleichen. Es schien geeignet. Jenny aber wollte oder sollte nicht allein bleiben, und da Cousine Jane Cooper, Tochter von Mrs. Austens älterer Schwester, ebenfalls einiger Bildung entbehrte, waren sie schon zu

Scherenschnitt mit der Aufschrift »L'aimable Jane«,
den ein Buchhändler in der 2. Auflage von Mansfield Park *eingeklebt fand*

dritt. Es war ein sehr früher Start; vielleicht wurde das
Mädchenzimmer für weitere Zöglinge gebraucht; oder Mrs.
Austen dachte wie Mrs. Price in *Mansfield Park*, »daß Luft-
veränderung vielen ihrer Kinder guttun würde.«

In erstaunlicher Übereinkunft schildern die Biographen
das Familienleben der Austens als über die Maßen heiter
und herzlich. Sie preisen ihre Anhänglichkeit, die Güte
des Elternpaares, und deuten die Abwesenheit von Kritik
und harschen Worten untereinander als ein Zeichen un-
getrübter Harmonie. Was dem Reverend Brontë eine Generation später in einer anderen literarischen Familie zu
recht und auf ewig angekreidet werden sollte – daß er seine
Töchter in ein schauerliches Internat steckte, in dem zwei
von ihnen starben –, erscheint bei dem Reverend Austen
und seiner Frau als vernünftige Entscheidung mit bedauer-
lichen, aber schicksalshaften Konsequenzen, in denen
Englands Jane mit knapper Not dem Tod von der Schippe
sprang. Die Eltern beschlossen, Cassandra einer von keiner Qualifikation empfohlenen Erzieherin zu überlassen
und die kleine Schwester, die sich nicht von ihr trennen
wollte, gleich dazu, als habe man nur darauf gewartet, der
Laune einer Siebenjährigen zu willfahren.

Austens Töchter mußten sich mit dem Großwerden be-
eilen. Wie die meisten Kinder, die nur zu ihrem Besten von
zu Hause weggeschickt werden, blieben sie wohl unein-
sichtig. Der dreijährige George Hastings segelte von Indien nach England zu einer Familie, die sein Vater nur vom
Hörensagen kannte. Mrs. Austens Schwägerin, Jane Leigh
Perrot, war mit sechs Jahren von Barbados ins Heimatland
verfrachtet und dort in ein Internat gesteckt worden. Sie

wurde kein ausgesprochen fröhlicher Mensch. Jane Austen hat in *Mansfield Park* die Lage der bei ihrer reichen, gleichgültigen Verwandtschaft ausgesetzten Fanny Price beschrieben; ein Mädchen, das nie erwachsen wird und für das einzige Widerwort, das sie riskiert, in die armseligen Verhältnisse zurückgeschickt wird, aus denen sie kommt.

Cassandra Austen, Janes Schwester

Bildung war natürlich ein Privileg in einer Zeit, in der 40 Prozent der englischen Männer und über die Hälfte der Frauen weder lesen noch schreiben konnten. Was die Austen-Töchter bei Mrs. Cawley darüber hinaus lernen sollten, war keinem so recht klar. Die Anfangsgründe und ein wenig Arithmetik, feine Handarbeit und Haushaltsführung hatten sie bereits bei ihrer Mutter gelernt. Für die eleganteren Fertigkeiten wie Französisch, Tanzen, Klavierspiel und Aquarellieren war Jane nun wirklich noch zu klein. Beide wären besser gefahren, wenn der Reverend, der zu Hause so erfolgreich seine und anderer Leute Söhne unterrichtete, sich selbst um ihre Bildung gekümmert hätte, er, der »nicht nur ein hochgradiger Gelehrter war, sondern auch einen vorzüglichen, weit gefächerten literarischen Geschmack« besaß sowie »ein außergewöhnlich mildes Temperament und sanfte Umgangsformen«, wie Henry und Francis Austen übereinstimmend bezeugen. Aber der Reverend dachte in erster Linie an die Zukunft von Jemmy und Neddy, Henry, Frank und Charles sowie Master Vanderstegen und Lord Lymington, der ein netter Spielkamerad war, aber für seine fünf Jahre ein bißchen zurückgeblieben und angefangen hatte zu stottern, weiß Gott, warum. In Oxford waren die Mädchen jedenfalls gut aufgehoben, und wozu Grammatik und Latein, da sie doch irgendwann heiraten würden, so hübsch und aufgeweckt, wie sie waren.

Die Töchter ihres Bruders Edward wurden später von wechselnden Gouvernanten erzogen, die einzige Profession, die unverheirateten Damen, die für sich selbst sorgen mußten, offenstand. Darin waren sie ganz der Gunst oder

Mißgunst der Herrschaft und ihrer Gören ausgeliefert, eine leidvolle Situation, die im 19. Jahrhundert ein ganzes Roman-Genre hervorbrachte. Mit überraschend starken Worten äußern sich Austens Heldinnen, wenn es ums »Gouvernanzen« geht:

»Es gibt Unternehmen in der Stadt, die zwar nicht mit Sklaven, aber mit menschlicher Intelligenz handeln.« »Oh, meine Liebe, Sklavenhandel! Sie jagen mir direkt einen Schrecken ein, Mr. Suckling war schon immer für dessen Abschaffung.« »Ich dachte keineswegs an Sklavenhandel«, erwiderte Jane, »ich versichere Sie, Erzieherinnen-Handel war alles, was ich im Sinn hatte ... auf welcher Seite das größere Elend ihrer Opfer liegt, vermag ich nicht zu sagen.« (*Emma*)

Hier spricht natürlich Jane Fairfax, die sich der Unverschämtheiten von Mrs. Elton erwehrt, aber auch ihrer Autorin, die lange auf den »Kies« hatte warten müssen, war der Gedanke an derartige Posten widerwärtig. Miss Allen, so schrieb sie, werde bei Edwards Töchtern hoffentlich ein ganzes Jahr durchhalten: »Armes Ding, sie tut mir leid, obwohl es meine Nichten sind.«

Bevor Cassandra und Jane aus Steventon abreisen, wollen wir uns ihren fünf Brüdern widmen. Von allen – Offiziere und Gentlemen – sind repräsentative Portraits auf die Nachwelt gekommen, während die Damen Austen auf die eher häusliche Kunst des Scherenschnitts und des Selbstgemalten zurückverwiesen waren. Zwei Brüder waren schon fast erwachsen und aus dem Haus. James, der Älteste,

James Austen, Janes ältester Bruder,
Pfarrer und Nachfolger seines Vaters in Steventon

18 Jahre, studierte am St. John's College in Oxford Theologie. Dort gab er eine kleine Zeitung heraus und schrieb Gedichte im Stil von Cowper. (Er war der einzige in der Familie, der seinen Kindern literarisches Talent vererbte.) Als angehender Pfarrer war er sich seiner Würde bewußt, doch zeigte er sich einem Jagdausflug und einem scharfen Ritt nicht abgeneigt und hielt sich als junger Kurat eine Hundemeute. »Ein Ball ist nichts ohne James«, schreibt seine Schwester. Da war er Ende 20, trug die Stirne frei, die Haare lang und den Kragen hoch. Er war klug, verläßlich, hilfsbereit, jedoch nicht ausgesprochen tolerant und später einem wechselhaften Temperament unterworfen, das seine Schwester als Belastung empfand, wenn er türenknallend und das Dienstmädchen unnütz herbeiklingelnd durchs Haus strich. James war der einzige Bruder, an dem sie leise Kritik anklingen ließ, und das kann nur bedeuten, daß er in späteren Jahren ein ziemlich unausstehlicher Mensch war.

Edward, 16, nicht halb so gescheit und gutaussehend wie James, neigte zur Unerschütterlichkeit, soll jedoch ganz reizend gewesen sein. Ein Gelehrter würde niemals aus ihm werden. Vielleicht ein Geschäftsmann? Mrs. Austen empfand es als große Gunst, daß Thomas Knight, ein Sohn des Onkels, der schon ihrem Gatten ein Auskommen gesichert hatte, Interesse an Neddy zeigte. Der Junge verbrachte jedes Jahr lange Ferien bei den Knights auf ihrem Landsitz in Kent, bis der Reverend sich ernsthaft Sorgen um Edwards Fortschritte in Latein zu machen begann. Aber Mrs. Austen, die sehr viel weiter blickte, legte ihre Hand auf seinen Arm. »Mein Lieber, ich glaube, du

*Edward Austen auf seiner »Grand Tour« in Italien. In jungen Jahren von
einem Verwandten adoptiert, wurde 1812 aus dem Austen ein Knight*

solltest deinen Verwandten gefällig sein und das Kind gehen lassen.« Familie, das war schließlich mehr als die sentimentale Bindung zwischen Eltern und Kindern, das bedeutete auch Karriere und Altersversorgung und in diesem Fall viel Geld und gesellschaftliches Ansehen. Edward ging. Er wurde von dem kinderlosen Ehepaar Knight adoptiert und statt auf die Universität auf eine Grand Tour durch Europa geschickt. Als ihr Alleinerbe stieg er zu einem der reichsten Grundbesitzer in Kent auf. Nicht daß er der Familie verlorenging; seine Schwestern waren oft bei ihm zu Gast, aber der Dank an seine Mutter kam spät und fiel erstaunlich bescheiden aus.

Janes Lieblingsbruder war Henry, 12, ein hoch aufgeschossener, unsteter Knabe, siebengescheit, immer für eine Überraschung gut, vielleicht ein Blender, vielleicht nur einer, der sich nicht so furchtbar gern anstrengen wollte. Er hörte seiner kleinen Schwester zu und brachte sie zum Lachen. Obwohl er ein ebenso guter Schüler wie James war und ihm nach Oxford folgte, zeigte er dort weniger Zielstrebigkeit und trat in die Bürgerwehr statt in die Kirche ein. Jane vertraute ihm; sie las ihm die Manuskripte ihrer Romane vor und wurde von ihm verraten. Obgleich um Schweigen gebeten, plapperte er ihre Autorenschaft aus. Sie vergab ihm seufzend; offenbar hatte er eine Menge Charme. Er konnte die langweiligste Teegesellschaft aufmischen und war in diesem Punkt ein rechter Segen. Doch bei aller Aufgeräumtheit bleibt Henrys Erscheinung glatt und ein wenig kalt. Als 50jähriger hatte er ein attraktives, schmales Gesicht mit hohen Wangenknochen und spöttischen Augen, ein Gesicht, mit dem er heute Gelände-

Henry Austen, Janes Lieblingsbruder, Offizier, Banker, schließlich Pfarrer

wagen, Kaschmirpullover oder alten Whisky verkaufen könnte. In diesem Alter hatte er eine Ehe und einen Karriereknick hinter sich, doch weder der Tod seiner Frau noch der Bankrott seiner Bank scheinen ihn dauerhaft deprimiert zu haben. »Sein Sinn ist kein Sinn, der nach Trübsal steht«, schrieb Schwester Jane.

Francis, den alle Frank nannten, war ein kleiner, zäher, agiler Kerl mit einem dunklen Krauskopf; auch er kein Gelehrter, aber aufgeweckt, mutig und überraschend praktisch. Als Siebenjähriger kaufte er für 1 Pfund ein Pony, ritt mit ihm auf Jagden und sprang alles, »worüber das Pony seine Nase kriegte«, um es zwei Jahre später zum doppelten Preis zu verkaufen. Doch sonst hören wir wenig über diesen kleinen Mann, der mit neun wußte, daß er nicht nach Oxford, sondern mit zwölf Jahren auf die Marine-Akademie nach Portsmouth gehen würde. Mrs. Austen scheint auch im Fall ihrer Söhne Francis und Charles nicht an übertriebener Anhänglichkeit gelitten zu haben.

Andererseits standen Knaben, die nichts zu erben hatten, gleichwohl Gentlemen waren, nicht viele Berufsmöglichkeiten offen: die höheren Ränge der Jurisprudenz oder die Kirche. Da körperliche Arbeit als unfein galt, bot sich »Müßiggang als das Vorteilhafteste und Ehrenvollste an«, (*Verstand und Gefühl*). Zu diesem Zweck schrieb man sich in Oxford oder Cambridge ein und brachte es nach geistes- und naturwissenschaftlichen Studiengängen zum Anwalt oder Theologen. Die Prüfungen waren offenbar nicht allzu hart. Dem jungen Ehemann einer Austen-Nichte stellte der Bischof bei der Ordination lediglich zwei Fragen: Ob er der Sohn von Mrs. Lefroy auf Ashe sei, und ob er eine Miss Au-

Francis Austen, der ältere von Janes zur See fahrenden Brüdern

sten geheiratet habe. Auch Henry Austen mußte später nur sein Griechisch ein wenig aufpolieren, um ein geistliches Amt zu gewinnen. Pfründe wurden von Grundherren verkauft oder an Protegés vergeben und brachten in ihrer Akkumulierung ein hübsches Vermögen ein, ohne daß eine Überlastung des Amtsinhabers durch geistliche Pflichten drohte. James Austen konnte sich ein Reitpferd, ein Gespann und eine Kutsche leisten und schlug erst nach harter Gewissenbefragung eine dritte, lukrative Pfarre aus. »Mary klagt in letzter Zeit nur noch wenig über ihre Armut«, spottete Jane über ihre Schwägerin Mrs. James Austen.

Auch das Militär galt als angemessen – Offizierspatente waren käuflich – und die Marine, in der man wiederum auf gute Beziehungen und Promotion angewiesen war. Der Reverend tat sein Möglichstes, um für seine beiden jüngsten Söhne verfügbare Fäden bis in die weiteste Verwandtschaft zu ziehen und ihnen Posten auf einem Schiff zu sichern.

Das Leben auf See war für einen Kadetten und angehenden Offizier entbehrungsreich, und falls er an entsprechende Vorgesetzte geriet, überaus schikanös. Drill und Prügel sollten zehnjährigen Kindern helfen, Männer zu werden. Und waren sie erst einmal unterwegs, bestimmten der Krieg und das Wetter, ob und wann sie heimkehrten. Frank führte sich vorbildlich. Er durchlief die Akademie mit Bravour; sein Abschlußzeugnis wurde den Mitschülern mit den besten Empfehlungen in puncto Fleiß, Wißbegierde und korrektem Verhalten vorgelesen. Dann verschwand er an Bord der *Perseverance* mit 36 Kanonen nach Indien, begleitet von den Ratschlägen seines Vaters: »Entweder wirst Du durch eine geringschätzige, unfreundliche und selbstsüchtige Art Abscheu und Abneigung erwecken, oder durch Leutseligkeit, ein heiteres Gemüt und die Bereitwilligkeit nachzugeben Wertschätzung und Zuneigung erfahren ... Die Klugheit wird Dich lehren, daß Du am besten im Leben vorankommst, wenn Du Dich nützlich machst und ... Dich vor Deinesgleichen durch überlegene Tüchtigkeit auszeichnest.« Frank wurde schnell befördert; mit 18 war er Leutnant und als solcher berechtigt, den Befehl zum Auspeitschen aufsässiger Matrosen zu geben. »Mit Deinen Untergebenen wirst Du wahrscheinlich wenig Umgang haben«, hatte der Vater geschrieben, »aber wenn dies der Fall ist, werden sie Anspruch auf Freundlichkeit haben, die, wie Du mir glauben darfst, nicht an sie verschwendet sein wird.« Frank nahm die Sache ernst; er brachte es bis zum obersten Seelord und Flottenadmiral Sir Francis William Austen und Ritter des Bath-Ordens.

Charles war erst vier und lief noch im Kinderröckchen Farmer Sewards Schafen hinterher. Auch er ging mit zwölf zur Marine und machte seinen Weg bis zum Konteradmiral. Aber anders als Frank, der eher mit Grundsätzen als mit dem Talent zu amüsieren gesegnet war, mußte Charles nicht erst zur Nettigkeit aufgefordert werden. Jane und Cassandra kaufte er in Sizilien von seinem Prisenanteil für ein aufgebrachtes Handelsschiff zwei Topas-Kreuze an Goldketten. – Ach, »was nützt es, Prisen zu kassieren, wenn er den Gewinn in Geschenken für seine Schwestern anlegt!« jubilierte Jane verhalten. »Er gehört ordentlich ausgeschimpft ... Wir werden unerträglich vornehm sein.«

Wahrscheinlich hatte Jane Austen diesen »ein und einzigen kleinen Bruder« im Auge, als sie in *Mansfield Park*

Charles Austen, Janes jüngster Bruder,
der wie Francis bei der Kriegsmarine Karriere machte

Fannys Bruder, den Fähnrich zur See William Price auftreten läßt, einen hoch vergnügten, beherzten jungen Mann, an dessen Arm sich diese schüchternste aller Heldinnen hängen darf, die »in ihrem ganzen Leben noch nicht soviel Glückseligkeit gekannt wie in diesem zwanglosen, ebenbürtigen, vorbehaltlosen Umgang mit ihrem Bruder und Freund.« Denn »Kindern derselben Familie, desselben Blutes mit denselben frühen Erlebnissen und Gewohnheiten ist eine Möglichkeit gegeben, sich gemeinsam zu freuen, wie keine spätere Verbindung im Leben sie herstellen kann.«

War es diese Möglichkeit, die auch den Austen-Söhnen und -Töchtern geschenkt war? Die Fähigkeit, trotz des durchgreifenden »good sense« ihrer Mutter so viel Halt, Geborgenheit und Vergnügen aneinander zu finden?

Das Geschwisterkind, das Jane am nächsten stand, das ihr Leben teilte und von dem wir am wenigsten wissen, ist Cassandra – eine Frau ohne Beruf, Macht und Einfluß, eine loyale Schwester, geliebte Tante, eine fleißige Briefschreiberin, von der kaum eine Zeile erhalten ist. »Du bist ganz gewiß die köstlichste komische Autorin der Gegenwart«, schreibt Jane ihr einmal zurück. Aber auch: »Ich kenne Deine steifen Ansichten.« Wie immer sind es solche Zitate, die, auch wenn sie seit hundert Jahren wiederholt werden, nichts Wesentliches über einen Menschen mitteilen. Wie oft wurde schnell noch ein PS angefügt, weil draußen schon einer auf dem Pferd saß, der den Brief mitnehmen sollte, ein Satz, den nur sie verstand und der vielleicht etwas ganz anderes bedeutete? Generationen von Austens tradierten Janes Worte, mit denen sie Neffen und Nichten in wichtigen Fragen an Tante Cass verwies, die alles so viel besser wisse und gründlicher erklären könne, als ein Zeugnis, daß Jane ihr Leben lang Cassandra als Vorbild betrachtet habe (und nicht etwa als Ausrede einer entnervten Autorin, die endlich zu ihrem Manuskript zurückkehren wollte).

Die Topas-Kreuze, die Charles Austen 1801 seinen Schwestern schenkte

Die Schwestern teilten eine Leidenschaft für Klatsch und Hutgarnituren, ein Interesse an Familie und Haushalt, doch darüber hinaus hatte Jane die Literatur und Cassandra nichts. Sie hörte zu. Als Jane tot war, nannte die Schwester sie »die Sonne meines Lebens«. Sie habe sie »zu sehr« geliebt, »zwar nicht mehr, als sie verdiente, aber ich bin mir bewußt, daß meine Liebe zu ihr mich manchmal anderen gegenüber ungerecht und nachlässig werden ließ ...« Ohne Jane muß es in Chawton kaum auszuhalten gewesen sein. Cassandra, so schreibt Mrs. Austen, hatte »das Verdienst, ihr Temperament immer unter Kontrolle zu haben, aber Jane das Glück, daß sie ihr Temperament nie unter Kontrolle zu haben brauchte.« Auch dies ist ein Satz, der vielleicht mehr über Mrs. Austen als über ihre Töchter sagt.

Jane und Cassandra rollten also fort zu Mrs. Cawley, und es muß keine sehr schöne Zeit gewesen sein, denn Jane schrieb später: »In Oxford bin ich nur einmal in meinem Leben gewesen, und ich will ganz bestimmt nie mehr dort-hin. Sie schleiften mich durch so viele düstere Kapellen und staubige Bibliotheken...« Bald hören wir, daß die Erziehungsberechtigte mit ihren Schülerinnen aus unbe-kanntem Grund nach Southampton verzogen ist, daß dort »Faulfieber«, Typhus, ausgebrochen sei, Jane, Cassandra und Cousine Jane Cooper sich angesteckt hätten. Mrs. Cawley aber duldete nicht, daß die Eltern verständigt wur-den, und erst als Jane einen überaus bedenklichen Ein-druck machte, beinahe so, als wollte sie sterben, durfte die kleine Cooper einen Brandbrief nach Hause schreiben. Mrs. Austen und Mrs. Cooper eilten nach Southampton, um ihre Töchter in Sicherheit zu bringen. Die Mädchen wurden wieder gesund, aber die schöne Mrs. Cooper hatte sich angesteckt und starb.

Unbeeindruckt von dieser Erfahrung beschlossen die Austens ein gutes Jahr später, einen zweiten Versuch mit der Abbey School in Reading zu wagen. Die neue Lehre-rin, Mrs. Latournelle, war kein solcher Drachen wie Mrs. Cawley, aber von mitteilenswerten Kenntnissen in Ge-schichte, Geographie und Arithmetik offenbar ebenso weit entfernt wie diese. In den Morgenstunden wurde ein wenig auf dem Piano geklimpert und die Nadel durch den

Stickrahmen geführt, Französisch und Italienisch geplaudert, aber lieber schwatzte Mrs. Latournelle über das
Theater, wo sie wohl eine Weile gewirkt hatte, und die
Älteren erzählten den beiden Neuen, daß Madame auf
einem Korkbein herumrenne und ihr Name auch nicht
echt sei; eigentlich war sie eine Miss Hackett. Doch ließ
ihre Großzügigkeit nichts zu wünschen übrig. Als Edward
mit einer Gesellschaft von Freunden seine Schwestern besuchen kommt, ziehen alle zusammen in ein Gasthaus zum
Essen.

Jane erinnerte sich später gern an diese sonderbare
Schule, in der viel gekichert und wenig gelernt wurde. Wie
Mrs. Goddards Institut in *Emma* war es ein »richtiges, soli-
des, altmodisches Pensionat, wo eine angemessene Menge
von Fertigkeiten für einen angemessenen Preis erworben
wird und wohin man Mädchen schicken kann, damit sie
aus dem Weg sind und sich ein bißchen Bildung zusam-
menkratzen können, ohne Gefahr zu laufen, als Genie
zurückzukommen.«

Die Austen-Mädchen kamen schon nach eineinhalb
Jahren zurück, Cassandra 14, Jane elf Jahre alt. Unzertrenn-
lich in ihrer schwesterlichen Zuneigung, hatten sie nun
dazugelernt, daß aufeinander Verlaß war. Schwestern-
Freundschaft sollte in Austens Romanen *Stolz und Vorurteil, Verstand und Gefühl* und *Die Watsons* eine große Rolle
spielen (so wie ihre durchweg törichten, ja sträflichen
Elternfiguren sicher auch kein reiner Zufall sind). Wie
trostreich eine solche Freundschaft ist, hatte Jane zum
erstenmal in Southampton und Reading erfahren.

III Jugend in Steventon, Lektüre, Hausarbeit und Briefe, Standestugenden, Philadelphia Hancock und Eliza de Feuillide

Mama fand immer, daß ich ihre beste Schülerin war;
doch so lange Papa am Leben war, war Eloisa seine
beste ... Lesen liebten wir beide; sie Geschichten und
ich Rezepte. Sie rührte Aquarellfarben an, ich Soßen ...
Seit Jahren sind wir darin übereingekommen,
unsere Werke gegenseitig zu bewundern.
Ich versäume niemals, ihrer Musik zu lauschen,
und sie ißt beharrlich meine Pasteten.
Jane Austen, Lesley Castle

Wenn es stimmt, daß Künstler den Gesetzen sozialen Umgangs nicht unterworfen sind, daß Genie nicht zwingend nach gutem Charakter oder auch nur nach durchschnittlicher Freundlichkeit verlangt oder daß, wie Henry Austen es formulierte, »ein ausgeglichenes Temperament sich nicht mit der lebhaftesten Einbildungskraft vereinbaren läßt«, dann war Jane Austen eine Ausnahmeerscheinung. Eine Frau in ihren Umständen hätten genialische Gebärden wahrscheinlich auf den Dachboden gebracht. Aber selbst denen, die sie als Schriftstellerin schätzten, war ihre Kunst »eine stille und glückliche Beschäftigung« wie Porzellanmalerei oder Seidenblumenstecken. Niemals kam ihrer Familie der Gedanke, sie deshalb von häuslichen Pflichten zu entlasten, und sie selbst scheint es niemals laut gefordert zu haben.

Als Jane Austen elf war, begann für sie, was Henry später das »ereignislose Leben« nennen sollte. Nie wieder rührte sie sich aus dem Kreis der Familie, »in dem sie weder Mißfallen erregte noch Vorwürfen begegnete« und alle dürfen sich freuen, »daß ihre Wünsche nicht nur vernünftig waren, sondern auch erfüllt wurden.« Ob der Wunsch nach Flügeln, nach finanzieller Unabhängigkeit oder nur nach einem Zimmer für sich allein zu den unvernünftigen, unerfüllbaren gehörte, wissen wir nicht, und Bruder Henry wäre der letzte, der es uns verriete.

Als erwachsene Frau hat Jane Austen sich einmal »ungebildet und unwissend« genannt, aber dies geschah in taktischer Absicht, um einen äußerst lästigen Verehrer abzuwehren, der sie mit Ideen für neue Romane traktierte. Als junges Mädchen war es ihr gelungen, Französisch und etwas Italienisch zu lernen, über die Geschichte Englands Bescheid zu wissen – sie war eine Verehrerin von Maria Stuart – und sich mit Gewinn an den gepflegten Gesprächen zwischen Vater und Brüdern zu beteiligen. Die Bibliothek des Reverend – mehr als fünfhundert Bände – stand den Töchtern offen, sie waren Abonnentinnen einer Leihbücherei, und so manche flaue Stunde wurde mit Vorlesen verkürzt. »Wir sind begeisterte Romanleser und schämen uns dessen nicht«, schrieb Jane zu einer Zeit, als das Schmökern mindestens so verdächtig war wie heute das Surfen im Internet; Romane gar, die dem Hirn Scheinwelten vorgaukelten und die Phantasie erhitzten! *Camilla* von Fanny Burney, Fieldings *Tom Jones, Tristram Shandy* von Sterne; Maria Edgeworth, Samuel Richardson – ihr Lieblingsautor – und Samuel Johnson, *Werthers Leiden* in der Übersetzung, Cowpers Gedichte, Sheridans Komödien und Shakespeares Tragödien, sogar Schauergeschichten und sentimentale Briefromane; es wurde alles weggelesen in Steventon.

Cassandra malte ein wenig, Jane spielte ein wenig Klavier. Doch der größte Teil ihres Tages war mit Haushaltspflichten gefüllt. (Mrs. Austen wird dafür gesorgt haben, daß kein Vakuum entstand.) Zwar gingen sie nicht persönlich die Johannisbeeren pflücken und den Teppich bürsten, aber sie mußten Bescheid wissen, wie das Hausmädchen die feinen Spitzen zu bügeln, den Mahagonitisch zu polieren und das Silber zu putzen hatte. Eine Dame des georgianischen Zeitalters fand es nicht unter ihrer Würde, den Johannisbeerwein zu keltern; ihre viktorianische Schwester überließ das lieber der Köchin. Jane hörte gern, daß ihre Mutter sie eine gute Haushälterin nannte, und es wäre ihr im Traum nicht eingefallen, die kleinen Genüsse zu schmähen, die aus diesen Fertigkeiten erwuchsen. »Feine Apfelkuchen sind ein wichtiger Teil unseres häuslichen Glücks.« Daß Fanny Knight ihre Tante später zieh, sie sei nicht »vornehm« genug gewesen, lag nicht nur an deren unverblümter Art, die sie Worte wie »Hose«, »Entbindung« oder »aufhängen« aussprechen ließ, sondern auch an dem niederen Interesse, das sie Farmer Sewards Schafen und den Preisen für Hopfen und Hammel entgegenbrachte. »Lord Bolton wünscht dringend etwas über Edwards Schweine zu erfahren; er hat für die seinen einen überaus eleganten Stall errichten lassen und besucht sie jeden Morgen nach dem Aufstehen... Hat Edward jemals den Hühnerstall gebaut, den er und meine Mutter planten?«

Die Austens lebten aus dem Garten, hielten Geflügel und Bienen, butterten, buken, brauten und rührten bei Vollmond ihre Quacksalber-Medizinen an. Cassandra und Jane nähten ihre Garderobe selbst, dazu die Hemden für ihren Vater und die Brüder. Eines von Austens umfangreichsten Werken ist kein Roman, sondern eine Patchworkdecke aus unzähligen kleinen Rhomben in einem Gitterwerk mit einem Blumenkorb in der Mitte.

Und sie korrespondierten. Es müssen Hunderte von Briefen gewesen sein, die Jane an die Brüder auf See, an Henry nach London, an Freundinnen, Nichten und an Cassandra schrieb. Briefeschreiben unterlag wie Konversation und Tanz festen Regeln, und das Erlernen dieser Kunst gehörte für kleine Mädchen zur Vorbereitung auf ihre Rolle als künftige Familien-Korrespondentinnen. Austens Nichte Fanny führte später Tagebuch, um die Übersicht über ihre 27 festen Briefpartner – Schwestern, Tanten, Cousinen, Gouvernante, Kindermädchen – zu behalten. Von hochfliegenden Gefühlen ist in diesen Familienbriefen nie die Rede. Selbst wenn der Reverend Austen seinem 14jährigen Sohn Francis, der im Begriff steht, nach Indien zu segeln, Abschiedsworte schreibt, tut er dies gravitätisch, pädagogisch und in den Augen derer, die an das schauerliche Mitteilungsbedürfnis des 20. Jahrhunderts gewöhnt sind, mit einem empfindlichen Mangel an Herzlichkeit.

Als Austens Briefe erstmals 1884 und in größerem Umfang 1932 erschienen, war die Literaturkritik enttäuscht. Harold Nicolson schrieb: »Nicht nur, daß Jane Austens Briefe trivial und öde sind. Es ist viel schlimmer. Unabweislich drängt sich der gruselige Gedanke auf, wenn wir durch diese Wüste von Familienklatsch pflügen, diesen Katalog von Sonnenhüten, daß Jane Austen auch selbst so war: eine kleine spitze Schere, mit einem rosa Band an einem schmucken, jüngferlichen Handarbeitskorb festgebunden.«

Die literarische Welt nahm Austen übel, daß sich in diesen Briefen an Cassandra nicht die große Autorin zu politischen und philosophischen Zeiterscheinungen äußerte, sondern eine Frau an eine andere schrieb, die sich nun mal vorwiegend für die Rüschen an ihrem und anderer Leute Kleid interessierte. Über relevantere Dinge wie über ihre Kunst hat Austen sich erst im Briefwechsel mit erwachsenen Nichten und Neffen geäußert. »Welche meiner wich-

tigen Nichtigkeiten soll ich Dir zuerst mitteilen?« fragt sie
Cassandra. »Das Feuerholz für meine Mutter ist gerade
hereingebracht worden, aber das Reisig haben sie aus
irgendeinem Grund vergessen«. Oder: »Miss Benns Zeige-
finger ist immer noch geschwollen«. Lohnte es sich wirklich, die Feder dafür einzutauchen? Manchmal gibt es wirklich nichts zu sagen, aber aus unerfindlichen Gründen
geschieht es dann doch, und zwischen den hingetupften,
hingeschwätzten Nachrichten starrt den Leser plötzlich
ein Satz über die Schlacht von Albuera 1811 an: »Wie
furchtbar, daß so viele Menschen getötet wurden! – Und
was für ein Segen, daß sie einem alle egal sind.« – eine
kleine Bombe, die in das Meer der Nichtigkeiten spritzer-
los eintaucht und unter Wasser explodiert.

Austens Biograph und Herausgeber ihrer Briefe, R. W.
Chapman, ergötzte sich an diesem pointillistischen Zeit-
gemälde: »Obwohl ihre Charakterisierungen beiläufig und
selten wohlerwogen sind, stammen sie doch von derselben
Hand, die Lady Bertram und Mrs. Norris geschaffen hat«,
(zwei unterschiedlich träge, aber gleichermaßen schreckliche Damen in *Mansfield Park*):

»Um die Familie sammelt sich eine Galerie von Neben-
figuren, die alle – auch wenn sie nicht beim Namen genannt werden – Individualität gewinnen. Es fällt nicht
schwer, sich selbst an Mr. Robert Mascall zu erinnern, obwohl wir lediglich von ihm erfahren, daß er ›sehr viel Butter ißt‹. Wenn die Briefe Kunstwerke genannt werden können, dann allein weil ihre Autorin uns daran erinnert, daß
›ein Künstler nichts nachlässig betreiben kann‹. Aber als

Fragmente – von Beobachtungen, Charakterstudien, Kritik – rangieren sie in derselben Kategorie wie ihr Romanstoff; und in mancher Beziehung gebieten sie über ein weiteres Feld.«

Mit Verlaub, es fällt schwer, sich an Mr. Mascall zu erinnern, so wie an Molly und Nanny, Miss Pearson, Mrs. Tickars, Mrs. Stent, John Bond, die Battys, Dame Tilbury, Captain Foote, Admiral Gambier, Lady Sondes, den Reverend Papillon, Mr. Skipsey (»a horse?«) und hundert andere, die der gewöhnliche Leser nur dank R. W. Chapmans peniblem Register in Austens Lebensgeschichte unterbringen kann. Ihrer Schwester mußte sie nicht erklären, wer Mr. Skipsey war, und so konnte sie alle drei Sätze unbesorgt das Thema wechseln: »Die Leicester-Schafe sind an den Schlachter verkauft« – schnipp – »Mary ist noch immer mit Rheuma geschlagen, das sie gerne los wäre; mehr noch ihr Kind, das sie herzlich satt ist« – schnipp – »Die Hebamme ist gekommen, keine charmante Erscheinung« – schnipp – »So schönes Wetter; wir brauchen noch kein Feuer« – schnipp – »Mrs. Coulthard und Anne aus Manydown sind beide tot; im Kindbett gestorben. Wir haben Mary mit diesen Nachrichten nicht beglückt« – schnipp, schnipp …

Die kleine Schere am rosa Band ließ nichts und niemand ungeschoren. Ihr Klappern erinnert ein wenig an Miss Bates Monolog-Technik, von Hölzchen auf Stöckchen zu wechseln, auch wenn Austens Rede- und Bewußtseinsstrom selbstironisch und gebrochen dahineilt. Mit Genuß verstößt sie in ihren Briefen gegen die guten Formen, die in ihren Romanen als Indikator für Klasse und Herzensbildung eine so wichtige Rolle spielen. Eine Lady sagte »natürlich genau das, was man von ihr erwartete. Eine Dame tut das immer.« (*Emma*) Von wegen. Unter Schwestern muß es eine Erholung gewesen sein, über die anderen herzuziehen. Manchmal aber war Schweigen angebrachter (und ebenso beredt). »Ich muß dir nichts sagen, Du hast schon erstaunlichere Dinge in dieser Beziehung erlebt«, heißt es über Mrs. Austen. Familienbriefe waren dazu da, vorgelesen zu werden, mit erbrochenem Siegel auf dem Kaminsims herumzustehen. »Schreib etwas, was man erzählen oder vorlesen kann«, erinnerte sie Fanny, mit der sie under cover über Herzensangelegenheiten korrespondierte.

So entsprach es zwar herrschender Etikette, daß Jane Austen immer »meine Mutter« schrieb (statt »unsere Mama«), aber es schwingt auch Distanz mit; ebenso wie in »Mrs. James Austen« für Schwägerin Mary, mit der sie als junges Mädchen befreundet war. Man gab sich auch im Familienkreis förmlich. Kinder sprachen ihre Väter mit Sir an, Freunde einander mit Nachnamen; beim Vornamen nannten sich oft nur Geschwister, und Kosenamen waren den Kleinsten vorbehalten.

Jane Austen hatte gewiß ein glückliches und flexibles Naturell, den Willen und die Gabe, als Lady durch die Welt zu gehen, aber es gab Grenzen, vor allem im späteren Leben, als sie in guten wie in bösen Tagen auf die Gesellschaft ihrer Mutter angewiesen war. Sie hat sich früh in die Rolle geschickt, die das späte 18. Jahrhundert den Frauen besserer Stände zuwies. Ereignisse aus eigener Kraft waren darin gar nicht vorgesehen. Unvorstellbar, eine Wohnung für sich allein zu beziehen; anrüchig, allein in einer öffentlichen Postkutsche zu reisen. Häuslichkeit und Familie waren der einzige sanktionierte Rahmen, in dem Frauen sich bewegen konnten. Darin waren sie konkurrenzlos und durchaus geschätzt. Von der Erbfolge ausgeschlossen und rechtlich der Besitz von Vater oder Ehemann, blieb einer herrenlosen Frau – wie später Jane Austens Freundin Martha Lloyd – nur die Wahl, in anderen Familien unterzuschlüpfen oder die demütigende Stellung einer Gouvernante oder Gesellschafterin anzunehmen. Wo immer aber das Leben sie hingestellt hatte, erwartete man von einer Dame, daß sie ihre Rolle anmutig spielte, ja daß Heiterkeit, Schmiegsamkeit und Verzicht Zeichen ihres Standes und ihres Herzensadels waren. Sich zu beklagen, aufzumucken, laut zu schimpfen war ungezogen, schockierend und kam bei Frauen aus der Unterschicht vor, die man aber gottseidank nicht empfangen mußte.

In Austens letztem Brief, der nur als von Henry zensiertes Fragment auf die Nachwelt gekommen ist, lobt er seine Schwester für »ihre charakteristische Liebenswürdigkeit und Ergebenheit«, die sie nur einen Seufzer kostete – »aber ich komme dem Klagen zu nahe« – als ihre Mutter im Testament ihres Bruders vollkommen übergangen wurde. »Die Einzelheiten sind für die Öffentlichkeit uninteressant«, unterbricht Henry sie – und schenkt ihr dann das letzte Wort, um dem Publikum zu zeigen, wie leicht »unsere Autorin ... jeden ungeduldigen Gedanken zurechtrückte und von Klagen zu Heiterkeit fand«, nämlich zur Länge modischer Unterröcke ...

Doch Ergebenheit war kleinen Mädchen auch im 18. Jahrhundert nicht an der Wiege gesungen; sie war das Ergebnis einer lebenslangen Übung im Verbergen ihrer Gefühle und Hinunterschlucken der eigenen Wünsche. Tatsächlich erlitt Jane Austen, die in diesem März 1817 schon todkrank war, über der Geschichte mit dem Testament einen Nervenzusammenbruch.

Gott habe die Frauen statt mit Intellekt mit dem Talent, das starke Geschlecht zu amüsieren, zu trösten und zu entzücken ausgerüstet, schreibt 1796 Thomas Gisborne in *An Enquiry into the Duties of the Female Sex.* Daher könne sich ihre Ausbildung auf »schmückende Errungenschaften« beschränken. Und John Gregory, Autor eines Benimmbuchs von 1774 (*A Father's Legacy to His Daughters*) empfahl den englischen Töchtern, in Gesellschaft von Äußerungen abzusehen, die »gesunden Menschenverstand oder Bildung« verrieten, um nicht in den Verdacht der Eitelkeit zu geraten. »Ich kann mir nichts Behaglicheres vorstellen, Sir, als entspannt dazusitzen und mich den ganzen Abend von zwei jungen Frauen unterhalten zu lassen, teils mit Musik, teils mit Konversation«, sagt Mr. Knightley, und Emma lächelt geschmeichelt. In Zeiten hausgemachter Zerstreuung wurde »a talent to amuse« noch angemessen gewürdigt.

Die Austens bildeten keine Ausnahme, und da sie begabt, belesen und gesprächig waren, konnte sich in ihrem Kreis der Witz der kleinen Schwester frei entwickeln. Wenn die großen Brüder zu Hause waren, spielten sie Scharaden und »Conundrum«-Worträtselspiele, Whist und Mikado, und vielleicht ließ Henry sich dazu herab,

Jane im Federball zu schlagen. Mrs. Austen hatte ein neues Scherzgedicht geschrieben und trug es vor, und wenn die Gesellschaft groß genug war, studierte sie ein Theaterstück ein und gab eine Familienvorstellung im Eßzimmer oder in der Scheune gegenüber dem Pfarrhaus.

Philadelphia Hancock, Eliza de Feuillides Mutter

An den Weihnachtstagen 1786 bekamen die Steventoner Besuch: Tante Philadelphia Hancock und Cousine Eliza de Feuillide, geborene Betsy Hancock, zwei Damen, die die Welt gesehen hatten; und sprachen sie auch weniger gern über Indien, so hatten sie über Frankreich eine Menge zu erzählen: die Kleider, die Hüte, die Tänze, und wenn der Reverend außer Hörweite war – auch die Männer. Zwei neugierige kleine Mädchen wurden nicht enttäuscht.

Tante Philadelphia war natürlich wie ihr Bruder George Austen auch nur das Kind eines früh verstorbenen, armen Landarztes und damit auf die Güte ihrer Verwandtschaft angewiesen. Doch anders als George, konnte man ihr kein Studium bezahlen, sondern mußte einen Ehemann finden, der sie erhielt, und das war in England für eine hübsche, aber mitgiftlose Zwanzigjährige eine ziemlich aussichtslose Sache. Philadelphia wurde deshalb nach Indien geschickt, auf eine achtmonatige Seereise, bei der man sehr leicht krank werden oder über Bord gehen konnte. In der schlecht beleumundeten jungen Kronkolonie, die erst unter Queen Victoria ihren Ruf als Märchenland festigen sollte, herrschte ein fühlbarer Mangel an heiratsfähigen weißen Frauen, und Philadelphias Auftrag war deutlich. Wie sie in Madras ohne Freunde und Familie zurechtkommen sollte, war ihrer eigenen Geistesgegenwart anempfohlen. Es dauerte jedoch kein halbes Jahr, und die junge Miss hatte einen Ehemann gefunden: den Armee-Arzt Tysoe Hancock, unfroh, aber verläßlich, fast doppelt so alt wie sie, aber endlich ein Hafen und seiner Braut sehr ergeben. Von ihrer Seite dürfen wir eine Liebesheirat wohl ausschließen.

Jane Austen wußte von dieser demütigenden Vorge-
schichte ihrer Tante und hat sie in einer raren Anwand-
lung von »Schilderung nach dem Leben« in ihre frühe Erzählung *Catharine oder die Laube* eingewoben: »Der ältesten Tochter hatte ein Cousin angeboten, sie mit einer
Aussteuer zu versehen und nach Indien zu schicken, und
obwohl dies ihren Neigungen vollständig zuwiderlief,
sah sie sich doch gezwungen, diesen einzigen Weg, der
ihr einen Unterhalt sicherte, zu beschreiten. Doch war er
ihren Vorstellungen von Schicklichkeit so konträr, ihren
Wünschen so entgegengesetzt, ihren Gefühlen so wider-
lich, daß sie, hätte sie die Wahl gehabt, fast eine Stellung
als Dienerin vorgezogen hätte. Dank ihrer einnehmenden
Erscheinung hatte sie gleich nach der Ankunft in Benga-
len einen Gatten gewonnen, und inzwischen war sie fast
ein Jahr glänzend, aber unglücklich verheiratet.«

Philadelphias wenig glänzende Ehe blieb acht Jahre kinderlos, dann gerieten die Hancocks in die Kreise des Generalgouverneurs von Indien, Warren Hastings, und die ver-
drossene Gattin blühte auf. Hastings war frisch verwitwet
und bedurfte des Trostes. Im Jahr darauf gebar Mrs. Hancock eine Tochter, Elizabeth, für die Hastings Pate stand,
und was immer man hinter dem Rücken der Beteiligten
tratschte, Tysoe Hancock liebte seine Betsy als die eigene
und sollte ihr jeden Wunsch erfüllen, soweit das die finan-
ziellen Möglichkeiten zuließen. Mit denen stand es nämlich nicht sehr rosig. Die kleine Familie kehrte 1765 nach
England zurück, wo Dr. Hancock hoffte, sich zur Ruhe
setzen zu können. Die Reise kostete ihn 1500 Pfund, und
nachdem man drei Jahre lang die Mittel gestreckt hatte,

Eliza de Feuillide, Janes kapriziöse Cousine

kehrte er allein nach Calcutta und ins Berufsleben zurück. Er war Ende 50 und sollte Frau und Tochter nicht wiedersehen.

Betsy und ihre Mutter scheinen ihn kaum vermißt zu haben. Sie bezogen ein Haus in London, wo die Achtjährige erstaunlich mondän erzogen wurde – Arithmetik, Schönschrift, Französisch, Gitarre – und ihr eigenes Pony ritt. Wenn es für junge Frauen entwürdigend war, sich auf dem Heiratsmarkt feilzubieten, so zahlten manche Männer einen hohen Preis. »Ich habe meine Mahlzeiten auf eine pro Tag eingeschränkt, meistens Salzfisch oder Curry und Reis ... damit ich etwas für Dich sparen kann«, schrieb Mr. Hancock. Der Gouverneur und Patenonkel vermachte Mutter und Tochter ein Legat über 10 000 Pfund, von dessen Zinsen sie bescheiden leben konnten, als der Doktor wenig später starb. Nun, da sie sein Gegrummel gegen die verderbten Franzosen nicht mehr aufhielt, zogen sie stehenden Fußes nach Paris, und aus Betsy wurde Eliza. Sie war 16 und wirklich süß; eine zierliche Figur, ein pikantes kleines Gesicht mit einer Stupsnase und dunklen, weit auseinanderstehenden Augen. Aus ihren Briefen an eine gleichaltrige Cousine – auch eine Philadelphia; bei den Austens ging so schnell kein Name verloren – erfahren wir von ihrem wundersamen Aufstieg in die höchsten Kreise. Sie durfte in Versailles der königlichen Familie beim Abendessen zusehen. Die Königin hatte mit Abstand die weißesten Arme und Hände, die sie je erblickt, einen wundervollen Teint. Ihre Corsage war aus hellgrünem Glanztaft unter durchsichtiger, silbriger Gaze, Unterröcke und Ärmel gerafft, mit Rosensträußen und einem ausladenden

Fliederbouquet befestigt. Flieder auch im Haar, zusammen mit Gaze, Federn, Bändern, Diamanten. Überhaupt die Coiffuren, noch immer so viel Puder!, die Hüte, die Ausflüge und Bälle – und natürlich die Flirts! »Wie würde es Dir gefallen, meine Liebe, wenn ich Dir un cousin français vorstellte. Würdest Du ihn herzlich empfangen, oder vertrittst Du wie die meisten Deiner Nation die Ansicht, daß aus Frankreich nichts Gutes kommen könnte?«

Eliza tanzte und kokettierte unermüdlich – »steckt nicht auch in jeder Frau ein Roulé?« – und angelte sich am Ende den zehn Jahre älteren Jean Gabriel Capot, Comte de Feuillide. Die Aussicht, Comtesse zu werden, muß ihr besser gefallen haben als der Mann selbst. Onkel George Austen war nicht einverstanden, aber Eliza heiratete ihn trotzdem. »Er betet mich förmlich an«, teilte sie der englischen Philadelphia mit.

Man schrieb das Jahr 1778, und die Damen Hancock-de Feuillide ertrugen die Diskrepanzen in der französischen Gesellschaft mit der gleichen Gelassenheit wie die Familie Austen auf der anderen Seite des Kanals die ihren. Ihr König George betrieb keinen derartig provozierenden Luxus, aber als elf Jahre später die Französische Revolution den Reichen und Müßigen heimzuleuchten begann, sorgte man sich in England sehr, der Funke könnte überspringen. Der Comte de Feuillide wurde 1794 Opfer der Verhältnisse. Er hatte – ritterlich, aber unklug – versucht, einer angeklagten Marquise beizuspringen, und einen Zeugen bestochen. Beide starben unter der Guillotine. Eliza war in Steventon, als sie die Nachricht von der Hinrichtung des Jean Capot erreichte. Ihrer Cousine Jane war von diesem

Tag an klar, daß aus Frankreich tatsächlich nichts Gutes kommen konnte.

In London wurde Warren Hastings wegen Hochverrats angeklagt – ein Schauprozeß, der acht Jahre später mit seinem Freispruch endete –, und Steine flogen gegen die Kutsche Georges III. In Amerika hatte Thomas Paine bereits 1776 mit seinem Pamphlet *Common Sense* die Rebellen gegen das Mutterland aufgerüstet und ganz ungeheuerliche Worte – »die Törichten, die Gottlosen, die Untauglichen« – gegen die englische Monarchie und Erbfolge geschleudert. 1791 legte er mit *Die Rechte des Menschen* nach, eine Schrift, in der er Wahlrecht für alle Männer forderte, für Schulen, Renten und Sozialpläne eintrat. In England brachte Mary Wollstonecraft 1792 ihre revolutionäre *Verteidigung der Rechte der Frau* heraus. Männer, so steht es darin ganz im Geist der Vernunft und Gerechtigkeit, sollten Frauen nicht als die ihnen Untergeordneten, sondern als Freunde an ihrer Seite betrachten, ihnen alle Bildungs- und Berufschancen eröffnen... Premierminister Pitt d. J. schnitt jeglichen Reformen den Faden ab. Wer sich zu weit vorgewagt hatte, sah sich von den Folgen der französischen Revolution diskreditiert. Es war keine günstige Zeit, »Radikaler« zu sein. 1793, nach der Enthauptung Louis' XVI., erklärte England Frankreich den Krieg, und die *London Times* schrieb, warum das so sein mußte: »... um uns vor der pestilenzartigen Ansteckungsgefahr durch die französische Krankheit zu schützen ... in Selbstverteidigung gegen Prinzipien, die geeignet sind, jede Regierung zu erschüttern und jede soziale Ordnung zu zerstören.«

Zurück im Jahr 1786 ist Eliza de Feuillide schwanger und

nicht erfreut. So wie sie aussieht, möchte sie sich der Verwandtschaft am liebsten gar nicht zeigen. »Meine Taille wird immer runder und mein Gesicht immer länger.« Und da sie zwei Jahre auf dem Land gelebt hat, ist sie auch noch braungebrannt. Doch der Comte besteht darauf, daß in diesen Zeiten, da Frankreich bankrott ist und es schon sehr viel hörbarer rumort, sein Kind in England geboren wird. So kreuzen Eliza und ihre Mutter den Kanal, rumpeln nach London, und dort kommt viel zu früh ein Sohn zur Welt, den Eliza Hastings nennt. Als sie ein halbes Jahr später ihren Weihnachtsbesuch in Steventon machen, hat sie ihre Taille und vornehme Blässe zurückgewonnen, aber das Baby will nicht recht gedeihen. »Ich habe keine Ahnung, was ich mit dem Balg anfangen soll«, schreibt sie der erschütterten Cousine. »Es gibt wohl niemanden, der weniger Talent zum Kinderaufziehen und noch weniger Lust dazu hat als ich.« Weil der kleine Hastings so sonderbare Augen hat, nicht laufen lernen will und manchmal Krämpfe erleidet, unterwirft ihn seine Mutter einer englischen Badekur. Er wird im Januar in Margate ins Meer getrieben, und Eliza watet gleich mit hinaus, denn sie hat gehört, zu dieser Jahreszeit sei das Wasser besonders gesund. Beide bleiben am Leben, und wir erfahren als nächstes, daß Hastings buchstabieren lernt. »Das Baden hat uns wunderbar gestärkt«, schreibt sie: »Ich fahre damit fort trotz Frost und Schnee, was ich ziemlich mutig finde.« Dem armen Jungen half das kalte Wasser auf die Dauer nicht; er starb mit 14 Jahren bei einem epileptischen Anfall.

Eliza de Feuillide erreichte Steventon rechtzeitig, um in der Weihnachtsaufführung von 1788 eine tragende Rolle

zu übernehmen. Man gab *Which is the Man?* und *Bon Ton.*
James Austen, der zwei Wochen vorher in Oxford ordiniert
worden war, hatte den Prolog geschrieben und stand mit
auf der Bühne – »eine unschuldige Zerstreuung«, würde
Mr. Collins sagen, »und mit der Würde des geistlichen Ge-
wandes ausgezeichnet vereinbar«. Sicherlich spielte auch
die dreizehnjährige Jane schon mit, denn die Austens
sahen es gern, wenn alle zum Spaß beitrugen. Cousine
Philadelphia, die trotz Elizas dringender Einladung nicht
auftauchte, wird sich durch Mrs. Austens Verdikt abge-
schreckt gefühlt haben: Zuschauer, die keinen Beitrag lei-
steten, würden nicht geduldet; im Pfarrhaus sei kein Platz
für »untätige junge Leute«.

Eliza ist nun 27 und macht auf Jane einen großen Eindruck. Dieses kleine Mädchen, das Philadelphia »überhaupt nicht hübsch« findet, »gar nicht wie eine Zwölf-
jährige, so affektiert und grillenhaft«, hatte bereits einen
hoch entwickelten Sinn für die Lächerlichkeit ihrer Mitmenschen; und die katzenfreundliche Phila mit ihrer
Ziererei war so albern, daß man gar nicht wußte, wo man
hinsehen sollte. Die Comtesse de Feuillide aber führte
nicht nur ein überaus anregendes, »flottes, ausschweifen-
des Leben«, wie ihre Base mit spitzem Mündchen be-
merkte; sie war bei allem Gegirre und Gezwitscher eine
freundliche, aufrichtige Person ohne heuchlerische Tugend und falschen Zungenschlag. Wie wunderschön sie
Klavier spielte! Jane wollte nun auch ein Piano. Wie reizend sie auf der Bühne war! Jane würde ein Stück für sie
schreiben. Und wie sie bei den Proben mit James und
Henry geflirtet hatte! Henry, erst 17, redete schneller und

funkelte heller denn je in ihrer Gegenwart. Sogar der Reverend fühlte sich zu frischen Scherzen aufgelegt.

»Jane und Cassandra sind beide sehr gewachsen«, schreibt Eliza zwei Jahre später. »... (die letztere nun größer als ich), und beide haben sich sehr herausgemacht, sowohl in ihren Umgangsformen als auch in ihrer ganzen Person ... Beide sind gleichermaßen und in einem Grad vernünftig, wie man es selten antrifft, dennoch neige ich im Herzen Jane stärker zu, deren freundliche Zuneigung ich einfach erwidern muß.« Grillenhaft und affektiert? Nicht gegenüber Eliza, die so kenntnisreich und großzügig war. »Beide sind vollkommene Schönheiten ... zwei der hübschesten Mädchen in ganz England, denen die Herzen dutzendweise zufliegen.«

IV Jugendschriften, Literarische und biographische Wahrheit, *Lady Susan*, *Die Abtei von Northanger*

Eine jener Feen, die an Wiegen stehen, muß sie im Fluge durch die Welt geführt haben, kaum daß sie geboren war. Als sie wieder in der Wiege lag, wußte sie nicht nur, wie die Welt aussah, sondern hatte sich ihr Königreich schon gewählt. Sie hatte eingewilligt, sie werde, wenn sie über dieses Gebiet herrschen dürfe, kein anderes begehren. So hatte sie mit fünfzehn wenig Illusionen über andere Menschen und keine über sich selbst.

Virginia Woolf

Mit zwölf Jahren begann Jane Austen zu schreiben; nicht schüchtern und heimlich, sondern elegant und rabiat, literarisch gemeint und durchaus für ein Publikum gedacht: Sketche, Geschichten und Romane – oft nur wenige Seiten lang –, in denen alles, was heilig ist, hinausgekehrt wird: Liebe, Freundschaft, Treue, kindlicher Gehorsam, weibliche Sittsamkeit und jeder Anflug von guten Manieren. Dabei deklinierte die junge Autorin sämtliche Klischees des modischen sentimentalen Romans durch und trieb sie auf die Spitze: unwahrscheinlichste Verhältnisse, unglaublichste Verwicklungen, unsterbliche Liebe, halsbrecherische Fluchten und opernreife Abgänge. Heldinnen hängen an der Flasche, Familien sind drauf und dran, sich gegenseitig aus dem Fenster zu werfen, uneheliche Kinder geistern durchs Geschehen, edle Frauen tauchen auf mit fettigen Haaren, schielenden Augen und eitle Stenze von so furchterregender Schönheit, »daß nur Adler wagten, ihnen ins Gesicht zu blicken«.

Die Austens schrieben fast alle, lasen einander vor, wetzten darüber den Schnabel, und auch Janes kleine Briefromane und Komödien rollten wie polierte Murmeln zur Erheiterung ihrer Familie abends über den Tisch: *Liebe und Freundschaft, Frederic und Elfrida, Jack und Alice, Edgar und Emma, Lesley Castle, Das Geheimnis, Die drei Schwestern* ... Ob hier und da ein Wechsel der Perspektive angezeigt wäre, eine Erläuterung des gesellschaftlichen Hintergrunds, vielleicht eine Landschaftsbeschreibung? – aber nein, die Rezensenten werden sich zurückgehalten haben: Jane war einfach witzig, eloquent und hatte ein wunderbares Gefühl für Timing. Die Sätze kommen daherstolziert, bis die Autorin ihnen im richtigen Moment ein Bein stellt und die Perücke in den Dreck fliegt:

»Mein liebes Mädchen, seien Sie bitte nicht mehr verdrießlich wegen dieser Angelegenheit«, sagt die gleisnerische Lady Williams zu der armen Alice, die sich hatte verleiten lassen, eine einseitige Neigung (»Ich bedauere Sie zutiefst. Ist es die erste Liebe?« »Sie ist es«) niederzutrinken und Trost im Gespräch mit der Lady zu finden. »Ich versichere Ihnen, daß ich alles vergeben und vergessen habe; wirklich, ich war damals überhaupt nicht verärgert, denn ich hatte ja bemerkt, daß Sie sturzbetrunken waren. Ich weiß, Sie konnten gar nicht anders, als all diese merkwürdigen Dinge zu sagen. Aber ich sehe, ich betrübe Sie, deshalb will ich von etwas anderem sprechen und wünsche, daß das Thema nie wieder angeschnitten wird. Bitte denken Sie daran, es ist alles vergessen ...« (Was von Lady Williams im nächsten Absatz natürlich wieder aufgerührt wird): »Das reizende Geschöpf trinkt ein bißchen zuviel ... Sie hat viele seltene und entzückende Qualitäten, aber die Nüchternheit zählt nicht dazu.« (*Jack und Alice*)

Oder: »Liebe Sally, ich habe eine passende hohle alte Eiche gefunden, in der wir unsere Briefe verstecken können, denn wie Du weißt, unterhalten wir seit langem einen heimlichen Briefwechsel. Sie liegt ungefähr eine Meile von meinem Haus entfernt und sieben von dem Deinen. Du hast Dir vielleicht vorgestellt, daß ich einen Baum wählen würde, der die Entfernung etwas gleichmäßiger teilte – das habe ich zur fraglichen Zeit auch erwogen, aber da ich dachte, daß ein Spaziergang Deiner angegriffenen Gesundheit zuträglich wäre, zog ich diese alte Eiche einer Deinem Haus nähergelegenen vor, und bin ganz der Deine Benjamin Bar.« (*Amelia Webster*)

Oder: »Was!« unterbrach mich Augusta, »ist mein Bruder etwa tot? Sag uns um Himmels willen, was aus ihm geworden ist.« »Ja, kalte und herzlose Nymphe«, erwiderte ich, »das vom Glück verlassene Schwein, dein Bruder, ist nicht mehr, und du kannst dich nun in dem Glanz sonnen, die Erbin von Sir Edwards Vermögen zu sein.« (*Liebe und Freundschaft*)

Noch sind Jane Austens satirische Mittel schlicht; ihr Witz ergibt sich weniger aus der Übertreibung des empfindsamen Tons, der den Original-Flötentönen erstaunlich nahe kommt, als aus der Fallhöhe zwischen der hohen Selbsteinschätzung der Charaktere und ihrem Handeln, das von plattfüßigstem Egoismus bestimmt ist. So sind die beiden Heldinnen in *Liebe und Freundschaft*, Laura und Sophia, zwei vollkommene Närrinnen, die ihre Nasen in Angelegenheiten stecken, die sie nichts angehen, und ihre Finger in Geldschatullen, die ihnen nicht gehören. Das ficht beide nicht an, denn ihre Empfindsamkeit macht sie der Welt überlegen und erteilt Dispens bei allen Dummheiten und Vergehen. Unglücklicherweise führt diese mentale Zartheit auch zum frühen Hinscheiden Sophias, die erleben muß, wie ihr lang vermißter Gatte bei einem Unfall aus der Kalesche geschleudert wird und sich den Hals bricht. Sie fällt darüber in Ohnmacht, gerade als der Abendtau sich senkt und sie tödlich verkühlt, während Laura, die einen Anfall von Wahnsinn erleidet, durch ihr wallendes Blut gegen die feuchten Abenddünste gefeit bleibt:

»Hüte dich vor Ohnmachten«, sind Sophias letzte Worte an die Freundin, »ein Wahnsinnsanfall ist bei weitem nicht so schädlich ... Er ist ein Labsal für den Körper und in Maßen auf lange Sicht ausgesprochen gesundheits-fördernd ... Werde wahnsinnig, so oft du willst, aber falle nicht in Ohnmacht.«

Auch eine andere junge Dame, Miss Margaret Lesley, die mit ihrer Familie nach London gefahren ist, leidet schwer an ihrer übergroßen Bescheidenheit:

»Ach, meine liebe Freundin«, schreibt sie, »jeden Tag bereue ich mehr, daß wir unsere stille, heitere Burg verlas-sen haben, um die ungewissen & unangemessenen Zer-streuungen dieser prunkenden Stadt zu suchen. Nicht daß ich leugnen will, daß diese ungewissen und unangemes-senen Zerstreuungen mir im geringsten peinlich wären; ganz im Gegenteil; ich amüsiere mich über alle Maßen, und ich würde mich sogar noch besser amüsieren, wenn ich nicht gewiß wäre, daß jeder meiner Auftritte in Gesell-schaft die Ketten jener Unglücklichen fester schmiedete, deren Leidenschaft man zwar nicht umhin kann zu be-klagen, die ich jedoch unmöglich erwidern kann. Kurzum, meine liebe Charlotte, es ist mein Mitgefühl für die Leiden so vieler liebenswürdiger junger Männer, meine Abneigung gegen die außerordentliche Bewunderung, der ich begegne, und mein Widerwille, in der Öffentlichkeit wie im privaten Kreis, in Zeitungen & Druckhäusern derartig gefeiert zu werden, weswegen ich die vielfältigen und köstlichen Zerstreuungen Londons nicht bis zur Neige genießen kann. Wie oft habe ich mir gewünscht, daß ich so wenig hübsch wie Du wäre; daß meine Gestalt so anmutslos, mein Gesicht so unschön, meine ganze Erscheinung so reizlos wie die Deine wäre. Doch ach, wie gering stehen die Aussichten auf einen so wünschenswerten Wandel.« (*Lesley Castle*)

Bei all dem rohen und übermütigen Treiben sind diese »Juvenilia« schon ganz und gar Austen. Anders als in den Jugendschriften der Geschwister Brontë, die sich fabelhafte afrikanische Traumreiche unter dem Schutz allmächtiger Geister ausmalten und den Absprung in lebensnähere Kreise spät oder gar nicht fanden, hat Jane Austen mit zwölf Jahren das Terrain abgesteckt, auf dem auch ihre erwachsenen Komödien spielen werden: England und seine bessere Gesellschaft. In keinem anderen Land der Welt und zu keiner anderen Zeit könnten ihre Romane spielen. Und nichts Besseres konnte sie ihren Helden nachsagen, als daß sie, wie die Brüder Knightley, in »echt englischem Stil« handelten, das heißt mit einer Ruhe, die wie Gleichgültigkeit wirkte, unter der die wahren Gefühle begraben lagen. Dazu paßt natürlich, daß sie selbst eine rührende Patriotin war, nie über Südengland hinausgekommen ist und keine gute Meinung vom Ausland hatte, wo sich kein Mensch wirklich wohl fühlen konnte. Frankreich – aber schon sehr enttäuschend!

Diese Koinzidenz hat immer dazu verführt, die literarische Wahrheit mit der biographischen zu vermengen und in den Romanen nach ihrer Person und Meinung zu fahnden. Doch Austen hatte schon sehr früh nicht nur eine reiche, sprunghafte Phantasie, sondern auch ein künstlerisches Konzept, das nicht auf das Abkupfern realer Figuren und Umstände angelegt war. Bereits in den späten Stücken der Juvenilia *Catharine oder die Laube* und einer *Reihe von Briefen* treten Damen auf, deren Albernheit stark auf Isabella Thorpe in *Die Abtei von Northanger* und beherzte Respektverweigerung auf Elizabeth Bennet in *Stolz und Vorurteil* hinweisen. Und sie stürzt ihre Heldinnen bereits in Konflikte, an denen Anne Elliot in *Überredung* zwanzig Jahre später noch leidet: entweder beflissen anderer, »wichtigerer« Leute Wünsche zu erfüllen – oder dem eigenen Herzen zu folgen. In *Jack und Alice* ist es die törichte Charlotte, die es allen recht machen will und sich daher mit zwei Herren zugleich verlobt. Als sie ihres Fehlers gewahr wird, begeht sie einen dritten und ertränkt sich. So kurz angebunden wird Austen später nicht mehr sein, aber ihr Diktum bleibt dasselbe: Hoch das tapfere Herz! Schande und Lächerlichkeit über Lüge, Selbstsucht und Heuchelei!

Zu den »Betweenities« zwischen Juvenilia und erwachsenem Werk gehört ihre *History of England* von einer »parteiischen, voreingenommenen und unwissenden Historikerin«, zu der Cassandra eine gezeichnete Galerie von Spitzbuben und Schreckensgestalten beisteuerte. In dieser Geschichte – »es wird sehr wenige Daten geben« –

Cassandras Illustration zu Janes ›History of England‹.
Besonders unbeliebt: Elizabeth I., links unten

dampft die Autorin die Biographien der englischen Könige von Henry IV. (geboren 1367) bis Charles I. (hingerichtet 1649) zu einem sehr persönlichen Konzentrat ein. Heinrich VIII. zum Beispiel: »Die Verbrechen & Grausamkeiten dieses Königs wären zu zahlreich, um aufgezählt zu werden, & nichts kann zu seiner Verteidigung angeführt werden als die Tatsache, daß er Kirchen und Klöster aufgelöst und sie den Verwüstungen der Zeit überlassen hat – zum unendlichen Nutzen für die englische Landschaft.«

»Ich hoffe, Sie wissen über die Rosenkriege Bescheid«, pfeift sie den Leser ein paar Seiten zuvor an, »wenn nicht, sollten Sie besser ein anderes Geschichtsbuch lesen; ich werde mich nämlich hier nicht darüber verbreiten, da ich nur gedenke, meinem Ärger Luft zu machen und all denjenigen meinen Haß zu zeigen, deren Gefolgschaften und Prinzipien mir nicht passen...« Am Ende läuft die *History of England* auf eine Beschimpfung Elizabeth' I. hinaus, »diese Schande der Menschheit, diese Pest der Gesellschaft«, die Maria Stuart hatte hinrichten lassen, »jene bezaubernde Prinzessin, deren einziger Freund damals der Herzog von Norfolk war und heute Mr. Whitacker, Mrs. Lefroy, Mrs. Knight und ich selbst sind.«

Gewidmet sind Janes jugendliche Fragmente und Romane mit großer Geste Vater, Mutter, Brüdern, Schwester, Freundinnen und Cousinen: »Madame la Comtesse de Feuillide von ihrer ergebenen und bescheidenen Dienerin, der Autorin.« Oder: »Für Martha in Dankbarkeit für die Vollendung meines Musselincapes von ihrer aufrichtigen Freundin.« Oder: »Eine kurze, aber interessante Geschichte, die mit allem gehörigen Respekt Mr. Francis William

Austen, Leutnant an Bord seiner Majestät Schiff, die *Perse-verance*, zugeeignet ist, von seiner gehorsamen Dienerin, der Autorin.«

Daß Jane Austen ihre Gesellenstücke höher schätzte als einen Beitrag zur Belustigung der Familie, zeigen die drei Notizbücher, in die sie 29 Stücke in Reinschrift übertrug, die sie zwischen zwölf und 18 geschrieben hatte und die ihr des Aufhebens wert schienen. Sie änderte und korrigierte sie noch, als sie längst erwachsen war. Nach ihrem Tod entließ die Familie diese »Juvenilia« nur zögerlich und mit vielen Entschuldigungen in die Öffentlichkeit. Man nahm Anstoß an dem wüsten Geschehen, über das in Steventon noch gelacht worden war, und Henry, inzwischen Pfarrer, konnte sich nicht erinnern, daß seine Schwester jemals ein leichtfertiges Wort gesprochen oder ein Buch wie *Tom Jones* mit Gewinn gelesen hätte.

Auf der Schwelle zum erwachsenen Werk steht *Lady Susan*, ein kleiner Briefroman, den Austen mit 19 Jahren schrieb, und den ihr Neffe erst 1871 aus dem Nachlaß publizierte. Seither irritiert er die Literaturkritiker in einem Maße, daß sie ihn in der Werk-Aufzählung gelegentlich vergessen. Selbst englische Biographen des 20. Jahrhunderts halten *Lady Susan* für »keinen Erfolg«, was nur bedeuten kann, daß ein so rückhaltloser Bewunderer wie Lord David Cecil in Tante Janes Kleiderschrank ein gewagtes Wäschestück gefunden haben muß.

Was ist so furchtbar an *Lady Susan*? Sie ist Austens einzige amoralische Heldin, ein raffiniertes Biest und eine Rabenmutter, die ihre Tochter, »dieses Schaf«, an einen reichen, unerträglichen Mann verkuppeln will. Bis zum

Ende behält sie die Fäden in der Hand und entgeht ungestraft. Mit ihrer alterslosen Schönheit, fabelhaften
Sprachgewandtheit und ihrem überwältigenden Charme
manipuliert sie die Männer nach Belieben, macht sie ihren
Ehefrauen und Verlobten abspenstig und schreitet »fröh-
lich und siegreich« über die Opfer ihrer Ranküne hinweg
zur nächsten Eroberung. Und obwohl der Leser erleben
muß, wie diese Hexenmeisterin Glück und Wohlbefinden
aller ruiniert, denen sie nahekommt, folgt er ihr mit stil-
lem Beifall bis zu ihrem letzten Coup, als sie den für die
Tochter vorgesehenen Freier selber nimmt. Dies gelingt
Austen durch einen Trick, den sie bereits in den Jugendschriften ausprobierte und nun etwas subtiler zu Lady
Susans Vorteil wieder anwendet. Mit erfrischender Rücksichtslosigkeit und sprachlicher Brillanz pflügt Lady Susan
die literarischen und moralischen Standards unter (sicher
mit ein Grund für die ablehnende und jubilierende Rezeption des Romans zu verschiedenen Zeiten). Die »verfolgte
Unschuld« taugt ebensowenig zur Zentralfigur dieses
Romans wie »der aufrechte junge Edelmann« oder die
»warmherzige, vernünftige Ehefrau«. Als Folie zu Lady
Susans krimineller Energie – oder sollen wir sie Unerschrockenheit und weibliche Rache nennen? – ist die
Familie de Courcy nichts als ein Haufen Langweiler.

In einem Ton, der noch sehr an die Juvenilia erinnert,
zieht die Heldin gegenüber ihrer Freundin Mrs. Johnson,
die ein ebensolches Luder ist, über die weniger Kühnen
und Starken her: »Meine liebe Alicia, was hast Du bloß für
einen Fehler begangen, einen Mann in seinem Alter zu
heiraten! – eben alt genug, um steif und störrisch zu sein

und die Gicht zu haben – zu alt, um angenehm zu sein, und zu jung, um zu sterben.« Und: »Adieu, meine liebste Freundin, möge der nächste Gichtanfall günstiger sein« – und Mrs. Johnson von der Gegenwart ihres lästigen Ehemanns befreien.

1805 hat Jane Austen eine Reinschrift von *Lady Susan* angelegt, aber nie eine Veröffentlichung betrieben. Vielleicht war ihr die Dame selbst ein wenig unheimlich geworden.

1795 begann sie ein neues Werk, das sie *Elinor and Marianne* nannte, und im Jahr darauf schrieb sie bereits an *First Impressions*. Beide Romane, deren erste Entwürfe nicht erhalten sind, erschienen erst 1811 und 1813 völlig überarbeitet als *Verstand und Gefühl* und *Stolz und Vorurteil*. *First Impressions* hielt der Reverend Austen jedoch für vollendet genug, um es dem Londoner Verlag Cadell anzubieten: »In meinem Besitz befindet sich ein dreibändiges Roman-Manuskript, das vom Umfang etwa Miss Burneys *Evelina* entspricht.« Dreidecker waren die reguläre Erscheinungsform schöngeistiger Romane, und der Hinweis auf Fanny Burney, die erste englische Bestseller-Autorin, und ihren Debut-Roman vielleicht ein unschuldiger Wink, daß *First Impressions* ebenso elegant und geistreich sei. Der Reverend fuhr fort, falls der Verlag bereit sei, das Werk zu veröffentlichen, sei der Autor (bzw. der Reverend) willens, die Kosten zu tragen. Doch die Herren Cadell weigerten sich, überhaupt Einsicht zu nehmen.

Wie groß die Enttäuschung gewesen sein mag, Jane Austen ließ sich nicht beirren. 1798 begann sie eine neue Geschichte, *Die Abtei von Northanger*. Auch dieser Roman,

Damen bei der Lektüre »gotischer« Romane

den die Autorin *Susan* nannte, ehe sie die Heldin in *Catherine Morland* umtaufte, wurde um- und umgeschrieben, bis sie schließlich im März 1817, wenige Monate vor ihrem Tod, mitteilte, sie habe »Miss Catherine auf die lange Bank geschoben, und ich weiß nicht, ob sie je erscheinen wird.« 1803 vollendet und kurz darauf von einem Verlag angenommen (man zahlte sogar zehn Pfund), wurde Miss Susan oder Miss Catherine nach der Ankündigung von seiten des Verlags erst einmal auf die lange Bank geschoben, und es dauerte sechs Jahre, bis Jane Austen mit Henrys Hilfe ihr Manuskript wieder losgeeist (und die zehn Pfund zurückgezahlt) hatte. 1816 revidiert, kamen ihr Bedenken, weil »Orte, Etikette, Bücher und Ansichten in den vergangenen 13 Jahren erhebliche Veränderungen erfahren haben«, und sie bat den Leser in einer Vorrede um gütige Nachsicht. Doch dann entschloß sie sich, Miss Catherine auf ihrer Bank sitzenzulassen, und es war Bruder Henry, der sie posthum unter dem Titel *Northanger Abbey* in die Öffentlichkeit entließ. Dabei bedarf *Die Abtei von Northanger* keiner Entschuldigung wegen abgelegter Moden und Meinungen. »Der Roman, der sich, nachdem er die Parodie eines Romans darstellt, zu einem solchen entwickelt« (Roger Gard), ist einer von Austens köstlichsten.

Zwar wissen wir heute noch weniger über den gotischen Schauerroman im Stil von *Udolpho, Mitternachtsglocken, Die Waise vom Rhein* oder *Mysterien des Grauens* als das Publikum von 1816, aber das Kribbeln, wenn Vorhänge sich im Nachtwind bauschen, Türen knarrend aufschwingen und Skelette aus Schränken stürzen, muß keinem Leser zu keiner Zeit erklärt werden.

Catherine Morland ist so eine leidenschaftliche Leseratte gruseliger Geschichten, und es ist Austens Witz und Kunst, sie zugleich als Ironisierung eines literarischen Klischees – die empfindsame, jugendliche Unschuld in steter Gefahr – als auch als eigenständige, ihren pubertären Stimmungsschwankungen unterworfene Heldin aufzubauen. Die wahre Bedrohung ihres Glücks lauert auch nicht in irgendwelchen Schreckenskabinetten, sondern stellt sich sehr zivil als die Dummheit, Prahlerei und Habsucht ihrer Mitmenschen vor.

Die Autorin führt Catherine, eine ziemlich wilde Range, die sich zu einem niedlichen jungen Mädchen herausgemacht hat, vom Pfarrhaus ihrer Familie nach Bath und dort Isabella Thorpe zu, deren Flachsinn sich dem Leser sofort, der kleinen Catherine aber erst ziemlich spät offenbart, und in die Gesellschaft von Henry Tilney, einem Pfarrer mit unendlich viel Zeit, sich in Brunnenhallen und Ballsälen herumzutreiben. Der Flirt dieser offensichtlich füreinander Bestimmten wird von Isabellas Bruder, John Thorpe, dem Manta-Fahrer von 1799, gestört:

»Sie werden sich doch nicht fürchten, Miss Morland, wenn mein Pferd beim Anziehen ein wenig tanzt?« Und außerdem:«Was halten Sie von meinem Gig, Miss Morland? Hübsch, nicht wahr? Hängt gut; für die Stadt gebaut. Ich habe es noch keinen Monat. Es war für einen Studenten vom Christ Church College gebaut, er ist ein Freund von mir, sehr netter Bursche ... Und wieviel glauben Sie, Miss Morland, forderte er?« »Das kann ich nicht erraten.« »Gefedert wie ein Kabriolet, sehen Sie; Sitz, Koffer, Degenkasten, Spritzleisten, Lampen, Silberbeschlag, alles dran; das Eisenwerk ist so gut wie neu oder noch besser.«

Doch trotz der unwillkommenen Ausfahrten mit Mr. Thorpe landet Catherine schließlich im Haus ihrer schauerlich-schönen Träume, der Abtei von Northanger, dem Herrensitz des alten Generals Tilney. Leider ist er gar nicht von der erhofften romanhaft-mittelalterlichen Gruseligkeit, und so muß Catherine sich ihren Horror selber schaffen und sich vor Henry zur Närrin machen. Erst nach einer Kur der Peinlichkeiten und ihrem rohen Rausschmiß durch den General ist die Erziehung der jugendlichen Heldin abgeschlossen, und die Sorge der Familie Morland über den

Ausgang der Liebesgeschichte »kann sich kaum auf die Herzen meiner Leser übertragen haben, denn sie werden schon längst bemerkt haben, daß wir der vollkommenen Glückseligkeit entgegeneilen.« Das Holterdiepolter, mit dem auf dieser Bahn die Hindernisse umkurvt werden, scheint die Autorin selbst zu überraschen, aber: »Meine eigene Freude über diesen Anlaß ist sehr aufrichtig.«

Mit ironischer Zweistimmigkeit mischt sich die Autorin so immer wieder ins Geschehen, am lautesten in ihrem Plädoyer für den Roman; ein literarischer Spaß, natürlich, sturheil, wie es der Parodie gut ansteht, und mit einem freundlichen Rippenstoß: Ich auch, Leser, Romanschriftstellerin:

»Dann schlossen sie sich mit ihren Romanen ein. Ja, mit Romanen; denn ich will nicht in den kleinlichen und ungeschickten Fehler der meisten Romanschriftsteller verfallen, die sich durch die verächtliche Kritik der Werke, deren Zahl sie mit ihren eigenen Schöpfungen vermehren, ihren ärgsten Feinden anschließen. Nicht einmal ihrer eigenen Heldin gestatten sie, Romane zu lesen; nimmt sie aber zufällig einen solchen in die Hände, wird sie seine geschmacklosen Seiten sicherlich voll Abscheu umwenden. Ach, wenn die Heldin des einen Romans nicht von der Heldin eines anderen in Schutz genommen würde, wer sollte sich dann wohl ihrer annehmen und sie beschützen? Da kann ich nicht mitmachen! Überlassen wir es doch den Kritikern, die Früchte der Phantasie nach Belieben zu tadeln … Wir aber wollen einander nicht im Stich lassen, denn man greift uns als Gesamtheit an. Obgleich unsere Werke ausgedehntere und natürlichere Freude ausgelöst

haben als andere literarische Schöpfungen, sind sie doch
mehr verunglimpft worden als jede andere Art des Schrift-
tums... Während die Fähigkeiten des neunhundertsten
Bearbeiters der Geschichte von England oder des Mannes,
der in einem Sammelband etliche Verse von Milton, Pope
und Prior, einige Spalten aus dem *Spectator* und ein Kapitel
von Sterne veröffentlicht, von tausend Federn gepriesen
werden, unterschätzt und verspottet man die Leistungen
eines Romanschreibers und schmälert den Wert von Arbeiten, die sich nur durch Geist, Witz und Geschmack
empfehlen.... ›Und was lesen Sie gerade, Miss...?‹ ›Oh,
nur einen Roman!‹ erwidert die junge Dame und legt mit
gezwungener Gleichgültigkeit oder plötzlicher Scham
das Buch auf den Tisch. Es ist nur *Cecilia* oder *Camilla* oder
Belinda, kurz, ein Werk, das die größten Geisteskräfte und
beste Menschenkenntnis verrät, die treffendste Abwand-
lung menschlicher Eigenschaft, lebhaften Witz und gute
Laune in der gewähltesten Sprache vermittelt. Wenn aber
die gleiche junge Dame in einen Band des *Spectator* vertieft
gewesen wäre, wie stolz würde sie das Buch vorzeigen und
seinen Titel nennen! Obgleich es für sie nachteilig wäre, sich mit irgendeiner dieser umfangreichen Veröffent-
lichungen zu beschäftigen, die entweder im Gegenstand
oder in der Art ihrer Wiedergabe einen jungen Menschen
von Geschmack entsetzen müßten – denn sie handeln so
häufig von unwahrscheinlichen Umständen, unnatür-
lichen Charakteren und Gesprächsstoffen, sind für keinen
Lebenden mehr interessant, und ihre Sprache ist oben-
drein oft so grob, daß sie keinen allzu guten Eindruck von
dem Zeitalter vermitteln, das dergleichen duldete.«

V Hausbälle und Freundinnen, Tom Lefroy und Samuel Blackall

Es ist durchaus möglich, ganz ohne Tanzen
auszukommen ... aber wenn man erst einmal damit
angefangen hat – wenn man das berauschende Gefühl
der raschen Bewegung nur einmal, und sei es auch nur
kurz, kennengelernt hat, dann muß es schon eine
sehr langweilige Gesellschaft sein, die nicht nach mehr
verlangte.

Jane Austen, Emma

»Wir hatten einen ganz ausgezeichneten Ball«, teilt Jane ihrer Schwester gleich zu Beginn ihres ersten erhaltenen Briefes mit. In diesem Januar 1796 hatte sie in Manydown Park getanzt, dem Sitz der Familie Bigg Wither, deren Töchter Elizabeth, Catherine und Alethea ihre Freundinnen waren. James hatte sie begleitet, worauf er sich einiges einbilden durfte, denn es geschah zur Belohnung für die Fortschritte, die er im Tanzen gemacht hatte. Das Abendessen war vorzüglich, James hatte den Truthahn mit größter Umsicht tranchiert, und das Gewächshaus war festlich erleuchtet.

Jane litt nicht unter Schüchternheit in den Häusern größerer Herrschaften; es waren ohnehin immer dieselben Gäste aus der Nachbarschaft da, die Portsmouths, Dorchesters, Harwoods, die Grants, die Heathcotes, die Digweeds, mit denen die Austen-Brüder schon als Buben gespielt hatten, Lady Rivers mit ihren beiden Töchtern, zwei Misses Ledger – meistens zu viele Damen ... Der kritische Punkt war nicht ihr Auftritt, sondern die Garderobe, die bei bescheidenem Budget geändert und neu geputzt werden mußte. »Ich bin der Hälfte meiner Sachen so überdrüssig und geniere mich ihrer so sehr, daß ich schon beim Anblick des Kleiderschranks erröte ... ich wünschte, es gäbe solche Dinge fertig zu kaufen.« Wenn Cassandra nicht zu Hause war, konnte sie ihren Hutschleier »borgen«, ein wenig frische Silberlitze aufnähen und statt der militärisch-schwarzen Feder eine mohnrote anstecken. Oder eine Freundin lieh Jane ihr hochmodisches Mamelucken-Käppchen. Seit Admiral Nelson die französische Flotte unter Napoleon bei Abukir geschlagen hatte, waren ägyp-

Ankunft vor dem Ball. Schuhe werden gewechselt und
Tanzpartnerinnen gesichert

tische Accessoires wie grüne Saffian-Sandalen mit kroko-
dilfarbenen Bändern, rote Mamelucken-Capes und Tur-
bane der letzte Schrei. In diesem Januar stellte sich allerdings die Frage, ob sie sich neue Seidenstrümpfe leisten
konnte, nachdem sie all ihr Geld für weiße Handschuhe
und rosa Futterseide ausgegeben hatte.

Wie Jane Austen in diesem Alter aussah, können wir
uns nur aus den Zeugnissen derer zusammenreimen, die
posthum etwas zu der berühmten Autorin zu sagen fanden,
die einmal nur Tante oder Schwester Jane gewesen war.
»Sie war reich an persönlichen Vorzügen«, versichert

Henry, »ihre Statur ausgesprochen elegant; ein wenig höher gewachsen, und sie hätte das mittlere Maß überschritten. Ihre Haltung und Gestik waren zurückhaltend, aber anmutig. Ihre Züge waren besonders angenehm. In ihrem Zusammenspiel zeigten sie diesen unvergleichlichen Ausdruck von Heiterkeit, Empfindsamkeit und Güte, die ihre wahren Charaktereigenschaften waren. Ihr Teint war von feinster Beschaffenheit; zu Recht könnte man sagen, daß ihr beredtes Blut aus ihrer bescheidenen Wange sprach. Ihre Stimme war außerordentlich lieblich. Sie drückte sich fließend und präzise aus. Ja, sie war für eine elegante, vernunftbetonte Gesellschaft wie geschaffen ... Sie tanzte gern und gut.«

Ein anderes viel zitiertes Zeugnis sind die Sätze ihres Neffen James Edward Austen-Leigh, der neunzehn Jahre alt war, als man Tante Jane beerdigte, und fünfzig Jahre später schrieb: »Ihr Wesen war sehr anziehend, ihre Gestalt groß und schlank, ihr Gang leicht und fest, und ihre ganze Erscheinung sprach von Gesundheit und Munterkeit. Sie hatte die starken Farben einer klaren Brünetten, volle runde Wangen, Mund und Nase klein und wohlgeformt, helle haselnußbraune Augen und Locken, die ihr Gesicht einrahmten. Obwohl ihre Schönheit nicht so regelmäßig war wie die ihrer Schwester, hatte ihr Gesicht doch einen ganz besonderen Charme in den Augen der meisten Betrachter.« Auch seine Schwester Caroline, die geboren wurde, als Tante Jane 30 war, wußte es eher vom Hörensagen: »Sie war keine perfekte Schönheit, aber als sie Steventon verließ, war man sich einig, daß sie ein sehr hübsches Mädchen war.«

Hauben und Hüte der Saison von 1799

Miss Mitford gehörte nicht zur Familie und war auch keine Augenzeugin; sie hatte es von ihrer Mama, die wiederum Jane seit ihrem zehnten Lebensjahr nicht mehr gesehen hatte. »Ich habe herausgefunden, daß ... sie eine alte Jungfer ist (bitte um Verzeihung – ich meine, eine junge Dame), mit der Mama vor ihrer Heirat bekannt war. Mama sagt, sie war der hübscheste, albernste, affektierteste Schmetterling auf Gattenjagd, den sie jemals erlebt hatte, und eine meiner Freundinnen, die sie derzeit besucht, sagt, sie habe sich zum schönsten Exempel stocksteifer, kerzengerader, pedantischer, schweigsamer Jüngferlichkeit entwickelt, das je gelebt hat, und daß sie, bis *Stolz und Vorurteil* gezeigt habe, welch kostbarer Edelstein in dieser harten Kapsel verborgen war, in der Gesellschaft nicht mehr beachtet worden sei als ein Schürhaken oder ein Ofenschirm oder irgendein anderes Stück Holz oder Eisen, das ruhig und friedlich in seiner Ecke steht. Der Fall liegt jetzt ganz anders; sie ist immer noch ein Schürhaken, aber ein

Schürhaken, vor dem sich jeder fürchtet... Ein kluger Kopf, ein Charakterzeichner, der nicht redet, ist wahrhaft fürchterlich.«

Wir haben aber auch noch Mr. Knatchbull, einen unvoreingenommenen Zeugen, der die unberühmte Miss Jane 1811 in London auf einer Abendgesellschaft in Henrys Haus getroffen und sie Cassandra gegenüber – die es natürlich gleich weitererzählte – »eine ansprechend aussehende junge Frau« genannt hatte. »Das muß reichen«, erwiderte sie, »etwas Besseres kann man nicht erwarten und muß froh sein, das über die Jahre gerettet zu haben.« Sie war 35, und Cassandra zeichnete sie als Jungfer mit schmalen Lippen, skeptischem Blick und abweisend verschränkten Armen. Die Familie fand die Skizze so wenig schmeichelhaft, daß sie 60 Jahre später ein Phantasieportrait von Jane malen ließ, das heute noch immer auf Buchumschlägen herumgeistert: hübscher, als Cassandra sie sah, aber bedeutend einfältiger, als wir glauben können.

Im Jahr 1796 war Jane selbstverständlich in die Gesellschaft eingeführt, das heißt, sie hatte ihr erstes Tanzvergnügen, ihre erste Dinnergesellschaft hinter sich und durfte ihre Blicke auf passende junge Männer richten. Nicht eingeführte Mädchen hatten ihr Gesicht hinter der Schute zu verstecken und den Schnabel zu halten. In *Mansfield Park* gesteht Mr. Crawford seinen furchtbaren faux pas im Umgang mit den beiden Misses Sneyds. Er hatte mit Miss Augusta geplaudert, die sich so munter und selbstsicher gab, als sei sie eingeführt. »Hinterher fand ich heraus, daß ich meine ganze Aufmerksamkeit der jüngeren geschenkt hatte, die nicht eingeführt war, und die ältere grenzenlos beleidigt hatte. Miss Augusta hätte man noch ein halbes Jahr lang nicht beachten dürfen, und Miss Sneyd hat mir, glaube ich, nie verziehen.«

In der Wintersaison gab es jeden Monat einen öffentlichen Ball in den Assembly Rooms des Angel Inn in Basingstoke, und wenn die Umstände günstig waren – eine mondhelle Nacht, denn der Kutscher mußte ja auch wieder zurückfinden; eine Anstandsperson zur Begleitung –, fuhren die Austen-Mädchen bis Manydown, um bei den Bigg Withers zu speisen und sich umzuziehen. Gemeinsam ratterte man dann die restlichen Meilen nach Basingstoke, tanzte und flirtete nach Kräften, um die Nacht wieder in Manydown in köstlicher Nachbereitung des Ereignisses zu verbringen: Mr. Calland, der ständig mit dem Hut in der Hand hinter Catherine gestanden hatte und einfach nicht zum Tanzen zu bewegen war; ein großer Flirt, dieser Herr – die anderen Damen, weder hübsch noch charmant und höchstens überflüssig – mein Haar sah schrecklich aus, nur gut, daß keiner eine Bemerkung machte – zwanzig Tänze und keinen ausgelassen – Janes schwarzes Käppchen war öffentlich von Mrs. Lefroy bewundert worden und heimlich von allen anderen im Saal – Lady Bolton hatte eine neue Perücke getragen, eine große Verbesserung...

Manydown war auch die letzte und erste Möglichkeit, auf den Nachttopf zu gehen. Den Ballsälen war keinerlei »Public Convenience« angeschlossen, und während die Herren so frei waren, draußen an den Rinnstein zu treten, mußten die Damen die Limonade durch die Rippen schwitzen, sofern es keinen Garten gab, wo sie »eine Rose pflücken« konnten.

Unterweisung junger Damen in Anmut und Etikette

Bis zu 60 Paare faßte der Festsaal über dem Angel Inn, den Nigel Nicolson in den 80er Jahren dieses Jahrhunderts auf seiner Recherchenreise zu den Stätten ihres Lebens noch immer intakt gefunden hatte, zwar zweckentfremdet, aber »mit dem alten Lüster, der über dem Heu schwang«. Man tanzte dort »en ligne«, der Länge nach durch den rechteckigen Saal, Boulangerie, Anglaise und English Country Dance. Noch war der Walzer nicht in diese Reihen eingebrochen, in denen sich Männer und Frauen paarweise gegenüberstanden und in diskreter Balz ihre Touren drehten, händereichend weiterwanderten und sich nach einem komplizierten Schrittmuster wiederfanden.

Tanzen war die einzige Möglichkeit für junge Leute, sich für eine halbe Stunde wenigstens den Ohren ihrer Tugend-

Ashe House, Wohnsitz der Lefroys

wächter zu entziehen, sich zu berühren, ein Lächeln zu verschenken, Witz zu versprühen und sich so flink, anmutig und biegsam zu zeigen, wie man es lange geübt hatte und viel zu selten vorführen konnte. Tanzen gehörte zu den unentbehrlichen Fertigkeiten, mit denen man sich beim anderen Geschlecht angenehm machen oder ins Unglück stürzen konnte – wie Mr. Collins Elizabeth Bennet in *Stolz und Vorurteil*. »Mr. Collins bewegte sich linkisch und gravitätisch, entschuldigte sich, anstatt sie zu führen, tanzte in die falsche Richtung, ohne es zu merken, und überantwortete sie all der Schande und dem Mißvergnügen, die ein schlechter Tänzer seiner Partnerin bereitet.«

Die jungen Damen Bigg waren nicht die einzigen Freundinnen. Da war die Witwe Lloyd mit ihren Töchtern

Mary und Martha, die zur Miete im Pfarrhaus von Deane wohnte, in dem die Austens ihre ersten sechs Ehejahre verlebt hatten. 1792 räumten sie die Stätte, als James Austen dort seine erste Stelle antrat, und zogen 16 Meilen in die entgegengesetzte Richtung, nach Ibthorpe, was den freundschaftlichen Besuchen keinen Abbruch tat. »Ich habe Martha immer lieber«, schreibt Jane an Cassandra, nach einer Dinnerparty und einer Nacht, die die beiden gemeinsam in einem Gästebett im Kinderzimmer verbracht hatten, während die Bonne und das Baby auf dem Fußboden schliefen – »wir alle zusammen in einiger Unordnung und großer Behaglichkeit« und bis um zwei Uhr nachts miteinander schwätzend. Martha war zum Dank für das Fertignähen eines Musselinumhangs der Kurzroman *Frederic und Elfrida* gewidmet, und sie war eine begeisterte Zuhörerin bei späteren Dichterlesungen, von denen die jüngere Verwandschaft ausgeschlossen war.

Zwei Damen Lloyd wurden mit einiger Verspätung Teil der großen Austen-Familie; Mary heiratete 1797 den jungen Witwer James und wurde in dieser Rolle eine Enttäuschung, eine dumme, mäkelige, sehr auf ihren Vorteil bedachte Person und Hälfte eines Paares, das sich in seinen unliebenswürdigen Zügen nach Kräften ergänzte. Martha war die beständigere Freundin. Sie teilte den Haushalt der Austen-Damen, heiratete lange nach Janes Tod den Admiral Francis Austen, wurde Stiefmutter von elf Kindern und 1837 Lady Austen.

Zu den Lefroys ging Jane gelegentlich zu Fuß. Isaac Lefroy war Geistlicher wie Mr. Austen, und zwischen der Pfarrei von Steventon und Ashe House lag nur eine gute

Meile Fußweg (aber ein Treppenabsatz, was Eleganz und Vermögen betraf, ein Tatbestand, auf den Jane bei aller Freundschaft recht bald gestoßen werden sollte). Seine Frau Anne – respektvoll Madame Lefroy genannt – stopfte keine Strümpfe und trug ganz andere Frisuren als Mrs. Austen. Sie war geistreich, verbindlich, charmant, belesen und so zwanglos, wie es der bon ton erlaubte. Jane bewunderte sie sehr, liebte es, mit Madame L. zu plaudern, an ihrem Kamin Whist und Piquet zu spielen und in ihrem Salon zu tanzen. Denn Ashe mit seinen warmen, roten Ziegelmauern und den zwar nicht großartigen, aber eleganten Proportionen eines georgianischen Herrenhauses hatte eine Falttür zwischen Salon und Speisezimmer, die bei festlichen Gelegenheiten auseinandergeschoben wurde, damit viele Paare hinauf- und hinabtanzen konnten.

Ein »lebhafter Nachbar«, aber als Gastgeber ein etwas unsicherer Kandidat war Mr. Holder, Pächter von Ashe Park, ein Junggeselle, der sein Vermögen in den westindischen Kolonien gemacht hatte. Jane vermied es, ihm zu nahe zu kommen, denn sie hatte einmal zehn sehr unbehagliche Minuten allein mit ihm im Salon verbracht, als sie als Vorhut einer Familiengesellschaft in Ashe Park eintraf, und Mr. Holder verhielt sich so zweideutig, daß sie drauf und dran war, nach dem Hausmädchen zu klingeln, keinen Schritt von der Tür wich und den Knauf nicht aus der Hand gab. Es war furchtbar kompromittierend.

Zurück im Januar 1796 war Jane eher nach Standhalten als nach Flüchten zumute. Thomas Lefroy, ein Neffe Madames aus Irland, war zu Besuch gekommen, ein Student der Jurisprudenz, schmal und blond, mit ein wenig

Madame Lefroy, eine elegante Nachbarin

schmachtenden Augen, aber durchaus attraktiv. Auf einem Ball in Manydown hatte er sich ihr sehr empfohlen. »Ich wage gar nicht, Dir zu erzählen, wie mein irischer Freund und ich uns benommen haben«, schreibt sie an Cassandra. »Stell Dir alles Mögliche vor, was Du Dir an verworfenem und Aufsehen erregendem Tanzen und Zusammensitzen denken kannst. Ich kann mich allerdings nur noch einmal so skandalös benehmen, denn er reist bald nach dem nächsten Freitag ab, der Tag, an dem schließlich doch noch ein Ball in Ashe gegeben wird. Ich versichere Dir, daß er ein gut aussehender, angenehmer junger Mann ist, ein wirklicher Gentleman. Aber da ich ihn nur auf den letzten drei

Bällen getroffen habe, kann ich sonst nicht viel über ihn sagen, denn er wird in Ashe meinetwegen so fürchterlich ausgelacht, daß er sich geniert, nach Steventon zu kommen, und weglief, als wir Mrs. Lefroy vor ein paar Tagen besuchten.«

Kurz darauf hatte der Neffe jedoch Mut gefaßt und in Begleitung eines Vetters Miss Jane einen Besuch abgestattet. Er habe nur einen Fehler, vertraut sie Cassandra an: »Sein Gehrock ist viel zu hell. Er ist ein großer Bewunderer von Tom Jones, und deshalb trägt er wohl dieselben Farben wie dieser, als er verwundet wurde.« Am Donnerstag schreibt sie zwischen Lachen und Bangen, sie fiebere dem Ball entgegen, auf dem sie einen Antrag ihres Freundes erwarte, den sie jedoch zurückweisen werde, »es sei denn, er verspricht, sich von seinem weißen Gehrock zu trennen«, und sie vermacht mit großer Geste alle ihre Verehrer einer Freundin, da sie sich in Zukunft nur noch an Tom Lefroy halten wolle, »um den ich mich nicht für Sixpence schere«. Am Freitag aber »ist der Tag gekommen, an dem ich zum letztenmal mit Tom Lefroy flirten werde, und wenn Du diesen Brief erhältst, ist alles vorbei. Meine Tränen fließen bei diesem traurigen Gedanken.«

So viel aus erster Hand. Hinter Janes Rücken – müssen wir annehmen – hatte Madame Lefroy inzwischen ihr Überredungswerk in Gang gesetzt: Thomas war doch erst 20 und ohne Vermögen; ganz angewiesen auf die Gönnerschaft eines Onkels und noch mit vielen Semestern vor sich. Wie konnte er sich in diesem Alter an ein Mädchen binden, das ganz klug und reizend war, an Mitgift aber kaum etwas, wahrscheinlich gar nichts zu erwarten hatte!

Tom Lefroy, eine Jugendliebe

Madame L. entfernte den Neffen, ehe das Tanzen und Zusammensitzen noch mehr Aufsehen erregen konnte, und schickte ihn zurück nach Irland. Jane aber vergaß ihn nicht so schnell. Zwei Jahre später erfuhr sie, daß er wieder in England war. Mrs. Lefroy hütete sich, seinen Namen zu erwähnen, und Jane war zu stolz, sich nach ihm zu erkundigen, obwohl sie eine ganze Weile allein im Salon zusammensaßen.

Sie steckte in einer ähnlichen Klemme wie die Heldin ihres jugendlichen Kurzromans *Emma und Edgar*, ohne sie ebenso trefflich zu meistern: Emma hatte sich in einen Mr. Willmot verliebt und wagte kaum, sich bei einem Besuch seiner Mutter nach dem Befinden der restlichen Familie zu erkundigen. Erst als Mrs. Willmot nach der Kutsche läuten ließ, raffte sie ihren Mut zusammen, »lief durchs Zimmer, ergriff die Klingelschnur und sagte energisch: ›Mrs. Willmot, Sie werden sich nicht aus diesem Haus rühren, ehe Sie mir nicht verraten haben, wie es Ihrer Familie und ganz besonders wie es Ihrem ältesten Sohn geht.‹«

So konnte man natürlich nicht mit Madame Lefroy reden. Erst als der Reverend sich beiläufig nach dem jungen Mann erkundigte, erfuhr Jane, daß er auf dem Weg nach Irland war, wo er als Rechtsanwalt zu praktizieren gedachte. Im Jahr darauf heiratete Tom Lefroy eine reiche junge Erbin, stieg im Lauf seines langen Lebens zum obersten Richter Irlands auf und wurde 93. Als alter Herr erinnerte er sich seiner nun berühmten Zeitgenossin: Ja, ja, da war einmal etwas, eine Jugendliebe wohl ...

Obwohl zwischen Jane und Madame Lefroy – anders als zwischen Anne Elliot und Lady Russell – niemals offen

über Tom Lefroys Vertreibung gesprochen wurde, schien
die Dame ein wenig unter schlechtem Gewissen gelitten zu
haben, denn sie stellte Jane bald einen neuen Verehrer in
Gestalt von Mr. Samuel Blackall, Stipendiat am Emma-
nuel College in Cambridge vor. Zwar fiel der Gehrock
diesmal dezenter aus, dafür fehlte es Mr. B. an gewinnen-
den Eigenschaften wie Humor und Aufmerksamkeit. An
dem Nachmittag, an dem Mrs. Lefroy sich im Pfarrrhaus so
verlegen über ihren Neffen ausschwieg, hatte sie noch eine
zweite schlechte Nachricht in der Tasche, einen Brief
von »ihrem Freund«, Mr. B., in dem dieser taktvoll zu verstehen gab, daß ihm zwar daran gelegen wäre, in eine
engere Verbindung mit der Familie Austen zu treten, er
aber vorläufig solche Absichten nicht verfolgen könnte;
was im Klartext bedeutete, daß er kein Geld hatte, um eine
Familie zu gründen, und da die Verehrte ebenfalls ohne
Vermögen war, verabschiedete er sich mit den besten
Wünschen für Mrs. Austens Gesundheit. »Das ist nur
vernünftig«, schreibt Jane an Cassandra, »und zeugt von
weniger Liebe und mehr Verstand, als er vorher manchmal
zu zeigen schien, und ich bin es sehr zufrieden ... unsere
Gleichgültigkeit wird bald auf Gegenseitigkeit beruhen, es
sei denn, daß seine Zuneigung, die anscheinend zustande
kam, weil er nichts von mir wußte, sich nun davon nährt,
daß er mich nicht sieht.«

Fünfzehn Jahre später heiratete Mr. Blackall eine Miss
Lewis, und Jane erinnerte sich: »Ich wüßte gern, was sie
für eine Frau ist. Er war ein Muster an Vollkommenheit,
ziemlich lauter Vollkommenheit, an das ich mich mit
freundlichen Gefühlen erinnere. Ich wünschte, Miss Lewis

wäre von der stillen Art und eher ungebildet, aber von natürlicher Intelligenz und mit dem Wunsch zu lernen; außerdem mit einer Vorliebe für kalte Fleischpasteten, grünen Tee am Nachmittag und grüne Jalousien in der Nacht.«

Madame Lefroy starb nach einem Sturz vom Pferd an Jane Austens 29. Geburtstag. Ihr Sohn Ben heiratete 1814 Austens Nichte Anna. Dagegen hatte Tante Jane schwere Bedenken, aber Anna gab ihr keine Gelegenheit zur Überredung.

VI Besuche in Kent und Bath, Die Familien der Brüder, Briefe nach Godmersham, Tante Leigh Perrot

Ja, aber ein Brief ist gleichzeitig etwas Vergängliches,
dachte Johnny. In dem Augenblick, in dem er in ein
Kuvert schlüpft, verändert er sich von Grund auf.
Er hört auf, mein Eigentum zu sein. Er wird zu deinem
Eigentum. Was ich gemeint habe, ist weg. Was du
verstehst, ist alles, was bleibt. Mach ihn auf – es ist nichts
drin außer dem, was du darin siehst. Briefe sind Mist.

Cathleen Schine

Es gab sicher liebenswürdigere Tanten als Mrs. Leigh Perrot, aber konnten Jane und Casandra eine Einladung nach Bath ausschlagen? Vor allem war es ganz unmöglich, dort ohne Chaperone in Gesellschaft zu erscheinen, und so waren die Attraktionen von Bath fürs erste mit der Adresse N° 1 Paragon Buildings und dem langen Gesicht von Tante Leigh Perrot verknüpft.

Es war der Spätherbst 1797, und Bath, das römische Heilbad Aquae Sulis, das erst 70 Jahre zuvor seine mittelalterlichen Gassen niedergelegt hatte und neu und grandios in gleichmäßigen weiten Terrassen aus hellem Sandstein auferstanden war, befand sich schon in seiner letzten Blüte. Bald darauf entdeckte der Prinzregent, daß es in Brighton entschieden amüsanter war, und die besseren Herrschaften folgten ihm an die Kanalküste. In Bath blieb neben den Kranken, die Rheuma und Gicht in die heißen Quellen trieben, eine gemischte Gesellschaft von Kurschatten zurück: Gentlemen, die sich ein wenig einschränken mußten, Offiziere auf halbem Sold, Pensionäre, aber auch Grundbesitzer mit flüggen Töchtern und neureiche Kaufleute, die sich den aristokratischen Formen derer anzuverwandeln suchten, die im Abgang begriffen waren.

Am Morgen traf sich »tout Bath« im Pump Room, wo die Heilquelle vier eisernen Fischen in den Schlund gurgelt, promenierte mit seinem Glas Warmwasser auf und ab – »recht angenehm im Geschmack, tröstlich für den Magen und belebend für den Geist« (Smollett) –, nahm Einsicht in die Kurlisten und sehnte sich nach einem Gesprächspartner: Unerträglicher Plebs heute – keine einzige vornehme Erscheinung da – diese zwei entsetzlichen jun-

Das King's Bath in Bath

»Öffentliche Badeanstalt in Bath oder bei lebendigem Leibe gekocht«,
Karikatur von R. Cruikshank

gen Männer starren mich seit einer geschlagenen Stunde
an – sie sind hoffentlich nicht so unverschämt, uns zu
folgen – bitte sag mir, wenn sie kommen, ich will nicht auf-
blicken ...

Unter den Fenstern des Pump Room liegt das King's
Bath, das Smollett in *Humphry Clinkers denkwürdige Reise*
beschreibt: »Ein riesiger Tank, in dem die Patienten bis
zum Hals im heißen Wasser stehen. Die Damen tragen
Jacken und Unterröcke aus braunem Leinen zu Basthüten,
an denen sie ihre Taschentücher festgesteckt haben,
mit denen sie sich den Schweiß vom Gesicht wischen ...
Meine Tante, die behauptet, daß sich jede Person von
Stand sowohl im Bad als auch in der Abteikirche zeigen
sollte, bekam einen Hut mit kirschfarbenen Bändern, die
zu ihrem Teint paßten.«

Samuel Pepys war vor ihm dagewesen – im Juni 1668 – und hatte einen etwas zwiespältigen Eindruck davongetragen: »Sehr vornehme Gesellschaft, feine Damen mit artigem Benehmen, mir scheint es aber nicht sehr sauber zu sein, wenn so viele Menschen zusammen im gleichen Wasser sind. Gute Konversation. Seltsam zu spüren, wie warm das Wasser ist; obwohl dies als das kälteste Bad gilt, sind die Quellen doch so heiß, daß die Füße die Hitze nicht ertragen können. Die Männer und Frauen, die während der ganzen Saison in diesen Bädern leben, sehen auch ganz abgekocht aus.«

In Bath hatte man wie in London die besten Modegeschäfte, Konditoreien, Kaffeehäuser und Buchläden, in denen man Zeitungen und Neuerscheinungen überfliegen konnte, aber anders als in der Hauptstadt lag hier alles hübsch zusammen, es gab hochmoderne Gaslaternen, man war durch die gepflasterten Bürgersteige dem Straßenkot entzogen und dank der strengen Etikette, die der Zeremonienmeister »Beau« Nash in den ersten vier Jahrzehnten des Jahrhunderts eingeführt hatte, vor den Pöbeleien der Sänftenträger, die die Kranken vom Bett ins Bad und zurück brachten, einigermaßen sicher. Der Nachmittag verging bei Promenade und Konzert, und dann wurde es bereits Zeit, sich für den Ball in den Assembly Rooms oder fürs Theater schön zu machen. »Ach, wer kann Bath's überdrüssig werden!« seufzt Catherine Moreland entzückt. Für junge Damen vom Land war es die große Welt, elegant, laut, quirlig, voll neuer Hüte und beäugenswerter Männer, und es wäre noch viel netter gewesen, wenn Tante Leigh Perrott nicht über alles den Mehltau ihrer Mißbilligung

Der Pump Room in Bath,
wo die Kurgäste wandelten und Heilwasser tranken

gestreut hätte. So waren Miss Austen und Miss Jane nicht allzu enttäuscht, als sie wieder im Pfarrhaus in Steventon saßen. Nun konnte Jane in Ruhe die Feder eintauchen und in der *Abtei von Northanger* ihre Witze über Bath machen:

»Ich habe Sie noch gar nicht gefragt, wie lange Sie in Bath weilen, ob Sie schon früher hier waren, ob Sie schon in dem großen Ballsaal getanzt, das Theater oder ein Konzert besucht haben und wie es Ihnen überhaupt hier gefällt. Ich war wirklich sehr unaufmerksam, aber sind Sie jetzt noch bereit, mir diese Fragen zu beantworten? Wenn ja, will ich sogleich beginnen.« »Sie brauchen sich nicht zu bemühen, mein Herr.« »Es bedeutet mir nicht die geringste Mühe, gnädiges Fräulein.« Dann zwang er sein Gesicht zu einem verbindlichen Lächeln und flötete mit gezierter, leiser Stimme und einfältiger Miene: »Sind Sie schon lange in Bath, gnädiges Fräulein?« »Ungefähr eine Woche, mein Herr«, erwiderte Catherine und kämpfte mit dem Lachen. »Oh, wirklich?« rief er mit gespieltem Erstaunen. »Warum überrascht Sie das, mein Herr?« Er kehrte wieder zu seinem natürlichen Ton zurück: »Irgendeine Gemütsbewegung muß doch durch Ihre Antwort erregt werden, und Überraschung läßt sich am ehesten heucheln. Aber wir wollen fortfahren. – Waren Sie früher schon einmal hier, gnädiges Fräulein?« »Nein, niemals, mein Herr.« »So, so! Und haben Sie vielleicht schon den großen Saal beehrt?« »Oh ja, mein Herr, am Montag.« »Waren Sie auch schon im Theater?« »Oh ja, mein Herr. Am Dienstag im Schauspiel.« »Und im Konzert?« »Oh ja, mein Herr, am Mittwoch.« »Und wie gefällt Ihnen Bath durchweg?« »Oh, ich bin sehr gern hier.« »Ich werde jetzt pflichtschuldigst lächeln, und dann dürfen wir wieder vernünftig werden.«

Natürlich war das Leben nicht ereignislos. Bevor Jane 25 war, hatte sie vier Romane geschrieben und ihren tätigen Anteil am Familiendrama genommen. James erste Frau Anne war gestorben, und der unpraktische Witwer hatte sein dreijähriges Töchterchen im Pfarrhaus von Steventon untergebracht. Jane legte großen Wert auf »gute Tantenschaft« und lernte die kleine Anna, die an ihrem Rockzipfel hing und um Geschichten bat, zu lieben, aber die Beziehung zu dieser eigensinnigen ältesten Nichte blieb immer ein wenig gespannt. »Sie ist schon eine Anna mit vielen Gesichtern.«

Zwei Jahre später nahm James Mary Lloyd zur Frau (nachdem er von seiner Cousine Eliza de Feuillide abgewiesen worden war). Mrs. Austen war begeistert: »Hätte ich die Wahl treffen müssen, Du, meine liebe Mary, wärest der Mensch gewesen, den ich als James' Frau, als Annas Mutter und als meine Tochter ausgesucht hätte, weil ich so sicher bin wie man in dieser unsicheren Welt sein kann, daß Du das Glück dieser drei wunderbar vertiefen und befördern wirst ... Ich freue mich darauf, daß Du mir im Alter ein rechter Trost sein wirst, wenn Cassandra nach Shropshire und Jane gottweißwohin gezogen sein werden.«

Cassandra hatte sich 1795 mit dem Reverend Thomas Fowle verlobt, der als Junge einer von George Austens Zöglingen gewesen war. Da die Pfarrstelle in Shropshire nicht mehr als ein Versprechen war und er kein Vermögen hatte, von dem er eine Familie ernähren konnte, suchte er die Zeit als Militärkaplan auf einer Reise nach Westindien zu überbrücken. Er starb zwei Jahre später in Santo Domingo am Gelbfieber. »Sie trägt diesen Schicksalsschlag mit soviel Festigkeit und Diskretion, wie kein gewöhnlicher Mensch in einer solchen Situation zeigen würde«, hatte Eliza de Feuillide von Jane gehört. Thomas Fowle hinterließ seiner Verlobten tausend Pfund; es war das einzige eigene Geld, das Cassandra in ihrem Leben besaß; von seinen Zinsen mußte sie später ihre Mutter unterstützen.

Sieben Neffen und Nichten wurden in der Zeit geboren, als Jane in Steventon lebte, und sie verschaffte sich einen Eindruck aus nächster Nähe: »Mary (James Frau) meistert die Lage nicht so, daß ich mir wünschte, auch im Kindbett zu liegen. Sie ist nicht adrett genug in ihrer Erscheinung, hat keinen Morgenmantel, in dem sie aufsitzen könnte, ihre Vorhänge sind alle zu dünn, und um sie herum hat nichts Behaglichkeit und Stil, wie sie nötig wären, um eine solche Situation beneidenswert zu machen.« Es reichte ihr zu hören, daß das Baby James Edward schöne große dunkle Augen hatte, dann flog ihr Interesse schon wieder zu Miss Debary, die sich einen wollenen Überwurf für ihr Kleid knüpfte.

Eliza de Feuillides Gatte war in Frankreich hingerichtet worden, und sie hatte Cousin Henrys Werben nachgegeben und unter Seufzen und Zaudern seinen Antrag angenommen. »Ich glaube nicht, daß die Parteien jemals zusammenkommen werden«, hatte sie kurz zuvor dem immer offenen Ohr von Cousine Phila Walter anvertraut, »nicht weil sie sich gestritten hätten, sondern weil sich die eine Seite« (nämlich sie) »nicht dazu durchringen kann, ihre geliebte Freiheit und mehr noch ihre geliebten Flirts aufzugeben.« Henry, Hauptmann in der Oxford-Militia – einer Landwehr, die nicht dem regulären Militär unterstellt war –, zog mit ihr nach London, stieg ins Bankgeschäft ein und führte ein elegantes, offenes Haus. Die Austens trugen schwere Bedenken gegen diese Ehe. Die Comtesse war eine schreckliche Unruhestifterin. Sie hatte James Antrag abgelehnt, weil der junge Witwer ihr nicht flott genug war und sie sich in der Rolle als Pfarrersfrau als krasse Fehlbesetzung fühlte. Henry hatte ihretwegen die Theologie aufgegeben; er hatte sich sogar mit einer anderen jungen Dame verlobt, als sie ihn trotzdem nicht nahm. Sie war 36, zehn Jahre älter als Henry und eine unbegabte Mutter.

Doch nun hatte er, »kluger Mann, keinen Willen außer dem meinen«, und beide fuhren sehr gut damit. Ihre Ehe blieb kinderlos; auch das wußte Eliza offenbar zu fügen.

Frank war im Dezember 1798 in Gibraltar zum Fregattenkapitän befördert worden, und Charles kam im Januar auf Landurlaub nach Steventon. Vor acht Jahren war er zur Marine gegangen, die Haare gepudert und im Nacken zusammengebunden. Nun stand er da, der kleine Bruder, Kapitänleutnant auf der *Scorpion*, mit hohem goldbetreßtem Kragen und kurzen dunklen Locken – »a crop«, sehr kleidsam; Mrs. Lefroy fand ihn sogar noch schöner als Henry. Edward jedoch, der brieflich von dieser neuen Frisur erfahren hatte, war nicht einverstanden. Mit Gicht und Magenschmerzen geschlagen, war seine Laune nicht die beste, und Jane ließ leise Vorwürfe anklingen – meine liebe Cassandra, hättest Du doch nichts gesagt; ich ahnte gleich, es würde ihn verdrießen und seine Genesung verzögern. »Es ist schlimm, daß er, der alles hat, was man sich auf Erden wünschen kann, nicht auch Gesundheit besitzt.«

Edward hatte 1791 standesgemäß eine reiche junge Dame aus Kent, Elizabeth Bridges, geheiratet, die Knights beerbt und sollte 1812 nach dem Tod seiner Adoptivmutter ihren Namen annehmen. Elizabeth kam nun aus deutlich besseren Kreisen als die Austens oder die Lloyds, ein Tatbestand, den sie niemals ganz in Vergessenheit geraten ließ. Sie trug im Kindbett auch keine unordentlichen Häubchen, sondern rauschendes Weiß. Jane hatte das Paar in seinem Haus Rowling in Kent besucht und war entzückt von der herrschaftlichen Eleganz der großen Häuser Godmersham, das Edward nun gehörte, und Goodnestone

Elizabeth Austen, geborene Bridges, Gattin des Edward Austen/Knight

House, dem Anwesen der Bridges. Bei Lady Bridges wurde nach dem Abendessen getanzt, zwei Country Dances und eine Boulangerie, und Jane eröffnete den Reigen mit Edward, einem Sohn des Hauses, der dem Vernehmen nach heftig in sie verknallt war – aber zurück nach Rowling in ihr Gästebett durfte sie anschließend zu Fuß gehen, unterm Regenschirm durch die Nacht. Es waren solche kleinen Zeichen von Bevorzugung (Kutsche) oder mangelnder Aufmerksamkeit (Schirm), für die Jane Austen als arme Verwandte sehr empfänglich war. Kurz nachdem sie aus Kent zurückgekehrt war, begann sie den ersten Entwurf von *Stolz und Vorurteil* zu schreiben, in dem man auf dieser Klaviatur meisterlich zu spielen versteht.

Für Edward war es selbstverständlich, mal Jane und mal Cassandra in seine Entourage einzureihen. Natürlich war es wunderbar, nach Kent mitgenommen zu werden – »der einzige Ort zum Glücklichsein; alle sind reich hier« –, aber es war ärgerlich, von Cassandra getrennt zu sein, und noch ärgerlicher, daß Cassandra viel öfter in Godmersham eingeladen war, während sie in Steventon bei ihren alten Eltern bleiben und ein Dutzend Hemden für Charles nähen mußte. Wieviel vornehmer Edwards Familie war, ließ sich schon an der späten Dinnerstunde ablesen: »Wir essen nun um halb vier und sind fertig, wenn Ihr wohl gerade erst beginnt. Wir trinken Tee um halb sieben. Ich fürchte, Du wirst uns verachten.« Das höchste an Luxus war ein stiller Abend in Ashe Park, ein schönes Feuer, ein Kartentisch, zwei amüsante Bemerkungen von ihr, zwei abgeschmackte Wortspiele von Mr. Holder.

Es verbesserte die Laune nicht, zu lesen, daß Cassandra sich köstlich unterhielt, zum Einkaufen nach London fuhr und in Gesellschaft von Prinz William von Gloucester soupierte. Was hatte Hampshire dagegen zu bieten? Zehn Paar Wollstrümpfe und einen Unterrock, die sie in Oakley besorgt hatte; Sandwiches mit Senf, zu denen sie bei ihren Nachbarn, den Bramstones in Oakley Hall, eingeladen war; gelbe und violette Stiefmütterchen-Ableger von Mrs. Bramstone ... Die Briefe nach Godmersham bekamen einen kiebigen Unterton: »Du hattest natürlich eine sehr gute Reise ... ich gratuliere ... wir mußten uns jeden Tag zwei- oder dreimal freuen, daß Du so schönes Wetter hattest.« Heimtückischerweise schien die Oktobersonne aber auch über Steventon. Edwards Sohn hatte bei der Abreise

Godmersham in Kent, Edwards Erbe, ein Platz zum Glücklichsein

die prächtigen Kastanien zurückgelassen, die eigens ausgesucht worden waren, um nach Godmersham verpflanzt
zu werden, sowie ein Bild, das er für seinen kleinen Bruder
George gezeichnet hatte. Die Kastanien wurden nun in
Hampshire statt in Kent in die Erde gesteckt, die Zeichnung flog ins Kaminfeuer.

Ein Paket aus London, das Cassandra versprochen
hatte, war am Samstag noch nicht angekommen. »Ich war
ein wenig enttäuscht, aber nicht mehr als vollkommen angemessen, und ich hoffe, morgen wieder enttäuscht zu
werden.« Sie mußte bis Montag warten, um ihre Spitze
zurückzunehmen. Das Paket war da und alle Bestellungen
bestens ausgeführt. »Mein Kleid mag ich sehr; meine
Mutter findet es sehr häßlich ... die rosa Schuhe sind nicht
besonders hübsch, aber sie passen mir sehr gut; die anderen
sind makellos.«

Damit war der Hader aber noch nicht beigelegt. »Ich
bin sicher, Du hast mir geschrieben«, heißt es eine Woche
später, »obwohl ich noch keinen Brief von Dir bekommen
habe, seit Du London verlassen hast. Statt Deiner muß die
Post unpünktlich gewesen sein.« Seit dem Vortag hatte sie
an diesem nicht sonderlich originellen Satz geschmiedet,
und nun: »Dein Brief ist eingetroffen; er ist tatsächlich vor
zwölf Zeilen schon eingetroffen«, aber es wäre doch zu
schade gewesen, eine solche Einleitung in den Papierkorb
zu werfen. Offenbar hatte Cassandra Einspruch gegen ihr
Gekrittel erhoben. »*Wir* haben nichts daran auszusetzen,
wie Du unsere Aufträge erledigst, aber wenn Du Dich
selbst säumig nennen willst, bitte tu das.«

Wie auf manche fertigen Sätze konnte sie auch auf ihre

Haltung nicht verzichten: der Schürhaken in Gesellschaft, die Frau, die es lieber hatte, wenn die Leute unangenehm waren; es enthob sie der Sorge, sie vielleicht zu mögen. Wie sie da auf dem Sofa saß und wartete, daß ein nicht zu schrecklicher Herr sie zum Tanzen aufforderte, war sie ein Teil dieser Gesellschaft und ihr doch entrückt. Zu lady-like und zu vorsichtig, ihre Bekannten vor den Kopf zu stoßen, legte sie keinen Wert darauf, ihrerseits gemocht zu werden:

»Die beiden Miss Cox waren da; in einer erkannte ich das vulgäre Mädchen mit den derben Zügen, das vor acht Jahren in Enham getanzt hatte – Mrs. Warren ... hat sich ihres Kindes zum Teil entledigt und tanzte mit großem Eifer drauflos, sah dabei ganz und gar nicht dick aus. Ihr Mann ist sehr häßlich – Die Miss Maitlands sind beide ganz hübsch, mit braunem Teint und einer guten Portion Nase – Zu den Damen Debary war ich so höflich, wie es ihr Mundgeruch erlaubte. – Die Debaries bestehen darauf, vom Tod ihres Onkels schwer betroffen zu sein, den sie, wie es nun heißt, sehr oft in London besucht haben ... Ich bekam einen sehr herzlichen Brief von Buller; ich hatte befürchtet, er würde mir mit seinem Glück und der Liebe zu seiner Frau auf die Nerven gehen, aber er nennt sie einfach Anna ohne engelsgleiche Ausschmückungen, wofür ich ihn schätze.«

Doch nach einem Vierteljahr ging sogar ihr der Gesprächsstoff aus: »Über drei Monate Deiner Abwesenheit kann ich eine sehr liebevolle Verwandte und eine ausgezeichnete Briefpartnerin sein, aber danach versinke ich in Faulheit und Gleichgültigkeit.«

Im Mai 1799 war Jane an der Reihe, ihre Mutter, Edward, Elizabeth und deren beide älteste Kinder nach Bath zu begleiten, wo Edward Erleichterung von seiner Gicht suchte. Er mietete ein Haus am Queen's Square, eine freundlichere Gegend als Paragon, unfern der Bäder, der Brunnenhalle und mit Blick auf die prachtvollen Fassaden von Brock Street. Jane und Mrs. Austen bezogen Zimmer im zweiten Stock, und Jane hatte das größere, »wie es sich gehört«, schreibt sie an Cassandra, die diesmal in Steventon geblieben war und dem Reverend den Haushalt führte. »Edward trinkt vom Hetling Brunnen, wird morgen ein Bad nehmen und am Dienstag einen Versuch mit Elektrizität machen; letzteres hat er Dr. Fellowes selbst vorgeschlagen, der keine Einwände hatte, aber wir erwarten ziemlich einmütig keine Besserung davon.«

Mit Schwägerin Elizabeth bummelte sie durch die Modegeschäfte in Milsom Street, die Kolonnaden in Stall Street und erstattete dann Bericht über die neuesten Trends: »Blumen werden sehr viel getragen, und Obst ist noch mehr in Mode. Elizabeth hat sich ein Bund Erdbeeren gekauft, und ich habe Trauben, Kirschen, Pflaumen und Aprikosen gesehen.« Ob sie Cassandra einen obstgarnierten Hut mitbringen sollte? »Ich kann mir aber nicht helfen, ich finde es natürlicher, wenn Blumen aus dem Kopf wachsen statt Früchte. Was meinst Du?«

Martha hatte Schuhe in Auftrag gegeben, Mary Strümpfe für Klein-Anna. Ob Cassandra sich an einem gemeinsamen Geschenk für Mary beteiligen wollte, einem schwarzen Spitzenschleier für 16 Shillinge – »ich hoffe, die Hälfte der Summe überschreitet nicht bei weitem, was Du

Queen's Square in Bath.
Edward und Familie mieteten sich im Mai 1799 hier ein

auf dem Altar schwägerlicher Liebe zu opfern gedachtest.«
Edward mußte weniger aufs Geld achten; er kaufte ein Paar
Kutschpferde für 60 Pfund.

Im August, sechs Wochen nach ihrer Abreise, erreich-
ten sie bestürzende Nachrichten aus den Paragon Buildings: Mrs. Leigh Perrot war wegen Ladendiebstahls ver-
haftet worden. Ein Kurzwarenhändler hatte zu ihren Ein-
käufen ein Stück Spitze eingepackt, das sie nicht bezahlt
hatte. Es konnte sich ja wohl nur um einen Irrtum handeln, aber der gebieterische Ton, den die Tante anschlug,
nützte gar nichts, als sich herausstellte, daß es kein Irrtum,
sondern ein kleiner Fall von Erpressung war. Nun waren

»Die Erquickungen von Bath«, Karikatur von Thomas Rowlandson

die Leigh Perrots hochrespektable Leute mit eisernen Grundsätzen und einem fest verschlossenen Portemonnaie. Mr. Leigh Perrot weigerte sich, diesem kriminellen Ladenschwengel zu willfahren; eher ließ er zu, daß seine Frau bis zum Beginn ihres Prozesses – es handelte sich voraussehbar um acht Monate – ins Gefängnis mußte. Auf Diebstahl, und sei es ein Stück Spitze im Wert von 5 Shilling, stand Todesstrafe oder Deportation. Die Gefahr, daß man eine 60jährige Dame von Stand aufhängte, war vergleichsweise gering, aber 14 Jahre Botany Bay lagen durchaus im Rahmen des Strafmaßes, und Mr. Leigh Perrot trat in Verhandlungen mit einem Makler, um gegebenenfalls seinen englischen Besitz zu veräußern und mit seiner Frau nach Australien zu segeln. Ihr Ansehen ersparte Mrs. Leigh Perrot vorläufig den Kerker von Ilchester im Winter; sie durfte gegen eine angemessene Untermiete die Wohnung des Gefängniswärters und seiner Familie – ein besseres Loch – teilen. Mr. Leigh Perrot zog sogar zu ihr, bis ihm seine Gicht einen Rückzug nahelegte.

Mrs. Austen war so erschüttert von dem Mißgeschick ihrer Schwägerin, daß sie anbot, gleich beide Töchter zu ihr zu schicken. Jane und Cassandra könnten sie bedienen, aufheitern, die schmutzigen Gören des Wärters in Schach halten und sie zu ihrer Verhandlung begleiten, aber wo sie in diesem unheimlichen Quartier Platz finden sollten, das konnte Mrs. Austen auch nicht wissen.

Es gab sicher nettere Tanten als Mrs. Leigh Perrot, aber in diesem Fall zeigte sie Größe: Sie lehnte das selbstlose Angebot ihrer lieben Schwester Austen ab, sowohl für die Zeit der Untersuchungshaft als auch für den Tag ihres Prozesses. Daß zwei junge, empfindsame Wesen in einer öffentlichen Gerichtsverhandlung angestarrt werden sollten, würde ihr das Herz brechen. Mrs. Leigh Perrot stand es allein durch und wurde freigesprochen. Ihr guter Leumund rettete sie. Die Geschworenen hatten am Ende zehn Minuten zur Urteilsfindung gebraucht.

Mrs. Leigh Perrot, Janes Tante in Bath

VII Umzug nach Bath, Sommerfrische, Harris Bigg Wither, *Die Watsons*

Jane, Jane, everybody knows your game
I know something and you can't surpress it.
Jane, Jane, everybody knows your game,
you're in love but you will not confess it.
Give your heart a chance, what are you made of?
Can it be romance that you're afraid of?
Fats Waller

Ferien in Bath waren verlockend – aber in Bath leben? »So, ihr Mädchen, es ist alles entschieden«, empfing Mrs. Austen ihre jüngere Tochter, als sie im Dezember 1800 mit Martha Lloyd von einem Besuch aus Ibthorp zurückkam, »wir haben beschlossen, nach Bath zu ziehen.« Jane fiel vor Schreck in Ohnmacht. Niemand hatte sie gewarnt, geschweige denn um ihre Meinung gebeten. Eben noch lauter Unfug – »Martha hat versprochen, mit mir zurückzufahren; wir planen ... uns in einen Postwagen zu werfen, eine über die andere mit den Köpfen zur einen und den Füßen zur anderen Tür hinaus« – und dann der Absturz.

Warum Bath? Und warum so plötzlich? Im November hatten sie noch Pläne für den Garten gemacht, junge Obstbäume gepflanzt, neue Möbel gekauft. Nun sollte alles in wenigen Monaten aufgelöst und verlassen werden. Es heißt, der Reverend gedachte, da er 70 war und ward gebrechlich, in den Ruhestand zu treten. Mrs. Austen fühlte sich seit Jahren unpäßlich – ein Zustand, den ihre Töchter nicht immer mit dem gebotenen Respekt ertrugen. Eine Kurstadt schien daher der geeignete Alterssitz. Zudem hatten die Austens mit den Leigh Perrots gesellschaftlich angesehene Verwandte in Bath, und es muß ihnen durch die Köpfe gespukt sein, daß zwei nicht mehr ganz so junge Frauen, die in Hampshire keinen Mann gefunden hatten, dort noch am ehesten zu vermitteln waren.

Nichts erklärt jedoch hinreichend, warum Jane Austen in Ohnmacht fiel. Sicher hatte sie gern auf dem Land gelebt, alle ihre Freunde wohnten dort, aber weder war Hampshire besonders pittoresk noch scheint sich ihre Naturliebe jemals weit über den Zaun ihres Blumengartens

erstreckt zu haben. Kent war – nach einer fixen Bemerkung – »der einzige Ort zum Glücklichsein«, weil es dort
den Komfort der großen Häuser und amüsante Gesellschaft darin gab – anders als Steventon, wo man zu viele
Abende mit einer Mutter verbrachte, die jede Woche an
einer anderen Krankheit litt. Bath versprach Stadtleben,
Bälle in den Assembly Rooms, Feuerwerk und Konzert
in den Sydney Gardens, Theater, Geschäfte. Was war so
schockierend, daß ihr die Knie nachgaben? Die Erwartung,
in dem einstmals mondänen, inzwischen verspießerten
Bad auf den Heiratsmarkt geführt zu werden? Die unentrinnbare Nähe ihrer Eltern? Die ungnädige Herablassung
von Tante Leigh Perrot? Als Anne Elliot in *Überredung* das
Haus ihres Vaters in Bath betritt, geschieht es »mit sinkendem Herzen, als ginge sie einer Gefangenschaft von vielen
Monaten entgegen.«

Jane muß sich gegenüber Cassandra, die noch immer in
Godmersham war, in starken Worten über die neue Lage
geäußert haben, denn aus den nächsten vier Wochen sind
keine Briefe erhalten, die sonst in Abständen von wenigen Tagen hin- und herflogen, und was am 3. Januar 1801
schließlich auf die Nachwelt gekommen ist, klingt eher
nach einer erzwungenen Einsicht als nach Vorfreude: »Wir
haben lange genug in dieser Gegend gelebt, und die Bälle
in Basingstoke sind auch nicht mehr, was sie einmal waren.
Zudem hat das geschäftige Treiben, das ein Umzug mit sich
bringt, etwas Belebendes, und die Aussicht, künftige
Sommer am Meer oder in Wales zu verbringen, ist sehr
verlockend.«

Zweifellos hatte der Umzug etwas Belebendes, da zunächst nur das Ziel feststand, nicht jedoch die Adresse. Briefseiten und Nachmittagsstunden füllten sich mit der Erörterung der Vor- und Nachteile von Westgate Buildings, Charles Street und Laura Place. Mrs. Austen, die »von den Mühen der Einrichtung des Hauses in Bath möglichst verschont bleiben« wollte, ließ sich von Jane versprechen, daß Cassandra »gern alles in die Hand nehmen« werde. Es muß aufregend gewesen sein, seine sämtlichen Besitztümer zu verschenken, zu verkaufen oder an James auszuliefern, den künftigen Pfarrherrn von Steventon und Deane, denn es lohnte ja nicht, außer den Matratzen irgend etwas mitzuschleppen, das man in Bath nicht neu und besser kaufen konnte. So blieben der gute Pembroke-Tisch, 500 Bücher, die Bilder, Janes Klavier und alles, worin sie 25 Jahre lang gewohnt hatte, zurück. Ach, es würde auf dem Umzugswagen doch nur verderben... »Sehr freundlich, daß Du Dir Gedanken machst, wem ich was hinterlassen könnte«, faucht sie Cassandra an; auch Mrs. Austen habe schon Vorschläge gemacht, aber »ich lasse mir Großzügigkeit nicht diktieren, und ich werde Anna meinen Schrank nicht schenken, ehe ich nicht selbst auf den Gedanken gekommen bin.«

Die Kirchendiener des Vaters liefen bereits zum Sohn über, bemerkt sie. Lange bevor die alten Austens ausgezogen waren, hatte James ihnen schon eins ihrer beiden Pferde ausgespannt. Der Tod seines eigenen Pferdes – »obwohl nicht erwünscht, so doch nicht gänzlich unerwartet, da mit Fleiß herbeigeführt«, schreibt sie, »machte den unmittelbaren Besitzwechsel der Stute sehr gelegen.« Alles andere, die Bilder und die Bücher, »wird wohl nach und nach in derselben Weise ergriffen werden.« Die Versteigerung des Hausrats und der kleinen Landwirtschaft erbrachte 200 Pfund; darunter 61 Pfund für drei Kühe, nur elf für die Tische, acht für Janes Klavier, und die trügerische Hoffnung, daß sich die Bücher für mehr als 70 Pfund verkaufen lassen würden: »Die ganze Welt hat sich verschworen, einen Teil unserer Familie auf Kosten der anderen zu bereichern.« Der eine Teil, das waren James und Mary.

Vor seiner Pensionierung hatte Mr. Austen den Kirchenzehnten erhöht, so daß ihm im Jahr weiterhin 600 Pfund zur Verfügung standen. Dafür konnte man sich eine gute Adresse leisten, und – wie Jane scherzhaft an Cassandra schrieb – »eine Köchin und ein albernes, junges Hausmädchen, dazu einen gesetzten Mann mittleren Alters, der das zwiefache Amt des Ehemanns bei der einen und des Liebhabers bei der anderen versehen soll.«

Bereits im Mai 1801 war der Haushalt aufgelöst, und während der Reverend zunächst nach Godmersham reiste, bildeten Jane und Mrs. Austen die Vorhut. Da die Familie noch kein passendes Haus gefunden hatte, folgten sie einer Einladung der Leigh Perrots. Cassandra erledigte Abschiedsbesuche in Hampshire, wofür ihr alle Austen-Biographen sehr verbunden sind, denn damit gab sie Jane Gelegenheit, vier Briefe aus Bath zu schreiben, ohne die wir nicht wüßten, ob sie zu Recht in Ohnmacht gefallen war. Danach tritt eine Korrespondenz-Pause von über drei Jahren ein, die wir wohl eher Cassandras zensorischem Wirken zu verdanken haben als der Tatsache, daß die Schwestern vorwiegend zusammenlebten und deshalb der Briefschreiberei enthoben waren, denn beide unternahmen weiterhin kleine Fluchten nach Godmersham, Steventon und zu Henry nach London.

Der erste Brief kommt aus N° 1 Paragon und ihrem »eigenen Zimmer im zweiten Stock.« Er meldet eine angenehme Reise in großer Schweigsamkeit: Alle drei Meilen fielen ein paar Worte zwischen Mutter und Tochter. Es war ein warmer Maitag, nicht zu schmutzig, nicht zu staubig und doch eine Enttäuschung: »Der erste Anblick von Bath bei schönem Wetter entspricht nicht meinen Erwartungen; ich glaube, ich sehe deutlicher durch Regen. Die Sonne lag hinter allem, und der Eindruck des Ortes von der Kingsdown-Höhe war nichts als Dunst, Schatten, Rauch und Durcheinander.«

Die Tage vergehen ganz wie erwartet: An der Seite des Onkels wandelt sie zur Brunnenhalle; mit ihrer Mutter geht sie zahllose Häuser besichtigen, aber etwas Passendes ist nicht darunter, und eine Schneiderin näht ihr ein Kleid für einen der letzten Bälle der Saison. Es wird kein großer Erfolg: »Um kurz vor neun betrat ich mit meinem Onkel und meiner Tante den Saal, und Miss Winston schloß sich uns an. – Bis zum Tee war es eine langweilige Angelegenheit, aber die Zeit bis zum Tee dauerte nicht zu lange, es gab nämlich nur einen Tanz, getanzt von vier Paaren. Stell Dir vor, vier Paare, die in den Upper Assembly Rooms von Bath tanzen, und hundert Leute stehen drumherum. Nach dem Tee wurden wir munterer. Von privaten Gesellschaften, die sich aufgelöst hatten, strömten etliche neue Besucher herein, und obwohl es immer noch schockierend und unmenschlich wenige für einen solchen Ort waren, kamen doch genug zusammen, um damit fünf oder sechs schöne Basingstoke-Gesellschaften auszustatten. Dann bekam ich Mr. Evelyn zum Reden und Miss Twiselton zum Ansehen, und ich kann mit Genugtuung sagen, daß ich ein gutes Auge für Ehebrecherinnen habe, denn obgleich wiederholt versichert wurde, daß eine andere in der Gruppe diejenige welche sei, hatte ich doch von Anfang an die Richtige im Blick.« Miss Twiselton war keineswegs so hübsch wie von einer Sünderin erwartet, trug sehr viel Rouge auf ihren Wangen und sah eher still und einfältig als besonders frivol aus.

Waren die Nachbarn in Basingstoke nicht doch bessere Gesellschaft gewesen? So wie die Damen Holder, Verwandte des Herrn von Ashe Park, die von Tante Leigh Perrot wegen ihrer »anmaßenden« weißen Kleider verachtet wurden. Jane fand sie einfach nur nett; Miss Holder gab zu, daß sie völlig unmusikalisch war. Wie erfrischend! Jane ging allein zu ihnen zum Tee. Dann »wieder eine dumme Gesellschaft gestern abend.« Admiral Stanhope, dessen Rockschöße für seine kurzen Beine zu lang waren, Miss Langley mit ihrer dicken Nase und dem zu tiefen Ausschnitt, Mrs. Chamberlayne, die man höchstens für ihre perfekte Frisur bewundern konnte, oder Mrs. Badcock, die hinter ihrem betrunkenen Mann herrannte. »Seine Ausweichmanöver, ihre Verfolgung und die vermutliche Bezechtheit beider war ein erheiterndes Schauspiel.«

Doch sonst? Obwohl sich die Leigh Perrots offenbar bemühten, Jane in die Gesellschaft einzuführen, ist von interessanten Neuerwerbungen nicht die Rede. Mr. Evelyn vielleicht, den die Tante favorisiert? Jane findet ihn unmöglich, einen »Yahoo« – wie die tückischen, rohen, lü-

sternen Tiermenschen in *Gullivers Reisen* heißen. Bedeutend älter als Mr. Thorpe in *Die Abtei von Northanger* und
dazu verheiratet, ist er gleichwohl ein ähnlicher Pferdenarr
und Einfaltspinsel; bemerkenswert allein als Besitzer eines
offenen Phaetons, eines »berückenden« Wagens, in dem
Jane liebend gerne einmal ausgefahren wäre. Mr. Evelyn
erfüllt ihr den Wunsch, kutschiert sie vierspännig zur
Kingsdown-Höhe und wieder zurück. Sprach man über
Pferde? schnittige Wagen? Swift? Miss Twiselton?

Es sind die immer gleichen Leute, die sich zum Karten-
spielen verabreden, zu Spaziergängen, die dann doch nicht
stattfinden, und zu kleinen Abendgesellschaften, die Jane
verabscheut, weil sie zu niemals nachlassender Aufmerksamkeit an langweiligem Geschwätz zwingen. Mit Mrs.
Chamberlayne unternimmt sie eine Landpartie nach Weston und lernt, die Dame für mehr als ihre Frisur zu bewundern: »Im Bergsteigen ist Mrs. Chamberlayne unschlagbar,
nur mit Mühe konnte ich Schritt halten, doch wollte ich
um nichts in der Welt zurückweichen. Im Flachland war
ich ihr durchaus gewachsen, und so eilten wir unter sen-
gender Sonne dahin, sie ohne Sonnenschirm oder irgendeinen Schatten für ihren Hut, unaufhaltsam voran und
überquerten den Kirchhof von Weston in solcher Hast, als
fürchteten wir, lebendig begraben zu werden.«

Zuerst als Gast in Paragon, im Herbst dann unter der
ersten eigenen Adresse, N° 4 Sydney Place, mangelte es
Jane Austen wohl an den sinnstiftenden Beschäftigungen,
die der Haushalt in Steventon mit sich gebracht hatte:
der Morgenspaziergang zur Poststation, die barmherzigen
Besuche bei den Alten im Dorf, der Blick auf die Johannis-

Der Royal Crescent in Bath,
erbaut von John Wood d. J. zwischen 1767 und 1774

beeren, die Hühner und das Selbstgebraute. In Bath gab es Dienstboten für jeden Handgriff, lähmende Gewohnheiten, und in Milsom Street lag immer noch derselbe Hut mit den Klatschmohnblüten im Schaufenster.

Hat sie vom Brunnen gekostet? Ist sie ins Bad gestiegen? Offenbar nicht. Promeniert ist sie, auf dem Kiesweg zwischen Circus und Royal Crescent – es konnten gar nicht genug Leute zum Anschauen unterwegs sein –, vorbei an den hochaufragenden Fassaden, hinter denen sich jeder Mieter einbilden konnte, in einem Palast zu wohnen. Ungebrochen ist die Kette der 114 ionischen Säulen unter einem einzigen Sims, die den königlichen Halbmond säumen. Nach Süden zur Stadt hin öffnet sich die Sichel auf eine gepflasterte Avenue und eine Rasenfläche, die am

Absatz zu einem versunkenen Garten endet, einem sogenannten ha-ha, zu Deutsch aha, der angemessene Laut im 18. Jahrhundert, wenn man unversehens eine Mauer hinabstürzte.

Lady Russel fährt in *Überredung* voller Vorfreude in die Stadt ein »inmitten der anderen Kutschen und unter dem Gepolter von Karren, Rollwagen und den ihre Waren anpreisenden Kuchen- und Milchverkäufern … Diese Geräusche waren ein Teil der winterlichen Vergnügungen, unter deren Einfluß sich ihr Gemüt belebte.« Jane Austen aber zeigte Bath sein unfreundliches, steinernes Gesicht. Und wie Anne Elliot lehnte sie »Bath sehr entschieden, wenn auch schweigend ab«, so in sich verkrochen, daß nicht einmal das Schreiben half.

Die Zeit, da Schreiben ein elitäres Vergnügen war, lag hinter ihr, aber offenbar war Austen auch dem passenden Ambiente und der rechten Stimmung entwachsen. Anders als Charlotte Brontë, die die Engel der Eingebung rief, um ihrer romantischen Glut eine literarische Stütze zu geben, oder George Eliot, deren Schreiben einem Herauspickeln aus dem Bleibergwerk der Depression gleichkam, brauchte Austen ein Äquilibrium für den schöpferischen Prozeß: unbelästigt von ihrer Außenwelt und mit sich selbst im reinen. Sie schrieb nicht »schnell und ohne Korrekturen«, wie Henry später behauptete; es war nicht das naturgegebene Trällern der Singdrossel, das die Viktorianer zu vernehmen glaubten, sondern schwere Polierarbeit: ändern, streichen, umschichten, verdichten. Gleichwohl hatte Austen auch einen nüchternen, handwerklichen und didaktischen Blick auf ihre wunderbare Kunst. In

Bath aber fehlte es an allen Zutaten für einen neuen großen Wurf. Sie redigierte *Susan* (*Die Abtei von Northanger*) und schrieb *Lady Susan* ins reine. Sie sammelte Beobachtungen, die später in *Überredung* Früchte trugen. Sie begann einen neuen Roman, den sie nach fünf Kapiteln abbrach. Es wollte nicht laufen. Das beste an Bath war die Landstraße hinaus.

Und die Austens nahmen sie unter die Räder. Schon im ersten Jahr erfüllte sich eine der größeren Erwartungen, die Jane an den Umzug geknüpft hatte: Sommerfrische an der See. Das von Hügeln umgebene Bath war in den wärmeren Monaten, wenn das Badewasser einen fettigen Film auflegte und sich die Gerüche aus Kanälen und Latrinen, Ställen und ungekühlten Vorratskammern streng bemerkbar machten, weder gesund noch amüsant. Hitze trieb die Damen in »einen dauernden Zustand der Uneleganz«; und so reiste Jane mit Cassandra oder en famille an die Kanalküste nach Sidmouth, Dawlish, Teignmouth, Lyme Regis und nach Tenby in Wales. Seit George III., begleitet von einer Blaskapelle und den Klängen der Nationalhymne, aus seinem Badekarren ins Meer geschritten war, galt das Untertauchen im kalten Wasser als stärkend und modern. »Der Gedanke, daß es elegante Badeorte in Mecklenburg geben sollte!« schrieb sie an Frank, als der in der Ostsee kreuzte. »Können die Leute dort allen Ernstes glauben, sie seien auf der Höhe der Zeit? Außerhalb Englands zu baden!« Am gesündesten galt die Wasserkur im Winter oder zumindest am frühen Morgen, wenn man die Poren noch geschlossen wähnte. Eliza de Feuillide und ihr kleiner Sohn waren nach diesem Rezept verfahren und auch

Lyme Regis, die geschwungene Kaimauer, The Cobh, im Hintergrund

die Schriftstellerin Fanny Burney: »Wir erhoben uns um sechs Uhr morgens«, schreibt sie im November 1782 aus Brighton, »gingen beim blassen Schimmer des Mondes zum Strand, wohin wir die Badefrau bestellt hatten, und tauchten ins Meer ein.« Herren gönnten sich das Vergnügen des Nacktbadens, Damen plantschten in ihren Musselinkleidern und im Schutz einer Markise, die wie ein großer Lampion über der Treppe heruntergeklappt wurde, die vom Karren ins Wasser führte.

Als Jane Austen in Lyme Regis ins Meer stieg, hatten die Engländer jedoch bereits die Sommersaison entdeckt. Es war Mitte September, und sie fand »das Baden heute in der Früh so herrlich, und Molly (ihr Mädchen) drängte mich so, es zu genießen, daß ich wohl etwas zu lange drinblieb, denn seit Mittag fühle ich mich unerklärlich müde.«

The Cobh, die Kaimauer in Lyme Regis, ist (außer den Adressen in Bath) einer der wenigen Schauplätze »nach der Natur« in Austens Romanen: Von ihren Stufen springt

Louisa Musgrove in *Überredung* und landet nicht in Kapitän Wentworths Armen, sondern auf dem Pflaster. Dieser Unfall leitet eine ganze Serie dramatischer Entwicklungen ein, nicht zuletzt das glückliche Ende und die Versöhnung von Anne Elliot und Wentworth.

In Sidmouth und im richtigen Leben ereignete sich eine Liebesgeschichte ohne Happy-End. Die Nachwelt hat sie Jahrzehnte später und nur um die berühmten drei Ecken erfahren, nämlich von der Nichte Caroline Austen, die Cassandra, die sonst wenig Günstiges über fremde Menschen zu sagen fand, das Lob auf eine Zufallsbekanntschaft anstimmen hörte. Es war ein junger Mann, der die alte Tante stark an einen Gentleman erinnerte, den sie und Jane in einem Sommer vor vielen Jahren an der See getroffen hätten; einen Gentleman, so reich an persönlichen Vorzügen, dabei so ernstlich verliebt und drauf und dran, sich zu erklären, ja, ein Mensch, der Schwester Jane vielleicht sogar würdig gewesen wäre ... Und Schwester Jane hätte ihn erhört, daran wollte Cassandra sich gern erinnern. Es kam indes zu keinem Antrag. Der Gentleman reiste ab, nachdem er sich erkundigt hatte, wo die Austens ihre nächsten Sommerferien zu verbringen gedachten. Auch er werde es einrichten, dort zu erscheinen ... Einige Wochen später war er tot, und niemand kennt seinen Namen, seine Stellung, seine Absichten – so wenig wie das Ausmaß des Kummers, den Jane Austen fühlte.

Aus dieser zarten Drei-Wochen-Affaire ist viel biographischer Honig geflossen. Niemals habe Austen danach einen anderen Mann lieben können, liest man. – Nicht doch, sie war eine Frau mit klarem Verstand und vernünftigem Herzen, an anderer Stelle. – Sie hätte bestimmt geheiratet, wenn der Richtige noch gekommen wäre, das kennt man ja. Die Kürze, mit der sie später als ratgebende Tante ihrer Nichte Fanny bestellte: »Liebeskummer hat noch keinen umgebracht«, wird als Indiz gedeutet, daß sie rasch über ihre Enttäuschung hinweggekommen sei. Der Ernst, mit dem Anne Elliot für Kapitän Wentworths Ohren (ach, doch nicht für die von Kapitän Harville!) über die Beständigkeit weiblicher Gefühle spricht, als Gegenargument herangezogen: »Den ganzen Vorzug, den ich für mein Geschlecht beanspruche – er ist nicht einmal besonders beneidenswert, und es lohnt nicht, sich danach zu sehnen –, ist der, am längsten zu lieben, wenn das Leben oder alle Hoffnung dahin sind.« Man kann's nicht wissen und nur wagen, mit einem Werk-Zitat ebenfalls nach dem Rechten zu zielen: »Ich werde mir keine stärkeren Gefühle einreden, als wirklich vorhanden sind. Ich bin ohnehin schon genügend verliebt; mehr davon wäre nicht gut«, erkennt Emma Woodhouse nach gründlicher Selbsterforschung.

Damit waren die Herzenswirren jedoch noch nicht ausgestanden. Im Jahr darauf trug Harrison Bigg Wither Miss Austen seine Hand an, ein junger Mann, über den die Biographen ziemlich einhellig der Meinung sind, daß er Englands Jane nicht würdig war: Er stotterte; er war ein großer, ungesunder, träger Sack, sechs Jahre jünger als sie, ganz nett, aber nicht gerade romantisch. James Edward Austen-Leigh bescheinigte ihm noch einen »guten Charakter«, andere erinnerten sich seiner als eines leutseligen, wohlgeachteten Landedelmanns. Jane kannte ihn seit ihrer

Manydown House. Harris Bigg Wither wurde hier am Abend erhört und am nächsten Morgen abgelehnt

Jugend, als die Bigg Withers auf Manydown zu ihrem Freundeskreis zählten, und niemand weiß, was Harris an diesem Dezemberabend 1802, da sie mit Cassandra zu Besuch weilte, plötzlich bewog, Jane einen Heiratsantrag zu machen. Ebenso undurchschaubar ist ihre Reaktion: Sie nahm an – nur um ihn am nächsten Morgen zurückzuweisen und in großer Konfusion nach Steventon zu flüchten. James, der dort an seiner Sonntagspredigt saß, mußte dringend gebeten werden, sie sofort und ohne Verzug aus Hampshire hinaus und zurück nach Bath zu eskortieren. In einem solchen Zustand hatte er seine Schwester noch nie erlebt.

Nun war Harrison Bigg Wither eine durchaus schätzenswerte Partie, und alle Argumente mögen am Abend noch für eine Verbindung mit ihm gesprochen haben: Er war der Erbe von Manydown, eines massigen alten Hauses, und ausgedehnter Ländereien in Hampshire. Er hätte sie nicht nur aus Bath erlöst, sondern auch ihre Zukunft auf solide finanzielle Füße gestellt. Mit dem Tod des Reverend würde das Einkommen der Familie erlöschen, die Witwe und ihre Töchter wären dann ganz auf das Wohlwollen der Brüder angewiesen. Harris war vielleicht ungeschliffen, aber kein Yahoo; ihre Freundinnen Catherine und Alethea Bigg lebten ebenfalls in Manydown, Martha Lloyd, James und Mary waren praktisch Nachbarn ... Aber die Nacht, die so viele Ängste nährt, hatte diese guten Gründe weggewischt: Es bedeutete, mit einem ungeliebten Mann zu leben; es bedeutete, wie bei Edwards Frau, Schwangerschaften ohne Ende; es bedeutete, daß sie die Hoffnung, wieder zu schreiben, einen Roman zu veröffentlichen und Honorar zu verdienen, begraben durfte. Wieder wissen wir nichts und stellen uns etwas vor. Und nun war sie wieder in Bath.

Die Austens zogen dort noch dreimal um, von Sydney Place nach Green Park Buildings, von dort in die Gay Street und schließlich in die Trim Street. Durch Henrys Vermittlung landete *Susan / Die Abtei von Northanger* im Frühling 1803 bei dem Londoner Verlag Crosby & Co, der das Manuskript annahm, zehn Pfund Vorschuß leistete und nie wieder von sich hören ließ. Vermutlich hatte ein Lektor beim näheren Hinsehen festgestellt, daß der Stoff mitnichten in die Abteilung Schauerroman paßte, die sich

so gut verkaufte, sondern über das Genre und seine Lieb-
haberinnen herzog und damit geeignet schien, die Leser zu
verprellen.

Der Beginn dieser vielversprechenden Transaktion
scheint Austen ermutigt zu haben, im Jahr darauf einen
neuen Roman zu beginnen, *Die Watsons*, den sie jedoch
nach fünf Kapiteln wieder beiseite legte. So hart und witz-
los wie in keinem anderen ihrer Werke setzt sie mit einem
Leitmotiv ein, das ihr in den letzten Jahren in den Ohren
geklungen und sie zunehmend verdrossen haben mußte:
die Not unversorgter junger Frauen, sich zu verheiraten.
Emma Watson wird als kleines Mädchen aus vornehmer,
aber armer und töchterreicher Familie zu einer Tante gegeben, in der Hoffnung, daß diese Tante sie einmal zu ihrer
Erbin einsetzen werde. Leider wirft sich die Dame an einen
irischen Heiratsschwindler fort, und Emma muß zu ihrer
fast unbekannten Familie zurückkehren, zu einem kranken
Vater und drei Schwestern, die mehr oder weniger in
Torschlußpanik leben. »Du weißt, wir müssen heiraten«,
erinnert sie die älteste. »Ich meinerseits könnte sehr gut
allein leben; ein wenig Geselligkeit, hin und wieder ein
netter Ball würden mir genügen, wenn man nur ewig jung
bleiben könnte. Doch unser Vater kann uns ja nicht erhalten, und es ist sehr bitter, alt zu werden und arm zu sein und
verlacht zu werden.« – »Einem Mann nur wegen seines
Vermögens nachzustellen ist etwas, das mich schockiert;
ich verstehe es nicht«, erwidert Emma. »Armut ist ein
großes Unglück, aber für eine gebildete, warmherzige Frau
sollte und kann es nicht das größte sein. Ich wäre lieber
Lehrerin an einer Schule (und etwas Schlimmeres kann

ich mir kaum vorstellen), als einen Mann zu heiraten, den ich nicht gern habe.«

Warum ließ Austen *Die Watsons* unvollendet? War es der Schock über den plötzlichen Tod in ihrer Familie, der das fiktive Siechtum von Mr. Watson beendete? Oder bot die Einleitung einfach keine interessante Entwicklung? Anders als in dem ähnlich angelegten *Stolz und Vorurteil*, in dem die Liebe spannungsreich aus gegenseitiger Abneigung und Kratzbürstigkeit erwächst, läßt Austen ihre Heldin gleich auf den Richtigen zusteuern, und wenn die Geschichte nach fünf Kapiteln abbricht, weiß der Leser, wer den Einzug in Mr. Howards Pfarrhaus und wer eine Abreibung verdient hat.

Virginia Woolf glaubte, »das Wunder wäre vollbracht worden«, die Steifheit der ersten Kapitel beweise nur, »daß sie eine jener Autoren war, die ihre Fakten in der ersten Fassung recht unverhüllt aufreihen und dann zurückgehen, wieder und wieder zurückgehen, um ihnen Körper und Atmosphäre zu verleihen.« Durch welche listigen Kunstgriffe dies geschen würde, könne der Leser am Ende nicht sagen; »wir hätten nie geahnt, wie viele Seiten mühevoller Vorarbeit Jane Austen ihre Feder durchzuhalten zwang. Hier gewahren wir, daß sie doch am Ende kein Zauberkünstler war.« James Edward Austen-Leigh, der das Watson-Fragment 1871 im Anhang seines *Memoir* zum erstenmal abdruckte, meinte, die Autorin habe das Projekt aufgesteckt, weil sie wie eine Sängerin zu tief angesetzt und nach wenigen Strophen erkannt habe, daß ihre Stimme niemals die vollkommene Höhe erreichen werde; das heißt, sie habe sich im Milieu der Watsons, der ärmlichen Vornehmheit, in der man bereits um drei Uhr das Dinner auftrug und abends Mühe hatte, ein sauberes Päckchen Spielkarten zu finden, nicht ausgekannt.

Daß Jane Austen immer nur darüber geschrieben habe, was sie aus eigener Anschauung kannte, ist eine lang tradierte und selten angezweifelte Behauptung. In keinem ihrer Romane fänden wir zwei Herren allein im Gespräch, weil Austen nicht habe wissen können, wie zwei Herren in Abwesenheit von Damen miteinander redeten. Das muß man sich vorstellen. Austen hatte zwei Brüder bei der Marine, die ihr wohl eine annähernde Vorstellung von einem Gespräch unter Gentlemen vermitteln konnten. »Wußte« sie denn, wie es war, ein leichtfertiger Offizier, ein schmieriger Pfarrer, ein verarmter eitler Junker zu sein? Was wußte sie von Mr. Bennet, der seine Frau verabscheute? Was von Mrs. Price und ihrem verlotterten Haushalt (eine ganze Stufe unter dem der Watsons)? Was überhaupt von Ehefrauen und Kindern? Leute wie Mr. Wickham, Mr. Collins oder Sir Walter Elliot sind ihr sicher begegnet, und sie hat sie sich gemerkt, um sie literarisch neu zu erschaffen. Sie hat sie erschaffen, um in einem von ihr gewählten Zusammenhang menschliche Beziehungen und Werte auszuloten, die ihr bedeutungsvoll erschienen. Es sind ihre Geschöpfe, und sie kannte sie sehr gut.

VIII Tod des Reverend Austen, Vornehme Ärmlichkeit, Anna und Fanny, Stoneleigh Abbey

Get Place and Wealth, if possible with grace;
If not, by any means get Wealth and Place
Alexander Pope

Die Enttäuschung über die Herren Crosby & Co in London war nur die Ouvertüre. Es kam eine Zeit, in der es schwer fiel, den Kopf oben zu behalten und der Welt das freundliche Gesicht zu zeigen, das sie von Miss Jane gewohnt war.

An ihrem Geburtstag, dem 16. Dezember 1804, verunglückte ihre alte Freundin Mrs. Lefroy tödlich, als sie vom Pferd stürzte. Am 21. Januar 1805 starb der Reverend George Austen – keinen überraschenden – einen sanften, schnellen Tod, doch plötzlich war alle Sicherheit dahin. Jane benachrichtigte ihren Bruder Frank an Bord der *Leopard* in Portsmouth in förmlicher Weise: »Unser lieber Vater hat sein tugendreiches und glückliches Leben beendet, und sein Tod war fast so schmerzlos, wie es sich seine Kinder nur wünschen konnten ... Den Verlust eines solchen Vaters müssen wir schmerzlich empfinden, andernfalls wären wir Gefühlsrohlinge.« Das letztemal hatten wir von Mr. Austen aus Lyme Regis gehört, wo er im Spätsommer eines Abends um halb zehn nach Hause gegangen war, am Stock und begleitet von einem Diener mit Laterne; eine gebrechliche Erscheinung, deren feines weißes Haar, das sich über den Ohren lockte, und wache braune Augen noch immer an den schönen Proktor aus Oxford erinnerten. Er kam von einem Ball, wo er ein Stünchen lang Jane beim Tanzen zugesehen hatte. Frau und Tochter waren noch geblieben ...

George Austen wurde in der Walcott Church in Bath beigesetzt, in der er 40 Jahre zuvor Cassandra Leigh geheiratet hatte. Seine Witwe sah sich nun genau in der Lage, die sie so lange herbeigefürchtet hatte. Der Reverend hatte sicher sein Bestes getan, aber er hatte nichts für die Austen-Frauen zurückgelegt. Außer knapp 200 Pfund jährlich aus Mrs. Austens und Cassandras Vermögen besaßen sie nichts. James und Henry, die nach Bath geeilt waren, starteten daher eine Sammlung unter Brüdern für »unser liebes Trio« (Henry), und die Bereitschaft, mit der Mrs. Austens Söhne ihr beisprangen, wird nur unwesentlich von der Selbstgefälligkeit in den Schatten gestellt, mit der sie sich gegenseitig zu ihren ausgezeichneten Gefühlen gratulierten. James, der beim Umzug der Eltern nach Bath so vorteilhaft abgeschnitten hatte, erklärte sich bereit, 50 Pfund im Jahr zu spenden. Henry, der sich von seiner Offiziers-Abfindung und als Banker ein elegantes Haus und eine Kutsche leisten konnte, gab weitere 50. Frank, der sich kurz vor einer Beförderung wähnte, versprach 100; Mrs. Austen ließ jedoch ausrichten, sie nähme von ihm nur 50 an, und »wenn Edward das Mindeste tut, wird er sicherlich darauf bestehen, daß sie 100 von ihm erhält«, schreibt Henry.

Es mag eine sonderbare und nicht ganz gerechte Fügung sein, aber so wie er fortfährt, umweht seine Sätze der Geist von John und Fanny Dashwood, die sich zu Beginn von *Verstand und Gefühl* in einem sehr komischen und sehr bösen Dialog dazu anstacheln, die Witwe seines Vaters und ihre drei Töchter um die Unterstützung zu bringen, die John dem Sterbenden in die Hand versprochen hatte. Ihr Gespräch beginnt bei 3000 Pfund und endet damit, daß die alte Dame eigentlich dem Sohn noch etwas schulde.

Henry schreibt: »Sie wird mit 450 Pfund sehr behaglich leben, und da ein kleineres Haus für sie ebenso angenehm

Martha Lloyd, Freundin im Haushalt der Austens

sein wird, wie es die Lage erschwinglich erscheinen läßt,
denke ich, daß meine Mutter und meine Schwestern so
reich wie eh und je sein werden. Nicht nur werden sie
keinen persönlichen Mangel leiden, sondern auch gelegentlich Reisen zu ihren Freunden, aus Vergnügen und
der Gesundheit wegen unternehmen können.«

Aus dem Mund von Fanny Dashwood klingt es so: »Alles in allem haben sie gemeinsam fünfhundert Pfund pro
Jahr, und wozu um alles in der Welt brauchen vier Frauen
mehr? Sie haben doch keine Ausgaben. Ihr Lebensunter-
halt ist nicht der Rede wert. Sie haben keine Kutsche,
keine Pferde und kaum Personal; sie haben keine gesell-

schaftlichen Verpflichtungen und können deshalb keinerlei Ausgaben haben. Denk doch nur, wie anständig sie
leben können! Fünfhundert pro Jahr! Ich kann mir gar
nicht vorstellen, wie sie auch nur die Hälfte davon ausgeben wollen.«

Das liebe Trio fühlte bald, daß es von dem, was da zu-
sammenkam, plus einer weiteren Zuwendung von 50 Pfund
durch die Leigh Perrots nicht sehr anständig leben konnte.
Sie zogen in ein kleineres Haus, entließen zwei ihrer Diener, so daß sie nur noch über ein Mädchen-für-alles verfüg-
ten, schränkten ihre Besuche ein und streckten Tee und
Zucker. An diesem Montag im April war Jane ausge-
gangen, um Miss Chamberlayne zu Pferde zu bewundern
(sie schwitzte sehr). »Vor sieben Jahren und vier Monaten
waren wir in derselben Reithalle, als Miss Lefroy dort
zeigte, was sie konnte«, erinnert sie Cassandra, die in Ibthorp die alte Mrs. Lloyd besuchte, »und nun bewegen wir
uns in so ganz anderer Gesellschaft. Aber sieben Jahre
reichen wohl, um sich einmal zu häuten und auch seine
Gefühle gänzlich zu wechseln.« Kurz darauf starb Mrs.
Lloyd. Martha stand allein, und das Austen-Trio beschloß,
daß man ebenso gut zu viert wirtschaften könnte. Martha
zog nach Bath, das Haus in Ibthorp wurde aufgelöst. Was
wurde da aus Mrs. Stent, einer bedürftigen alten Gefährtin
von Mrs. Lloyd, die seit vielen Jahren bei ihr wohnte?
»Arme Mrs. Stent. Es war immer ihr Schicksal, überall im
Weg zu sein, aber wir müssen barmherzig sein, denn viel-
leicht werden auch wir mit der Zeit Mrs. Stents, keiner
Sache gewachsen und nirgendwo willkommen.« Sieben
Jahre später lebte sie noch immer und noch unwillkomme-

ner in der Nachbarschaft: »Die arme Mrs. Stent wird hoffentlich nicht mehr sehr viel länger eine Qual für alle
sein.«

Der Abstieg der Austens war noch nicht zu Ende: Trim
Street. Da wurde es nun langsam peinlich, Gäste zum Tee
zu laden. Die Leigh Perrots zum Beispiel, die so unnachahmlich daran erinnerten, daß man ihnen Dank schuldete
– und sei es für einen neuen Hut. Die Tante hatte versprochen, ihn zu bezahlen, konnte sich gleichwohl nicht
dazu durchringen, Jane das Geld dafür zu geben. Wollte sie
ihn selbst aussuchen? Oder das öffentliche Frühstück in
den Sydney Gardens. Nicht daß man sie einlud mitzuge-
hen; der Onkel werde ihr den Eintritt zahlen, falls sie eine
Gesellschaft fände, der sie sich anschließen möchte. War
sie ein Kind, dem man nach langem Kramen und Klim-
pern einen Penny in die Hand drückte? Sie lehnte höflich
ab. »Den einzigen Gefallen, den sie mir erweisen wird, ist,
daß ich überhaupt nicht hingehen kann, ob ich nun will
oder nicht.«

Obwohl sie sich vorgenommen hatte, es nicht zu tun,
bittet sie Onkel und Tante am nächsten Abend wieder zum
Tee. Die Selbstachtung gebot, jeden Eindruck von Emp-
findlichkeit zu vermeiden, die Vorsicht, sie nicht zu
brüskieren. Die Chamberlaynes und Mrs. Irvine konnte
man gleich mit einladen. Doch »ich werde froh sein, wenn
es vorbei ist, und hoffe, nie wieder in die Verlegenheit zu
kommen, so viele liebe Freunde auf einmal einladen zu
müssen.«

Es war noch lange nicht vorbei, aber zu ihrer Erleichterung fuhr sie mit Cassandra im August nach Kent und ließ

Mrs. Austen in Marthas Obhut zurück. In Godmersham
war inzwischen das neunte Baby, Louise, angekommen.
Tante Jane seufzte wohl im stillen. Unter Schwestern ver-
trat sie die Meinung, manchen Ehepaaren sei wohl nur mit
getrennten Schlafzimmern zu helfen. (Es gab übrigens
schon Kondome, aber die nahm der Gentleman eher zum
eigenen Schutz. Als James Boswell 1762 mit einem Stra-
ßenmädchen in einem Londoner Hinterhof verschwand,
bestand er darauf, »sie in Rüstung zu genießen«. Zu Hause
waren solche Vorsichtsmaßnahmen in der Regel nicht an-
gebracht. Oder doch? Wie taten es Henry und Eliza?)

Weder als Tante noch als Autorin war Austen von Kindern leicht um den Finger zu wickeln; »durch Reize, die
bei zwei- oder dreijährigen Kindern durchaus nicht un-
gewöhnlich sind, wie eine kindliche Aussprache, den un-
beirrbaren Wunsch, seinen Willen durchzusetzen, viele
ausgelassene Streiche und eine Menge Krach.« Es spricht
Erfahrung und Mißvergnügen aus der Beobachtung von
Lady Middletons schrecklichen Gören, »vier lauten Kindern . . ., die sich an sie hängten, an ihren Kleidern zerrten
und jedem Gespräch, das sich nicht auf sie bezog, ein Ende
machten.« (*Verstand und Gefühl*). Was ist nur aus den
Kindern geworden, wundert sie sich, als ein kleines Mädchen glücklich und unbefangen ihre Schreibtischschub-
lade durchstöbert, »wo ist die ganze Schüchternheit geblieben?« Die Kleine war so natürlich, anhänglich, nett
und artig, »so ganz anders, als ich in ihrem Alter war, daß
ich ganz verwundert und beschämt bin.«

Doch sie war nicht allzu verschwenderisch mit ihrer
Tantenliebe und eher geneigt, sich unangenehm über-

Fanny Knight, Zeichnung von Cassandra Austen

raschen zu lassen. Fanny, zwölf, Edwards Älteste, stach vorteilhaft von der Menge ab. Sie war vergnügt und vernünftig, lebhaft, ohne aufdringlich zu sein, so wie Tanten es gerne sehen; fast im selben Alter wie Anna aus Deane, die nach dem Tod ihrer Mutter zwei Jahre bei Großmutter und Tanten gelebt hatte, ehe man sie mit fünf zu ihrem Vater und einer neuen Mama zurückgeschickt hatte, die weder durch Herzlichkeit noch Geduld von sich reden machte. Anna liebte Tante Jane; als kleines Mädchen hatte sie um Geschichten gebettelt und ihr selbst ein Drama diktiert, aber sie galt auch als dickköpfig und launisch. Mit 15 wollte sie Romane schreiben und schnitt sich die Haare ab (was in Godmersham wiederum nicht gut aufgenommen wurde). Auch sie mußte Jane Austen an das kleine Mädchen erinnert haben, das Cousine Phila grillenhaft und eingebildet genannt hatte, und daran, wie sie nicht gewesen war: unbefangen, nett, anhänglich und artig. Nur Schreiben war damals einfach gewesen, und gerade das war es nun nicht mehr. Seit Jahren hatte sie nichts zu Papier gebracht, was man vorzeigen konnte. Sollte sie ihrer Nichte dazu raten?

Anna mit den vielen Gesichtern war ein Sorgenkind; die andere, Fanny »fast eine zweite Schwester«, schmiegsamer, biegsamer und offenherziger. Mit dem Älterwerden wuchs ihre gegenseitige Vertrautheit. »Niemand interessieren Mädchen, solange sie noch nicht erwachsen sind«, schrieb sie später an Anna. Fanny war nun so weit, daß sie zuhören durfte, wenn Austen aus einem neuen Manuskript vorlas. »Ich hätte nie gedacht, daß eine Nichte mir so viel bedeuten könnte.«

Anna Lefroy, geborene Austen, im Alter von 52 Jahren

Nach Fanny kamen Edward, elf, und Little George, zehn, der sich als lispelnder Dreikäsehoch »Itty Dordy« ins Herz der Tante geschmeichelt hatte. »Daß er sich meiner erinnert, freut mich – unvernünftigerweise, denn ich weiß, daß es bald vorbei sein wird. Meine Zuneigung zu ihm wird dauerhafter sein. Mit Zärtlichkeit und Entzücken werde ich mich seines schönen, lächelnden Gesichts und seiner interessanten Manieren erinnern, wenn die Jahre ihn in einen ungezogenen Flegel verwandelt haben werden.« Ihm folgten Henry, acht, und William, sieben, mit dem sie in diesem Sommer Federball spielte, Elizabeth, »Lizzy«, Marianne und Charles, von denen wir nicht viel mehr als ihre Namen und ihre Kinderkrankheiten kennen.

Nach dem Pfennigfuchsen in Bath ist es wunderbar, in Godmersham mit Käsetoast verwöhnt zu werden, Eis zu essen, französischen Wein zu trinken, Ruhe und Vergnügen nach Wunsch zu finden und nur gelegentlich übers Geld zu seufzen. Der Friseur, Mr. Hall, nimmt »entweder auf unsere Jugend oder unsere Armut« Rücksicht, schneidet und steckt ihr Haar für 2 Shilling, 6 Pence auf, während er der Dame des Hauses für einmal Frisieren 5 Shilling abknöpft, und noch einmal 5 für jede Unterweisung ihrer Zofe. Und das bei freier Kost & Logis und der charmanten Gesellschaft der Dienstmädchen. Solche pekuniären Abweichungen werden sehr aufmerksam registriert.

Im Januar sind die Schwestern in Steventon und Manydown, wo sich die Wogen offenbar geglättet haben, im März kehren sie nach Bath zurück, und nun hat auch Mrs. Austen langsam genug von dieser Stadt. Am 2. Juli 1806 reisen sie ab, »mit welch glücklichen Gefühlen, entkommen zu sein!«, doch ohne zu wissen, wo sie sich als nächstes niederlassen werden. Für eine Weile mieten sie sich in dem Seebad Clifton südlich von Bristol ein. Dann reisen sie weiter zu einem Verwandten von Mrs. Austen, dem Reverend Thomas Leigh nach Adlestrop in Gloucestershire, der kurz zuvor überraschend Hausherr eines riesigen Landsitzes – Stoneleigh Abbey in der Nähe von Coventry – geworden war, wohin er, um Ansprüche potentieller Miterben abzuweisen, stehenden Fußes übersiedelte und Cousine Austen – möglicherweise zur Verstärkung – mitnahm.

Zu seinen Miterben zählte auch Mr. Leigh Perrot, der sich seinen Anteil auszahlen ließ, 24 000 Pfund und eine Leibrente von 2000 pro Jahr für sich und seine Frau. Als Thomas Leigh 1813 starb, besaß er »eines der schönsten Landgüter in England und mehr nichtsnutzige Neffen und Nichten als je ein Mann im Vereinigten Königreich.« Die arme Mrs. Leigh Perrot, fährt Austen fort, »könnte jetzt Herrin von Stoneleigh sein, hätte es nicht diesen faulen Kompromiß gegeben.« Sie konnte nicht ahnen, daß Mrs. Leigh Perrot sie um fast 30 Jahre überleben sollte und mit ihrer Leibrente bestens bedient war. (»Leute leben immer ewig, wenn es darum geht, ihnen eine Leibrente zu zahlen«, giftet Fanny Dashwood.) Noch mit 92 hielt sie ihre Erben auf kapriziöse Weise bei Fuß, entzog schließlich Frank Austen ihre Gunst, als der ein obskures altes Fräulein namens Martha Lloyd heiratete, und vermachte alles ihrem Großneffen Edward Austen-Leigh.

So wie aus Edward Austen ein Edward Knight geworden war, als seine Adoptivmutter starb, und aus James Leigh

Stoneleigh Abbey. Mrs. Austen war von dem gewaltigen
Eingangsgebäude beeindruckt: 45 Fenster

ein Leigh Perrot, als er seinen Großonkel Perrot beerbte,
fügte auch Edward Austen seinem Namen ein Leigh an, als
kleinen Dank für ein großes Vermögen. Mrs. Austen, die
so lange um die Gunst ihres älteren Bruders gebuhlt hatte,
wurde in seinem Testament nicht bedacht. Sie trug es
philosophisch, aber ihre Tochter Jane, die sich der Demüti-
gungen von beiden Seiten schärfer entsann, geriet außer
sich.

Stoneleigh Abbey, eine mittelalterliche Zisterzienser-
Abtei am Ufer des Avon, war ein wundersames Konglo-
merat aus elizabethanischen und »modernen« Teilen im
klassischen Stil, so gewaltig und unübersichtlich, daß der
neue Besitzer sich kaum darin zurechtfand und Mrs.
Austen ihm riet, er solle an allen Ecken Wegweiser aufstel-

len. Sie zählte allein 45 Fenster in der Fassade, 15 in jeder Reihe, über einer mächtigen Freitreppe, dazu prunkvolle Salons, Dutzende von Schlafzimmern, Galerien, Billardzimmer, und alles picobello ohne Staub und Spinnweben. Das Haus überstieg bei weitem ihre Erwartungen an Großzügigkeit und Eleganz. Allein das Frühstück: »Schokolade, Kaffee und Tee, Rosinenkuchen, Sandkuchen, warme Brötchen, kalte Brötchen, Brot und Butter – und für mich trockener Toast«, schreibt Mrs. Austen. Es herrschte paradiesische Üppigkeit: ein wildreicher Park, Hausgeflügel und Kaninchen, der Küchengarten, der von Beeren überfloß und in dem die alte Dame sich nützlich machte, eine Molkerei, die ausgezeichneten Käse und Sahne lieferte, »die Zahl der Fässer im Bierkeller ist unglaublich.« Kein Schloßgespenst, aber die alte Lady Saye and Sele geisterte durch die Galerien, ging allen auf die Nerven mit ihrem haltlosen Geschwätz, und die einzige, die über sie lachen konnte, war Jane Austen. Leider forderte Vetter Leigh die Damen nicht auf, sein Haus auch zu dem ihren zu machen. So zogen sie weiter nach Hamstell-Ridware in Staffordshire zu einem Neffen.

IX Die seefahrenden Brüder, Umzug nach Southampton, Elizabeth Austen stirbt

Sogar Emma war froh, daß er noch da blieb,
denn sie merkte allmählich, daß eine Familienparty
vielleicht die schlimmste aller Parties sein könnte.
Jane Austen, Die Watsons

1802 hatten Frankreich und England den Frieden von Amiens geschlossen. Er hielt nur 14 Monate. Henry und Eliza waren nach Frankreich gereist, um das Vermögen des Comte de Feuillide sicherzustellen, gerieten jedoch in neue kriegerische Handlungen und entkamen nur dank Elizas überzeugenden Sprachkenntnissen einer Internierung.

Kapitän Francis Austen war auf halben Sold gesetzt worden und befehligte eine vermischte Miliz-Truppe – »weder richtige Soldaten noch richtige Seeleute« – die die Küste bewachen sollte, »wozu sie seiner Meinung nach nicht taugten.« Die Angst vor einer Invasion Napoleons war allgegenwärtig und durchaus begründet. Auf die Marine war gewiß Verlaß, aber was, wenn der Franzos' mit Luftschiffen und -drachen über die Insel käme oder gar einen Tunnel bohrte?

In Ramsgate hatte Frank eine junge Dame namens Mary Gibson geheiratet, was seine Schwestern ein wenig enttäuschte, denn sie hatten ihn insgeheim mit Martha Lloyd verkuppeln wollen, ein Plan, der erst 25 Jahre später ohne ihr Zutun gelang. 1805 erhielt er ein neues Kommando auf der *Canopus* mit 80 Kanonen und verpaßte zu seinem dauernden Grimm die Schlacht von Trafalgar, weil sein Schiff nach Gibraltar geschickt worden war, um dort Wasser und Proviant für die Flotte aufzunehmen. Krieg war eine gefährliche Sache, und Frieden sicher wünschenswert. Aber nur der Krieg – und diese Ansicht teilte er mit seinem Bruder Charles – bot eine Chance, sich auszuzeichnen und lukrative Prisen zu erringen. Die *Canopus* war mit der *Victory* und acht anderen Schiffen über den Atlantik gerauscht, um die französische Flotte zu zerstreuen; Admiral Nelson hatte Kapitän Austen einen »vortrefflichen jungen Mann« genannt, und nun war der Admiral tot und die Schlacht des Jahrhunderts siegreich geschlagen – während er, Frank, zum Einkaufen gesegelt war.

Auch Charles dümpelte in einer Flaute. Er war für sechs Jahre nach Amerika abkommandiert worden, um Deserteure zu fangen und Schiffe aufzubringen, die gegen britische Handelsvorschriften verstießen. Ab 1807 gehörte dazu auch der Sklavenhandel. Zuvor waren jährlich bis zu 74 000 Menschen von Afrika nach Westindien und Nordamerika deportiert worden, der größte Teil auf britischen Schiffen, die mit Zucker und Baumwolle dann nach Liverpool und Bristol zurückkehrten.

Es waren weder ruhmselige noch gutbezahlte Taten, die Kapitän Charles Austen vollbrachte – wie viele Schiffe gingen ihm durch die Lappen! –, und wahrscheinlich sehnte er sich nach einer ordentlichen Schlacht gegen die Franzosen. Im Jahr 1807 heiratete er die 18jährige Frances Palmer, Tochter des Generalstaatsanwalts von Bermuda. Ihre kleine Tochter Cassandra war schon drei, das neue Baby Harriet ein knappes Jahr, ehe die Familie endlich nach England zurückkehrte. Da war Charles Austen so arm, daß er sich kein Haus an Land leisten konnte und mit Frau und Kindern an Bord der *Namur* in Sheerness lebte.

»Nichts übertrifft die Unterkunft auf einem Kriegsschiff – ich spreche natürlich von den höheren Chargen«, schwärmt die Frau von Admiral Croft in *Überredung*. »Auf einer Fregatte sind Sie natürlich stärker eingeschränkt, ob-

Frances Palmer, Charles Austens Braut

gleich jede vernünftige Frau auch dort vollkommen glücklich sein kann.« In Wirklichkeit war es kalt und beengt,
und das kleine Mädchen litt so unter Seekrankheit, daß
die Eltern sie – ganz gegen Cassys Neigung – bei Tanten
und Großmutter unterbrachten. Charles »kleine Frau«,
die geborene Palmer, war lieb, »blond und rosa« (Caroline
Austen), aber Jane seufzte ein wenig über Cassy: »Arme
kleine Süße, ich wünschte, sie wäre nicht so ausgesprochen palmerig.«

Ihre zweite neue Schwägerin, Mrs. Frank Austen, hatte durchaus Familiensinn und wußte, daß sie als Kapitänsfrau oft und lange allein sein würde. Als das junge Paar ein Haus in Southampton mietete, lud es daher die vier ambulierenden Frauen ein, ihre Wohnung am Castle Square zu teilen. Aus Bath entkommen und bei der Verwandtschaft nicht immer herzlich gelitten, war Southampton ein Hafen, aber für Jane Austen eine ähnlich kreative Wüste. Sie war mit 30 wirklich nicht mehr jung, und viel war ihr nicht gelungen. Nun mußte sie sich einen neuen Ruck geben und sich bei einem Bruder einrichten, den sie Jahre nicht gesehen hatte. Doch Frank war auf seine etwas nüchterne Art verträglich; vom aktiven Dienst aufs Trockene gesetzt, machte er sich im Haushalt Bewegung, lernte drechseln »und ist so entzückt von dieser Tätigkeit, daß er den ganzen Tag damit zubringt.« Später glaubte er, sich in der Figur des Kapitän Harville in *Überredung* wiederzuerkennen, »der manch ausgezeichnete Verbesserung erfunden und sehr hübsche Gestelle angefertigt hatte ... Er zeichnete und lackierte, zimmerte und leimte, er verfertigte Spielzeug für seine Kinder, versah Filetnadeln mit Verbesserungen und wagte sich an das Knüpfen eines großen Fischernetzes, wenn alles andere erledigt war.«

Als Seemann führte Frank ein Logbuch über seine Reisen und Erfahrungen, in dem er von sich immer in der dritten Person spricht. Er war »der Offizier, der in der Kirche kniete«, während alle anderen standen, und er verlor selten die Contenance. So wandte er sich freundlich an einen Offizier, der in malaiischen Gewässern ein Bad nahm: »Mr. Pakenham, ein Hai nähert sich, ein Hai von

Southampton. Die Stadtmauer grenzte ans Meer.
Von Austens Garten konnte man auf die Mauerkrone steigen

der blauen Spezies. Ich rate Ihnen, sofort aus dem Wasser zu steigen.« Mr. Pakenham: »Sicher scherzen Sie, Kapitän Austen.« »Es ist nicht meine Art zu scherzen, Mr. Pakenham. Es besteht durchaus Anlaß zur Eile.« Das war Frank, der nun im Winter auf den überschwemmten Wiesen Schlittschuh lief und Fransen für die Wohnzimmervorhänge knüpfte. Im April 1807 erhielt er ein neues Kommando; seine Tochter Mary Jane wurde geboren, als er bereits unterwegs zum Kap der Guten Hoffnung war.

Zwischen dem Haus am Castle Square und der Stadtmauer lag ein Gärtchen, in dem Jane Rosen und Goldregen, Flieder und Beerenbüsche pflanzen lassen wollte. Von innen führte eine Treppe auf die Mauerkrone, von außen schwappte die Flut gegen die alten Steine. (Die

Mauer steht noch; zu ihren Füßen tobt heute der Verkehr, und dahinter dehnt sich ein Container-Terminal.) Ihre Nachbarn waren Lord und Lady Landsdown, die am Castle Square in einer Art Zwergenburg lebten. Der junge Edward Austen-Leigh stand wie gebannt am Fenster, wenn die Equipage von Lady L. angeschirrt wurde: acht langgeschweifte Ponys, jedes Paar ein wenig größer und dunkler braun als das vorige. Auf dem ersten Gespann ritten zwei livrierte Knaben-Postillons – »ein Anblick wie im Märchen«. So steht es in seinen Erinnerungen.

Martha reiste zu Freunden nach Hampshire, Cassandra für Monate nach Godmersham. Janes Briefe vom Januar 1807 sind voller Ungeduld: Ach komm doch zurück! Frank und Mary werden sonst lauter unnütze Sachen für den Hausstand kaufen, stumpfe Messer, undichte Gläser, ein Sofa ohne Sitz und ein Bücherregal ohne Bretter. Bring Reseda-Samen mit. Mary, die ihr erstes Kind erwartete, wollte wissen, wie oft Elizabeth ihr Baby stillte, wie oft und womit es gefüttert wurde. – Schreib nicht, komm! Was hält Dich denn nun schon wieder auf?!

Man drehte Besuchsrunden und spielte Karten am Kamin, aber eigentlich war es zum Ersticken. Miss Murden saß drei Stunden lang verstockt schweigend in der Runde; am Ende froren und gähnten alle vor dem bißchen Feuer, aber erst nachdem die Ente mit eingelegtem Ingwer aufgetragen und verputzt worden war, konnten die Gäste nach Hause getrieben werden. Vornehme Ärmlichkeit auch beim Dinner; eine zähe, schlecht gebratene Hammelkeule, und nichts haßte Captain Foot bekanntlich mehr als Hammel, der nicht durch war...

Abends las Jane der neuen Schwägerin *Alphonsine* von Madame de Genlis vor, eine »unziemliche« Geschichte über Ehebruch und Damen in den Armen fremder Pagen, die Austen 15 Jahre zuvor möglicherweise zu einem flotten Remake inspiriert hätte. Damals ja – aber heute nicht und schon gar nicht für die Ohren einer jungen Gattin. Nach 20 Seiten war man hinreichend abgestoßen, um das Buch zurückzugeben und *Der weibliche Quichote* vorzunehmen, das allen besser gefiel. *Espriella* von Robert Southey hinterließ wiederum einen ambivalenten Eindruck. »Der Mann schreibt gut, ist aber schrecklich anti-englisch. Er verdient der Ausländer zu sein, den er darstellt.«

James und Mary kamen aus Steventon und blieben lange. Es hätte alles ganz nett sein können, wenn diese »andere Mary« auch ein bißchen Freude am Lesen gefunden hätte, statt dauernd etwas zu bekritteln und zu beklagen. Und James hatte inzwischen dieselben dummen Manieren: »Ich bin betrübt und ärgerlich, daß uns seine Besuche nicht mehr Vergnügen machen; die Gesellschaft eines so guten und klugen Mannes sollte an sich eine Freude sein – aber sein Geplauder klingt gezwungen, seine Ansichten hat er in vielen Punkten lediglich von seiner Frau übernommen, und hier verbringt er seine Zeit damit, im Haus herumzulaufen, die Türen zu knallen oder die Klingel wegen eines Glas' Wasser zu ziehen.« Am Ende lud Mary sie ein, mit nach Steventon zurückzukommen. »Meine Antwort muß ich Dir nicht sagen.«

Es war Ballsaison, und natürlich nahm sie mit, was sich ihr bot. »Unser Ball war amüsanter, als ich erwartet hatte. Martha gefiel es sehr, und ich mußte erst in der letzten

Viertelstunde gähnen ... Der Saal war recht gut besetzt; ungefähr dreißig Paare tanzten. Das Traurige war, Dutzende von jungen Frauen ohne Partner und jede mit zwei häßlichen nackten Schultern herumstehen zu sehen. Es war derselbe Saal, in dem wir vor 15 Jahren getanzt haben – ich habe mir alles noch einmal zurückgerufen –, und abgesehen von der beschämenden Tatsache, inzwischen so viel älter geworden zu sein, bin ich doch froh, mich heute fast ebenso glücklich zu fühlen wie damals ... Du wirst nicht erwarten, daß ich zum Tanzen aufgefordert wurde – aber es war so, und zwar von diesem Herrn, den wir an jenem Sonntag zusammen mit Kapitän D'Auvergne trafen. Seither haben wir eine Grußbekanntschaft gepflegt, und da mir seine schwarzen Augen gefielen, sprach ich ihn auf dem Ball an und handelte mir damit diese Artigkeit ein. Ich kenne aber seinen Namen nicht, und er spricht so herzlich wenig Englisch, daß ich glaube, seine schwarzen Augen sind womöglich das Beste an ihm.«

Von Nichte Anna hörte sie, daß sie ihr erstes Tanzvergnügen in Manydown genossen hatte; es war allerdings nur ein kleiner Ball – »mir hätte er in ihrem Alter nicht gereicht.« Sah sie hübsch aus? Tanzte sie gut? Ganz bestimmt, »aber dieser beklagenswert kurzgeschorene Kopf hat sicher alles verdorben.«

Im Juni 1808 war Jane an der Reihe, nach Godmersham zu fahren. Edward sah blühend aus, ganz genesen von der Gicht, aber Elizabeth, erneut schwanger, war nicht auf dem Posten. Jane wäre gern länger als drei Wochen geblieben, aber sie mußte sich, wie immer, nach den Plänen ihrer Brüder richten. Würde Henry sie auf dem Weg von London

*Postkutschen, die einzigen öffentlichen Verkehrsmittel,
waren oft überfüllt. Damen von Stand reisten im eigenen Wagen
mit Leihpferden oder mit der Extrapost*

mitnehmen? Ein anderer Gast nach Westen rollen? James
ihr den Wagen entgegenschicken? Vor Jahren wollte sie
Charles einmal auf dem Weg zu seinem Schiff nach Deal
begleiten. Sie hätte ihm so gern alles, was sie zwischen
Canterbury und Rowlings kannte, vom Fenster aus gezeigt,
aber der Gedanke an die Rückfahrt allein im Mief und Ge-
dränge einer öffentlichen Postkutsche und die zweifel-
haften Gaststuben, in denen die Passagiere während des
Pferdewechsels einkehrten, ließen sie den Plan aufstecken.
Mrs. Austen hatte eine Reise von Kent nach Hampshire
einmal nur unter hohen Dosen Magenbitter und Lauda-
num – einer Opium-Medizin – überstanden: der Koffer auf

der falschen Kutsche, die schlecht geschmierte Achse, die lahmen Gäule, und das bei der viermal so teuren Extra-post ...

Anfang Juli wurde es für Jane bereits Zeit, sich von Kent und damit von »Eleganz, Komfort und Müßiggang« zu ver-abschieden. In Southampton regnete es durch das Dach in die Vorratskammer; der Schornstein drohte einzustürzen, und der neue Orangenwein verlangte nach der Aufmerk-samkeit der Hausfrau. In Southampton wartete aber auch Cassandra auf sie; und obwohl ein fliegender Wechsel bevorstand – im September sollte die Schwester Elizabeth bei ihrer elften Geburt beistehen –, wogen die Erwartungen auf »Freundschaft und rückhaltlose Gespräche, Gleichheit der Ansichten und des Geschmacks« das Luxusleben in Kent auf.

Das Baby wurde kurz vor ihrer Ankunft geboren, und Cassandra schickte gute Nachrichten aus Godmersham: ein kleiner Junge! Doch am 10. Oktober starb Elizabeth, 35 Jahre alt, am Kindbettfieber. Janes erster Gedanke galt natürlich dem armen Edward, ihr zweiter »meiner lieben, lieben Fanny«, die nun mit 15 gefordert war, ihrem Vater »die wichtigste Quelle des Trostes, seine treueste Freundin und diejenige zu sein, die ihm nach und nach, soweit das möglich ist, ersetzen wird, was er verloren hat.« Dieser Ge-danke werde sie ermuntern und aufrichten, glaubte Tante Jane. Und wenn der Schmerz abgeklungen sei, werde ihr Pflichtgefühl gegenüber dem Vater und das Bewußtsein, im Sinne ihrer verstorbenen Mutter zu handeln, sie ruhig und ergeben machen. – Hoffen wir, daß Cassandra das arme Kind in die Arme genommen hat.

Edwards Söhne, Edward (14) und George (13), die in Winchester zur Schule gingen, wurden erst zu ihrem Onkel nach Steventon und dann zu den Austens nach Southampton geschickt. Tante Jane tat ihr Bestes, um die Jungen aufzumuntern. Sie unternahmen eine Ruderpartie auf dem Itchen, spazierten durch den Hafen, spielten Fangball, Mikado und Karten. Ein ernster Bibelvers durfte nicht fehlen, aber sobald die Andacht vorbei war, kehrten sie sofort zu ihren Spielen zurück. »Während ich dies schreibe, ist George eifrig dabei, Papierschiffchen zu falten und zu taufen, die er danach mit Kastanien beschießt, die er eigens dafür aus Steventon mitgebracht hat. Edward ist gleichermaßen in den *Lake of Killarney* vertieft und räkelt sich dabei in einem unserer großen Stühle.« Bemerkenswert, wie verschieden die Pflichten der Trauernden verteilt waren.

Im Frühjahr 1809 löste sich die Wohngemeinschaft in Southampton auf. Frank und Mary waren nach Yarmouth auf die Insel Wight gezogen; allein konnte sich Mrs. Austen das Haus am Castle Square nicht leisten. Sie spielte mit dem Gedanken, nach Alton zu ziehen, wo Henry eine Filiale seiner Bank eröffnet hatte, aber Edward stach ihn aus: Er bot ihr eine dauerhafte Bleibe und ließ sie wählen zwischen einem Haus in der Nähe von Godmersham und einer ehemaligen Gastwirtschaft in Chawton, Hampshire, die, wie das übrige Dorf und das »große Haus«, zu seinem Besitz gehörte. Für den Witwer mit elf Kindern wäre es zweifellos von Vorteil gewesen, seine Schwestern in der Nachbarschaft zu wissen, aber Mrs. Austen, die noch immer die Entscheidungen traf, nahm die Gastwirtschaft – unbesehen.

Chawton liegt in der Nähe von Alton an der Überland-straße Winchester-London und nur einen Morgenritt weit von Steventon entfernt. Als die alte Mrs. Knight von ihrer Entscheidung Wind bekam, hatte sie sofort die gute Idee, Jane mit dem Reverend Papillon in Chawton zu verbinden. Das waren Aussichten. »Sie kann sich darauf verlassen, ich werde Mr. Papillon heiraten, wie groß sein oder mein Widerwillen auch sein mag. Ich schulde ihr viel mehr als diesen kleinen Gefallen«, schreibt Jane an Cas-sandra.

Im Juli 1809 bezogen sie Chawton Cottage – ein Wech-sel zum besseren; der letzte.

X Umzug nach Chawton, Der Kreis der Zuhörerinnen, *Verstand und Gefühl*, *Stolz und Vorurteil*, Miss Austen, wie haben Sie das gemacht?

Ich möchte Jane Austen oft kritisieren,
aber ihre Bücher treiben mich derart zum Wahnsinn,
daß ich meine Wut nicht vor den Lesern verbergen kann;
und deshalb muß ich jedesmal einhalten, wenn ich damit
anfange. Jedesmal, wenn ich Stolz und Vorurteil lese,
möchte ich sie wieder ausgraben und ihr eins mit dem
eigenen Schienbeinknochen über den Schädel ziehen.
Mark Twain

Chawton Cottage ist heute die einzige Austen-Adresse, die dem Literatur-Touristen zugänglich ist, und wenn er nicht wüßte, wo er sich befindet, verriete sie ihm nur, daß hier eine Dame mit vielen Verwandten ein unaufgeregtes Leben führte. Es ist das Haus von Tante Jane, voller Handarbeiten und Geschirr und Rosensträußchen auf jedem Sims. In ihrem Schlafzimmer – die Treppe hoch – ist das kleine Kabinett mit dem blauen Wasch- und Nachtgeschirr aufgeklappt; ihr chinesischer Lacktisch ist dort ausgestellt, Patchworkdecke, Scrabblekasten, Notenhefte, Schreibfedern, der Griff ihres Parasols, die Topas-Kreuze, die Charles den Schwestern geschickt hatte, eine Haarlocke ... Im Salon steht ein kleines Piano, ein ähnliches Instrument wie das, auf dem sie morgens nur zu ihrem eigenen Plaisier spielte und an dem sie Platz nahm, wenn die junge Verwandtschaft kam und tanzen wollte.

Anders als im Pfarrhaus von Haworth, wo die Familie Brontë wohnte und das bevölkert ist von den schrägen und pathetischen Requisiten ihres Lebens, den Bildern, die sie inspirierten, den Büchlein, die sie vollkritzelten, und den dünnen Schuhen, in denen sie sich den Tod holten, hat die Schriftstellerin Jane Austen im Ambiente von Chawton, das adrett, aber ein wenig schal ist, wie ein Aquarell mit zuviel Blau und Grün, kaum eine Spur hinterlassen: Briefe unter Glas, Erstausgaben im Bücherschrank; den übrigen Platz belegen – fast wie im richtigen Leben – die Familie und die Sekundärliteratur. Am Fenster im Eßzimmer steht der kleine runde Tisch auf einem Bein, an dem sie in den letzten acht Jahren ihres Lebens zwei frühe Romane umgeschrieben und drei und einen halben

Chawton Cottage, ein ehemaliges Wirtshaus.
Jane Austen lebte hier von 1809 bis zu ihrem Tod 1817

neuen verfaßt haben soll. Es ist der unwahrscheinlichste und unbequemste Platz im ganzen Haus, aber die Legende besteht auf ihm, ebenso wie auf der quietschenden Zimmertür, die sie vor überraschendem Besuch warnen sollte. Dann ließ sie ihr Manuskript angeblich unter dem Löschpapier verschwinden und schaute müßig summend zum Fenster hinaus, durch das man sie von außen in Ruhe beim Schreiben beobachten konnte. Nach ihrem Tod schenkte Mrs. Austen das Tischchen einer alten Dienerin, aus deren Haushalt es erst später wieder zurückfand. Für ein Cottage ist das Haus geräumig; ein einstöckiges, rot verblaßtes Backsteingebäude aus dem 17. Jahrhundert mit zwei Dachgauben, großem Blumen- und Küchengarten, Hühnerstall, Backhaus, einem Gehölz und einer Wiese für den Esel hintenraus. »Architektonisch ein Murks«, fand Nigel Nicolson, mehrfach umgebaut und in seiner Aufteilung nicht mehr nachzuvollziehen. »Die berühmte quietschende Tür kann nicht die Eßzimmertür sein, denn der Eindringling stand zugleich mit dem Quietschen im Zimmer.«

Das Haus liegt unmittelbar an einer Straßengabelung am Dorfrand und unweit des Herrenhauses, das zur Zeit ihres Einzugs noch vermietet war, in dem Edward und Familie jedoch ab 1803 regelmäßig Wohnung nahmen. Auch Frank und Mary mit ihren vielen Kindern logierten zeitweilig im »Great House«. Einmal am Tag stob die Postkutsche nach London sechsspännig vorbei, nach den Ferien kamen zahllose Chaisen mit Studenten aus Winchester aus der Gegenrichtung gerattert, lauter »zukünftige Helden, Gesetzesgeber, Narren und Schufte«, schrieb sie dem Neffen Edward. Es kamen Bollerwagen und Gigs, Gentlemen zu Pferde und Damen in der Eselskutsche. Die kleine Caroline Austen, die an die schwarze Stille von Steventon gewöhnt war, fand es wunderbar, in ihrem Gästebett jede Nacht ein paarmal vom Beben durchrasselnder Wagen aufgeschüttelt zu werden. »Alles in allem war es behaglich und ladylike«, erinnerte sie sich. Anna Austen sah ein bißchen genauer hin: »Ein Haus ohne jeden Luxus und nur mit dem Nötigsten ausgestattet.« Vestibül, Eßzimmer und Salon im Erdgeschoß, sechs Schlafzimmer im ersten Stock – immerhin, man war zu viert und hatte noch an Personal und Gäste zu denken. Wenn die Familie zu Besuch kam (die natürlich auch mit Dienerschaft reiste), wurde es wieder eng.

Vor den Austens hatte Edwards Verwalter im Cottage gewohnt, und davor war es eine Schenke und Poststation gewesen. Von der Straße stiefelte man unmittelbar in die gute Stube; deshalb ließ Edward ein wenig umbauen, ein Fenster zur Straße zumauern und möglicherweise einen neuen Eingang zur Gartenseite hin brechen.

Ihre Tage verliefen von nun an in immer gleichen Bahnen. Jane war für das Frühstück und die Verwaltung von Tee, Zucker und Obstwein zuständig; Martha und Cassandra führten den Haushalt, und Mrs. Austen fand im Garten genug zu tun. Er war größer als das heutige Grundstück, ein Bauerngarten mit Kartoffeln und Erbsen, Stachel- und Johannisbeeren, Pflaumen-, Reineclauden- und Aprikosenbäumen. Cassandra pflanzte Flieder, Reseda, Pfingstrosen, Akelei, Leimkraut und Studentennelken, und Jane sah zu: »Ich will nicht behaupten, daß Deine Maulbeerbäume tot sind, aber ich fürchte, sehr lebendig sind sie auch nicht.« Bei schönem Wetter spazierten die Damen in ihrem Gehölz. Später wurde eine kleine Eselskutsche angeschafft, die den Radius unwesentlich erweiterte. Eine Eiche, die Jane am Rand des Gartens pflanzte, wurde 1986 vom Straßenbauamt umgesägt. Man kann bei alten Bäumen nicht vorsichtig genug sein.

Bevor die Frauen Southampton verließen, hatte Austen, wohl im Zuge von Aufräumungsarbeiten und unter dem Namen Mrs. Ashton Dennis, der ihr erlaubte, mit M. A. D. zu zeichnen, an die Herren Crosby in London geschrieben und sich nach dem Verbleib ihres Manuskriptes *Susan* erkundigt. Sie versuchte, ihnen ein wenig Dampf zu machen, indem sie drohte, es einem anderen Verlag anzubieten, aber Crosby war nicht beeindruckt und schrieb knapp zurück, man habe sich zu nichts verpflichtet, und

Der kleine Tisch auf einem Bein, an dem Jane Austen im Wohnzimmer
von Chawton Cottage geschrieben haben soll

falls sie versuchen sollte, *Susan* anderswo zu publizieren, werde man dagegen einschreiten. Im übrigen könne sie das Manuskript für 10 Pfund zurückkaufen. Es war ein sehr unfreundlicher Brief, und es geschieht dem Hause Crosby recht, daß es sieben Jahre später das frühe Werk einer mittlerweile erfolgreichen Autorin wieder zurückgab, weil ihm der Name Austen so gar nichts sagte. Im Jahr 1809 aber hatte die Autorin offenbar keine 10 Pfund übrig – es war die Hälfte ihres Jahresetats für Privatvergnügen –, und sie ließ die Sache auf sich beruhen.

Statt dessen nahm sie sich im neuen Haus ihre alte Geschichte von Elinor und Marianne wieder vor, und was immer Chawton bot, das den anderen Orten gefehlt hatte, es löste einen Knoten. Sie schrieb – auf zu Buchformat zurechtgeknifften und zusammengenähten Seiten – und füllte Heft um Heft. Es ist uns heute schwer zu vermitteln, wie Autoren und Autorinnen vor 200 Jahren und vor Erfindung der Stahlfeder 400 Seiten starke Romane mit dem Federkiel – fünf werden sie pro Tag verbraucht haben – und in gestochener Schrift aufs Papier brachten. Von Fanny Burney weiß man, daß das Hand-Werk allein sie krank machte. Von Austen vernehmen wir keine Klagen; vielleicht wollte sie auch niemand hören. Sie war eben Tante Jane, noch immer hübsch, brünett, mit leichtem Schritt, aber von nun an mit Haube und – wie ihre Nichten fanden – ein bißchen altbacken gekleidet. Die Erinnerungen der nächsten Austen-Generation sind voll seliger Kindheitsbilder von dieser immer vergnügten Verwandten, die Geschichten ausspann, Kontertänze spielte und beim Fangball die Elfenbeinkugel bis zu hundertmal mit dem gedrechselten Stab auffing. Die kleine Caroline folgte ihr im Haus überallhin, bis Tante Jane den Koffer mit den Verkleidesachen herausholte, die Karten oder das Mikadospiel. Sie war so zugeneigt, so reizend, so selbstlos. Wann hat sie eigentlich geschrieben?

Im September 1816, als sie schon sehr krank war, zeigte sie sich einmal unverhohlen erleichtert, als der Besuch endlich abgereist war. »Schreiben erscheint mir unmöglich, wenn ich den Kopf voller Lammkeulen und Rhabarberkompott habe.« Das hörte man selten von ihr. Sie war gern Tante und ermahnte auch andere zu Familiensinn. »Ich möchte, daß Vettern und Cousinen sich wie Vettern und Cousinen benehmen und füreinander da sind. Schließlich sind sie nur einen Grad weiter miteinander verwandt als Geschwister«, schrieb sie an Anna. Aber sie war auch abhängig von Edwards gutem Willen, dessen Augenbrauen sich gehoben hätten, hätte sie das Lösch-papier nicht lächelnd übers Manuskript geschoben, wenn einer der älteren Flegel hereinkam, um sie »mit seinem verwöhnten Tun oder einer Probe seiner Jagd- und Sport-versessenheit anzuwidern« – Themen, »die ihren Weg ins weibliche Herz ohne ein gewisses Talent auf der einen und eine gewisse Zuneigung auf der anderen Seite nicht fin-den.« (*Mansfield Park*) Cassandra schrieb einmal an Phila Walter, was sich vielleicht in einem dieser »rückhaltlosen Gespräche und im Gleichklang der Ansichten« heraus-geschält hatte: »Ich hoffe, daß diese jungen Leute nicht so viel Glück in ihrer Jugend erfahren, daß sie die Püffe, die man ihnen später vesetzen wird, nicht parieren können. Aber es ist mir klar, daß sie mit einem derartig nachsich-tigen Vater und einem so freien Lebensstil Gefahr laufen.«

Die Zeit in Chawton muß jedoch auch reich an guten Tagen gewesen sein, an denen kein Besuch kam und sie im Eßzimmer, ungestört von dem Gemurmel der drei anderen Frauen über ihrer Handarbeit, schreiben konnte. *Elinor and Marianne* hatte sie vor über zwölf Jahren in Briefform ver-faßt, und nun schrieb sie es zu ihrem ersten »erwachsenen« Roman *Sense and Sensibility / Verstand und Gefühl* um.

Es ist die Geschichte der Schwestern Dashwood, die mit ihrer Mutter nach dem Tod des Vaters aus dem Herrenhaus in beengte Verhältnisse weichen müssen, und es geht wie immer um Liebe und Geld. Elinor, die Verständige, verliebt sich in Edward Ferrars, einen schüchternen jun-gen Gentleman, der etwas ziellos durchs Leben schweift;

Marianne, die Empfindsame, in den romantischen John Willoughby, der sie in eine wahre Wirbelwind-Romanze zu entführen scheint. Beide Herren erweisen sich jedoch als Enttäuschung: Ferrars auf seine blaß-verdruckste Art, Willoughby, feurig an seiner Untreue leidend, aber letzthin doch pekuniären Argumenten weichend.

Austen läßt keinen Zweifel daran, daß Elinor ihre Heldin ist, die die jüngere Schwester vor den Folgen ihrer eigenen Unbedachtheit schützt und peinliche Situationen ausbügelt. Marianne – ein ganz schwaches Echo auf die verrückten Hühner in *Love and Friendship*, die sich in ihrer schrankenlosen Empfindsamkeit der prosaischen Welt überlegen fühlten – ist Austens einzige positive Figur, die über die Stränge schlägt. Sie verachtet nicht nur ihre schrömmelige Verwandtschaft, sondern auch alle Steifheit und Etikette, sie läßt sich von ihrer Spontaneität hinreißen, sie schreit, sie stirbt fast an ihrem Liebeskummer; sie ist ein sehr plausibles junges Mädchen, das Lesern des 20. Jahrhunderts naturgemäß besser gefällt als ihrer Autorin, die ihr das Kreuz brechen muß.

Doch auch Elinor, die uns über lange Strecken mit ihren vorbildlich beherrschten Gefühlen und ihrer angepaßten Schicklichkeit bedrückt, gewinnt gelegentlich durch Selbstironie. Der guten Mrs. Jennings, die die liebeskranke Marianne mit einem Glas von dem guten Kapwein erfrischen will, der ihrem verstorbenen Mann bei seinen Gichtanfällen immer so gutgetan hat, nimmt sie das Glas aus der Hand. »Liebe Madam ... wie nett von Ihnen! Aber ich habe Marianne gerade zu Bett gebracht, und ich hoffe, sie schläft schon. Und da ich glaube, daß ihr nichts so gut tun wird wie Ruhe, werde ich, wenn Sie erlauben, den Wein selbst trinken ... und während Elinor das Glas beinahe in einem Zug leerte, dachte sie bei sich, daß seine heilende Kraft bei hartnäckiger Gicht im Moment zwar an sie verschwendet war, daß seine lindernde Wirkung bei Liebeskummer an ihr aber ebensogut wie an ihrer Schwester ausprobiert werden konnte.«

Am Ende wird die Verständige aus Liebe, die Schwärmerische aus Abgeklärtheit heiraten: Elinor ihren Edward Ferrars; Marianne ihren standhaften Verehrer Oberst Brandon, der ihr über drei Viertel des Buchs mit seinen spießigen Flanellwesten und seinem hohen Alter von 35 Jahren zu gebrechlich erschienen war, um überhaupt noch einer Empfindung fähig zu sein. »Marianne Dashwood war ... dazu geboren, den Irrtum ihrer eigenen Überzeugungen zu entdecken und ihren eigenen Lieblingsgrundsätzen zuwiderzuhandeln. Sie war dazu geboren, eine Liebe zu überwinden, die sie im reifen Alter von siebzehn gefaßt hatte, und ihre Hand ohne stärkere Gefühlsbeziehung als große Hochachtung und lebhafte Freundschaft freiwillig einem anderen zu reichen.« Und wozu war Elinor Dashwood geboren? Hätte sie als Belohnung für ihre Tugend nicht mehr verdient als Edward Ferrars, ein bescheidenes Pfarrhaus und »eine etwas bessere Weide für ihre Kühe«?

Vernunft und Gefühl sind über die beiden Heldinnen durchaus nicht immer eindeutig verteilt – Mariannes Intuition täuscht sie nicht durchweg, und Elinor ist drauf und dran, dem Charme Willoughbys zu erliegen, als er eines Nachts auftaucht, um seine Schurkereien zu erklären.

Zusammen aber stehen sie auf der Seite von Kopf und Herz gegen Dummheit, Infamie, Materialismus und Hartherzigkeit in Gestalt des übrigen Dashwood- und Ferrars-Clans, Lady Middleton und Lucy Steele, denen die Autorin ohne Gnade die Köpfe abschneidet. Albernen Figuren wie Mrs. Jennings oder verdrehten wie Mrs. Palmer konnte sie verzeihen, einem niedrigen Charakter wie Mrs. Ferrars nie.

Sense and Sensibility wurde von Henry an den Verlag Egerton vermittelt und in Kommission angenommen. Es bedeutete, daß die Autorin alle Kosten und Risiken tragen mußte, aber auch den Gewinn, abzüglich 10 Prozent für den Verleger, einstrich. Vorsorglich legte Austen Geld zurück, falls Deckungslücken gefüllt werden mußten. Im April reiste sie nach London, um in Henry und Elizas Haus in der Sloane Street die Druckfahnen zu korrigieren und sich den Zerstreuungen der Hauptstadt hinzugeben. Doch »ich bin niemals zu beschäftigt, um nicht an *Verstand und Gefühl* zu denken. Ich kann es genausowenig vergessen wie eine Mutter ihren Säugling.« Mrs. Knight hatte von Fanny erfahren, daß Jane einen Roman geschrieben hatte, und ließ ausrichten, sie sei sehr gespannt. »Sie wird vielleicht meine Elinor mögen«, vermutete Austen, »aber für den Rest stehe ich nicht ein.«

Sense and Sensibility erschien im Oktober 1811 – »By a Lady« – in drei Bänden zu 15 Shilling. Für den Erstling einer anonymen Autorin wurde das Buch nicht schlecht verkauft – 1000 Exemplare in zwei Jahren; danach eine zweite Auflage – und es fand seinen Weg zu dem Publikum, das am ehesten zu würdigen wußte, daß hier eine Dame am Werke war, die nicht durchs Schlüsselloch auf die elegante

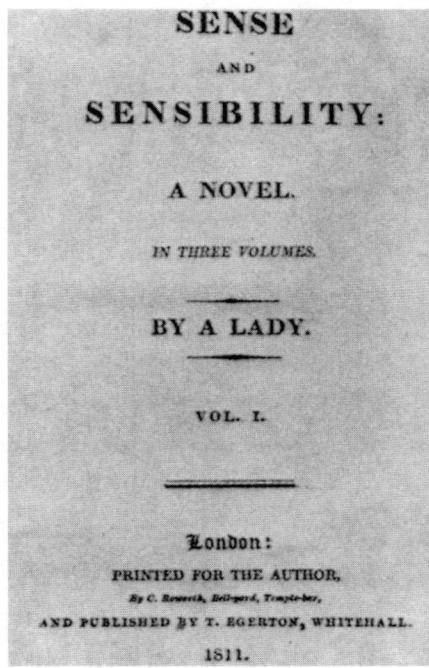

SENSE

AND

SENSIBILITY:

A NOVEL.

IN THREE VOLUMES.

BY A LADY.

VOL. I.

London:
PRINTED FOR THE AUTHOR,
By C. Roworth, Bell-yard, Temple-bar,
AND PUBLISHED BY T. EGERTON, WHITEHALL.
1811.

Erstausgabe von Sense and Sensibility *vom November 1811, »By A Lady«*

Welt blickte. »Haben Sie V&G gelesen?« schrieb Lady
Bessborough an ihren Liebhaber Lord Granville. »Das ist
ein gescheiter Roman, und obwohl er ein dummes Ende
hat, habe ich mich damit sehr gut unterhalten.«

Jane Austen zweiter Roman *Stolz und Vorurteil*, der vor
15 Jahren in der Form von *First Impressions* seinen Eindruck auf Mr. Cadell verfehlt hatte, mußte danach lediglich ein wenig »gestutzt und getrimmt« werden. Egerton
kaufte ihn diesmal samt der Rechte und brachte ihn im

Januar 1813 heraus. Er »zahlt mir 110 Pfund dafür. – Ich hätte lieber 150 Pfund gehabt, aber wir konnten ja nicht beide zufrieden sein.« Wieder stand kein Name auf dem Titel, sondern nur ein »von der Autorin von *Verstand und Gefühl*«. Im Juni waren die ersten 1500 Exemplare verkauft, und eine zweite Auflage erschien. Ist das nicht ein bißchen zu glatt gegangen? Ist das Buch nicht »zu hell und funkelnd?« fragt sie Cassandra und weiß auch gleich die Antwort. »Es läßt Schatten vermissen; es sollte hier und da gegebenenfalls ein bißchen erweitert werden, vielleicht durch ein langes, sinnreiches Kapitel oder durch irgendeinen gravitätischen Unsinn, der mit der Handlung nichts zu tun hat: einen Essay über die Schriftstellerei, eine Kritik Walter Scotts, die Geschichte Bonapartes oder sonst etwas Kontrastreiches, nach dem der Leser mit gesteigertem Vergnügen zu Witz und Leichtigkeit des vorherrschenden Stils zurückkehrt. Ich bezweifle, ob Du mir darin ganz zustimmst. Ich kenne Deine strengen Ansichten.«

Am 27. Januar 1813 trafen die ersten Belegexemplare ihres »geliebten Herzenskinds« in Chawton ein, und sie und Mrs. Austen machten sich den Spaß, einer Miss Benn aus der Nachbarschaft daraus vorzulesen. »Ich glaube, sie hat nichts gemerkt. Aber amüsiert hat sie sich, die arme Seele.« Leider war die gute Stimmung nicht von Dauer. »Dein Lob kam zur rechten Zeit«, schrieb sie im nächsten Brief an Cassandra, »denn ich hatte wirklich Anfälle von Widerwillen.« Die zweite Lesung für Miss Benn ging schief, denn Mrs. Austen haspelte den Text herunter, »und obwohl sie die Figuren vollkommen versteht, kann sie sie nicht wiedergeben.«

Jane Austen hat, so lange es in ihrer Macht stand, Sorge getragen, daß die Nachbarn nicht erfuhren, was sie trieb. Ihre Mutter, Cassandra und Martha wußten es natürlich und diskutierten freimütig, was Jane ihnen vorlas. Cassandra mochte sich mit dem Ende von Janes drittem Roman, *Mansfield Park*, nicht anfreunden, und schlug vor, die Heldin mit dem charmanten Schurken statt dem gütigen Pfarrer zu verheiraten. Martha hatte *First Impressions* bereits vor Jahren so oft gelesen, daß Jane sie damit aufziehen konnte, noch ein Durchgang, und sie würde ihr Werk stehlen und aus dem Gedächtnis irgendwo veröffentlichen. Für den größeren Kreis von Verwandten und Freunden aber blieb ihre Autorenschaft ein Geheimnis. Eine Nichte in Godmersham erinnerte sich, daß Austen mit einem neuen Manuskript zu Besuch kam und sich mit Fanny zum Vorlesen in eins der Schlafzimmer zurückzog, daß Gelächter durch die Türe drang und die Kleinen es als sehr gemein empfanden, von dem Spaß ausgesperrt zu sein. Fanny wurde Diskretion so dringend nahegelegt, daß sie in ihr Tagebuch notierte: »Brief von Tante Cass., bittet, daß wir niemand gegenüber erwähnen, daß Tante Jane *Verstand und Gefühl* geschrieben hat.« Als ihr zweites Buch, *Stolz und Vorurteil*, erschienen war, hörte Austen gern über Tante Cass von Fannys Lob. »Daß sie Darcy und Elizabeth mag, genügt mir, alle anderen kann sie getrost verabscheuen.«

James Edward Austen-Leigh aber hatte bereits zwei ihrer Romane gelesen, ehe ihm aufging, wer die Autorin war. Anna legte in der Leihbücherei von Alton *Sense and Sensibility* auf den Tisch zurück und ließ ihre lächelnde

Tante wissen, ein Buch mit einem derart blöden Titel wolle sie bestimmt nicht lesen.

Henry war eingeweiht, weil er ihre Transaktionen mit Verlegern führte, und Frank hörte gern, daß sie ordentlich daran verdiente, aber James schrieb später, daß in der Familie auch einiges Gemurre gegen weibliche Schriftstellerei laut geworden war, da sie »Eitelkeit und Stolz« entflamme und von nützlichen Beschäftigungen entfremde. Mit solchen Sätzen waren schreibende Frauen schon immer zu erfreuen, und so fiel es Austen wohl leichter, ihre Arbeit zu verstecken, als unfruchtbare Diskussionen darüber zu führen.

Henry, der das lesende Publikum später gerne wissen ließ, daß er zu den wenigen Vertrauten der Autorin gehört hatte, ging noch einen Schritt weiter. Es sei Jane Austens »unüberwindliches Mißtrauen gegenüber ihrem literarischen Urteil« gewesen, das sie veranlaßt habe, ihre Werke lange vor der Öffentlichkeit zurückzuhalten, und nur mit großer Mühe hätten ihre Lieben sie überredet, im Schutz eines Pseudonyms den Schritt zu wagen. Es fehlte noch, daß die Familie Austen ein besseres literarisches Urteil fällte! Nein, Austen wußte, was sie konnte, und sie wußte, daß sie es richtig gemacht hatte. *Verstand und Gefühl* hatte nach einer neuen Form verlangt, und *Stolz und Vorurteil* mußte nur ein bißchen »lop't and crop't« werden. Ihr untrüglicher Sinn für menschliche Möglichkeiten und ihr perfektes Timing hatten sie besser beraten als jeder Henry.

Hatte sich *Verstand und Gefühl* noch steif angelassen, so setzt *Stolz und Vorurteil* mit einem blitzenden Auftakt ein, in dem sowohl Leitmotiv als auch die künftigen Irrtümer und Verwicklungen anklingen: »Es ist eine allgemein anerkannte Wahrheit, daß ein Junggeselle im Besitz eines schönen Vermögens nichts Dringenderes braucht als eine Frau.« Flüssig entwickeln sich die Sätze: Mrs. Bennet versucht, ihre Töchter unter die Haube zu bringen, und verpfuscht beinahe alles; Mr. Bennet, in seiner Ehe zynisch geworden, hält sich aus allem raus; Elizabeth Bennet verachtet den Edelmann Mr. Darcy wegen seines Hochmuts; Mr. Darcy die Bennets, weil sie so vulgär sind, und verliert sein Herz dennoch an die liebenswürdige, ungezwungene Elizabeth. Sie zahlt ihrem Verehrer seinen Stolz heim, muß aber zugleich lernen, daß auch sie einem Vorurteil aufgesessen ist. Sein großmütiges Handeln, als er das skandalöse Durchbrennen ihrer jüngeren Schwester mit Mr. Wickham in sanktionierte Bahnen lenkt und der touristische Besuch seines sehr geschmackvollen Landsitzes Pemberley (bei dem er Elizabeth peinlicherweise überrascht), führen zu einem Stimmungsumschwung: Mr. Darcy ist ein sehr begehrenswerter Mann. Jetzt muß Elizabeth nur noch der autokratischen Lady Catherine de Bourgh trotzen, die nicht dulden will, daß ihr Neffe Fitzwilliam Darcy sich an ein Geschöpf aus derart schrecklicher Familie wegwirft. Das Duett der beiden im Gehölz von Longbourn gehört in seiner geschliffenen, gebändigten Form zu den wunderbarsten literarischen Gefechten, die je zwei Frauen ausgetragen haben.

»Ich behaupte nicht, ebenso offen wie Eure Hoheit zu sein.

Sie können Fragen stellen; ob ich sie beantworte, ent-

scheide ich.« »Das ist ja unerhört! Miss Bennet, ich be-
stehe auf einer Antwort. Hat er, hat mein Neffe Ihnen
einen Heiratsantrag gemacht?« »Eure Hoheit haben selbst
erklärt, daß es unmöglich ist.« ... »Widerspenstiges, dick-
köpfiges Mädchen! Ich schäme mich für Sie! ... Es gehört
nicht zu meinen Gepflogenheiten, Enttäuschungen hinzu-
nehmen.« »Das macht die momentane Lage Eurer Hoheit
nur bedauernswerter, beeindruckt mich aber nicht.« ...
»Gütiger Gott, was bilden Sie sich ein? Soll die reine Luft
von Pemberley so verpestet werden?« »Sie können nun
weiter nichts mehr zu sagen haben«, antwortete Elizabeth
empört. »Sie haben mich auf jede denkbare Weise beleidigt. Ich möchte jetzt ins Haus zurückkehren.« Und sie
erhob sich. Auch Lady Catherine stand auf, und sie gingen
auf das Haus zu. Ihre Hoheit war außer sich.

So schneidig hatte sich noch keine Heldin gegen eine un-
verschämte alte Tante verteidigt; es grenzte fast schon an
Aufsässigkeit und schlechte Manieren. Das Lesepublikum
war indes begeistert, und auch die Kritik konnte das Buch
nur empfehlen. Es traf die Autorin nicht unvorbereitet.
»Ich muß selbst sagen, ich finde sie (Elizabeth) eine der
hinreißendsten Gestalten, die je im Druck erschienen ist,
und ich weiß nicht, wie ich denen gnädig sein soll, die
nicht wenigstens sie mögen.«

Miss Austen, wie haben Sie das gemacht? »Von allen
großen Schriftstellern ist sie am schwierigsten dabei zu
ertappen, wenn ihre Größe sich entfaltet«, schrieb Virginia Woolf. Ihre Streiche fallen geschmeidig und ohne
sichtbare Vorbereitung; die Häuser, die Parks, die ganze

Szene wird als bekannt vorausgesetzt. Als Chronistin ihrer Zeit wäre Austen vollkommen unbrauchbar. Wozu auch? Sie mußte ihren Lesern so wenig erklären, was ein Landedelmann zum Frühstück aß und welche Möbel im Empfangszimmer standen, wie ein moderner Autor den Fonds eines Mittelklassewagens schildern würde, wenn ein Handschuhfach nicht gerade von eminenter Bedeutung wäre. Innen- und Außenräume spielen in den dramatischen Entwicklungen ihrer Bücher kaum eine Rolle; der Blick, den die Beteiligten auf ein Haus werfen, sagt mehr über sie als über die Architektur; so, wenn Mr. Collins von Rosings schwärmt oder Lady de Bourgh die Türen im Haus der Bennets aufreißt. Ebenso zurückhaltend ist Austen bei der Beschreibung ihres literarischen Personals. Von Elizabeth erfahren wir nur so viel, daß sie schöne Augen hatte. Mr. Darcy dürfen wir uns wohl »tall, dark and handsome« vorstellen. Fanny Price trägt einen verrückten Kopfputz; ihr Bruder zeigt mit dem Finger darauf, aber wir bekommen ihn nicht zu sehen. Mr. Knightley macht auf dem Ball eine gute Figur zwischen den Dicken und Krummen. Das ist alles. Die Handlung wird durch Dialoge und Selbstgespräche ohne mimisches und gestisches Füllmaterial vorangetrieben – und doch ist jede Gestalt, kaum daß sie den Mund aufgetan hat, rund und schön.

Daß Austen selbst mehr über ihre Leute wußte, als sie dem Leser mitteilt, zeigt ein Brief aus London, in dem sie Cassandra von einer Kunstausstellung erzählt, die sie mit Henry besuchte und auf der sie ein kleines Portrait von Elizabeths Bennets Schwester Jane gesehen habe. Es gliche ihr aufs Haar; »Größe, Form und Züge des Gesichts, ihr

Liebreiz – die Ähnlichkeit könnte nicht größer sein. Sie trägt ein weißes Kleid mit grünem Muster, was mir bestätigt, was ich immer schon wußte, nämlich daß Grün eine ihrer Lieblingsfarben war. Mrs. Darcy trägt bestimmt Gelb.« Ein paar Tage später sah sie sich in der großen Joshua Reynolds Ausstellung in der Pall Mall um, doch »nirgends fand ich ein Bildnis von Mrs. D. Meine einzige Erklärung ist, daß Mr. D. jedes ihrer Portraits zu hoch schätzt, um es der Öffentlichkeit auszuliefern. Ich könnte mir vorstellen, daß er so empfindet – diese Mischung aus Liebe, Stolz und Feingefühl.«

Die Bennets, die Darcys und die Collins führten ein Leben über den Roman hinaus und mischten sich mit ihren Angelegenheiten ins Gespräch unter Eingeweihten. Kitty Bennet, so erfahren wir nachträglich aus dem Kreis von Austens Zuhörerinnen, heiratete irgendwann einen Pfarrer, ihre langweilige Schwester Mary bekam nur einen Angestellten. Die »beträchtliche Summe«, die Mrs. Norris ihrem Neffen in *Mansfield Park* zusteckte, betrug ein Pfund. Das Wort, das Frank Churchill beim Buchstabenlotto Jane Fairfax in *Emma* zuschob, lautete »Pardon«, und Mr. Woodhouse überlebte den Schock, daß seine Tochter sich verheiratete, um zwei Jahre.

Ganze Lesergenerationen haben seither ähnliche Gedankenspiele betrieben. Edward Austen-Leigh schrieb 1870, die Dashwoods und Bennets seien »liebe Gäste am Herd vieler Familien und dort so persönlich und genau bekannt wie leibhaftige Nachbarn«. Mr. Collins aus *Stolz und Vorurteil* zeugte in seiner wortreichen Unterwürfigkeit sogar einen neuen Begriff. Ein Collins hieß im Englischen ein pompöser Dankesbrief. Und obwohl wir nicht wissen, was Mr. C. trieb, wenn seine Autorin ihn nicht im Auge hatte, können wir es uns doch denken – und ausmalen. In dem 1992 erschienenen Buch *Jane Austen's Novels* führt der Autor Roger Gard ein Selbstgespräch mit verteilten Rollen über die eigentümliche Verselbständigung dieses Herrn:

»... Sagte ich schon, wie körperlich abstoßend ich Mr. Collins finde?« »Ich stimme zu, daß wir einen Eindruck von – wie soll ich sagen – schwitziger Erscheinung gewinnen. Das liegt vielleicht daran, daß er so ausgesprochen hinter unseren – äh, hinter den Frauenzimmern im Buch – her ist. ... Die Frage stellt sich: Kann Charlotte ihn im Schlafzimmer umgehen?« – »Jetzt aber mal halt. Glauben Sie wirklich, daß sie unsere Phantasie so weit führen will, auf eine derart undamenhafte Weise?« – »Ich glaube, Sie unterschätzen die Damen des Regency...« – »Ja, richtig, ... Charlotte erwartet gegen Ende einen ›Oliven-zweig‹ – Ich nehme an, sie wird mindestens zehn kleine Collins' bekommen.«

XI Regency, London, Ein kleines Stück Elfenbein

So sehr ich es auch hasse, dem alten Schnarchsack Samuel Johnson zuzustimmen – seiner aufgeblasenen, schwachsinnigen, aber berühmten Bemerkung, wer Londons müde sei, sei des Lebens müde, kann ich nicht widersprechen. Nach sieben Jahren Landleben in einem Dorf, wo eine tote Kuh eine Menschenmenge anzieht, ist London ein Hammer.

Bill Bryson

Der alte König George hatte seinem Hof seit vielen Jahren Anlaß zur Sorge gegeben. Er wurde langsam verrückt. »What?! What?!« In Windsor Park hatte er einer Eiche die Hand geschüttelt und mit ihr als dem preußischen Botschafter parliert. »Er kitzelt sich selbst, um zu lachen«, berichtete ein deutscher Reisender bereits 1780 konsterniert und sah »einen tötenden Verdruß, der in seinem Innern nagt.« Nun im Jahr 1810, düster und derangiert, wurde George III. aus dem Verkehr gezogen, und der Älteste seiner Schar von nichtsnutzigen Söhnen übernahm die Regentschaft. Der alte König lebte noch weitere zehn Jahre, nahezu blind, in Morgenrock und Hermelin-Nachtmütze durch sein Gewahrsam tapernd. Trotz seiner absolutistischen Tendenzen und verfehlten Kolonialpolitik hatte sich »Farmer George« in seiner schlichten Art 50 Jahre lang großer Popularität erfreut.

Mißtrauen und Abneigung gegen seinen Nachfolger teilte Jane Austen mit dem größten Teil des englischen Volks. »Prinny«, der Kronprinz und spätere George IV. war »ein Libertin, der bis über beide Ohren in Schuld und Schande verstrickt ist, ein Mann, dem familiäre Verantwortung ein Greuel ist, ein Kumpan der Demimonde, ein Mann, der ein halbes Jahrhundert gelebt hat, ohne seinem Volk auch nur ein einziges Mal Anlaß zur Dankbarkeit gegeben zu haben.« Soweit die Geburtstagsgrüße zum 50. von dem Literaten Henry Leigh Hunt. Caroline, die Frau des Regenten, eine Prinzessin von Braunschweig-Wolfenbüttel, war eine ähnlich unseriöse Erscheinung und als Sympathieträgerin gleichermaßen ungeeignet. Das Paar lebte getrennt, aber als George IV. sie vor seiner Krö-

George III., Gemälde von William Beechey

nung durch eine schäbige Scheidung abservieren lassen wollte, kam es fast zu einem Volksaufstand. »Arme Frau«, schrieb Austen, »ich werde sie so lange ich kann unterstützen, weil sie eine Frau ist und weil ich ihren Mann hasse. Aber ich kann ihr schlecht vergeben, daß sie schreibt, sie fühle sich einem Mann, den sie verabscheuen muß, ›verbunden & zugeneigt‹.« Als George IV. 1830 starb, war die englische Monarchie auf einem ähnlichen Tiefpunkt wie 160 Jahre später.

Im Januar 1809 hörte man in Hampshire von der Regentschaft nur munkeln. »Sogar meine politisch interessierten Korrespondenten (wer sie wohl waren?) erwähnen sie nicht. Es tut mir schon leid, so viele Gedanken an das Thema verschwendet zu haben.« Jane Austen sollte noch Gelegenheit bekommen, sich aus größerer Nähe über den Prinzregenten aufzuregen.

Die zehn Jahre der »swinging« Regency waren eine Zeit des Luxus und der Moden auf der einen, der Inflation und Arbeitslosigkeit auf der anderen Seite. Nach Kriegsende 1815 erlebte die Wirtschaft eine Rezession; 300000 Soldaten kehrten heim und suchten Arbeit; Zollschranken erschwerten den Export britischer Güter; Getreidegesetze verhinderten den Import billigen Korns, das Mehl wurde mit Kalk gestreckt, trotzdem stiegen die Brotpreise.

Für diejenigen, die ihre Brötchen in die Schokolade stippten, war die äußere Erscheinung von größerer Wichtigkeit als die Zustände der Lumpenträgerschaft in den Londoner Slums. Die Damenmode verlor langsam ihre unbarmherzige griechische Luftigkeit; die Säume wurden schwerer, die Stoffe molliger und farbiger, die Taille begann zu rutschen. »Ich höre zu meinem großen Vergnügen von Mrs. Tickars Tochter, daß die Korsetts jetzt nicht mehr so gemacht sind, daß sie den Busen nach oben drücken«, meldet Jane im September 1813 aus London. »Das war eine sehr unkleidsame, unnatürliche Mode«, (von der sich beide Schwestern offenbar zugunsten weniger rigider Wäschestücke verabschiedet hatten).

Fesch waren die Herren in engen, hellen Wildlederhosen, schmiegsamen Stiefeln und dunklen, figurbetonten

FULL DRESS.

Gala-Robe 1803

Fräcken. Londoner Dandys rüschten sich mit hohen Kragen und umfangreichen Halsschleifen auf, ein Stil, der in äußerster Konsequenz nach Rouge, Korsett und Wadenpolstern verlangte. »Beau« Brummell, der erste Dandy, ließ sich die Stiefel einschließlich der Sohlen mit Champagnerschaum wichsen, war aber sonst auf elegante Schlichtheit bedacht – »kein Parfum, aber sehr viel feines Leinen – auf dem Lande gewaschen«. Der Beau konnte alles mögliche tragen, da er jung, schlank und anmutig war. Sein Freund, der Prinzregent, war es nicht, unterwarf sich gleichwohl den hautengen Hosen und geschnürten Taillen. Die Karikaturisten hatten es leicht mit dem »Prince of Whales«.

Die zehn Jahre der Regency waren eine Zeit des Aufbruchs, und die ganze Nation schien von einem kollektiven Reisefieber befallen. Nach der Schlacht von Waterloo fühlte England sich als Retter Europas und Hort einer lebendigen Freiheit. Die niederen Stände waren davon nicht durchweg betroffen; Irland überhaupt nicht; und mit größter Selbstverständlichkeit ging man daran, das Empire auf dem Rücken anderer Völker zu errichten. Sein Nabel hieß London, mit einer Million Einwohner die größte und reichste Stadt der Welt, doppelt so groß wie Paris, als Finanzplatz bedeutender als Amsterdam; durch die Docks, die Börse, die Bank, die Versicherungen ein internationales Handelszentrum; Ort einer aktiven politischen Presse, Metropole des wissenschaftlichen und technischen Fortschritts – laut, dreckig, verqualmt und selbstbewußt. City und Westminster waren zusammengewachsen; neue prachtvolle Viertel entstanden: Regent Street, Portland

Der Prince of Wales und künftige George IV.
Eine polemische Presse nannte ihn »Prinz der Wale«

Place, Regent's Park. Noch war Belgravia Weideland,
Paddington ein Dorf. 1807 ersetzten die ersten Gaslaternen die über 50 Jahre alten Ölfunzeln, und die Leute
strömten abends nach Pall Mall, um in ihrem Schein zu
wandeln.

London war ein überwältigendes urbanes Gebilde, aber
nicht gerade die Hauptstadt der schönen Künste. Der
Prinzregent war mehr an der Ausstaffierung der eigenen
Person und an architektonischen Großtaten als an der

Förderung der Theater und Konzerthallen interessiert. Es gab drei »Royal Theatres«, die außer dem Namen nichts von der königlichen Familie erhalten hatten, und obwohl die wichtigsten belletristischen Verlage in London ansässig waren, flohen die meisten Autoren ihr merkantiles Ambiente: Der junge Lord Byron, Glitzerstern der vornehmen Gesellschaft, war soeben hinter dem Horizont verschwunden, von seinem Inzest-Skandal außer Landes getrieben. Shelley folgte ihm in den Süden. Wordsworth, Southey und Coleridge fanden den Lake District inspirierender als die Metropole. Sir Walter Scott gehörte nach Edinburgh, Maria Edgeworth nach Irland, Jane Austen nach Hampshire. Doch, Keats war da und praktizierte als Wundarzt in den Londoner Slums – nicht mehr lange, dann zog er nach Rom. Austen sollte in ihrem Leben mit keiner anderen literarischen Persönlichkeit zusammentreffen. Sie schlug eine Begegnung mit Madame de Staël aus, die ein ungenannter adeliger Herr in seinem Salon arrangieren wollte. Madame sei sehr interessiert gewesen, aber Miss Austen war es nicht. Ein kleines Rätsel bleibt. Wollte sie den letzten Schatten des Geheimnisses um ihre Autorenschaft bewahren? Oder konnte sie Madame de Staël einfach nicht leiden? Ihr späterer Verleger John Murray, in dessen Haus sich die Literati trafen, hätte sich gewiß nicht ungern mit ihr geschmückt... aber Jane Austen hat den Club der Dichter nicht gesucht.

»Hier bin ich wieder inmitten von Ausschweifung und Laster und entdecke bereits, daß meine Moral unterhöhlt wird«, schrieb sie 1796 bei einem kurzen Besuch. Es kann sich nur um milde Auswüchse gehandelt haben. Londons dunkle Seite hat sie nie gesehen; die unsägliche Armut in Eastend und Southend, den Galgen von Tyburn, die Ginhöllen, schmutzigen Garküchen, die Arenen für Hahnenkämpfe und Bullenhatz und die umherschweifenden Huren. »Man wird alle zehn Schritte angefallen, zuweilen von Kindern von 12 Jahren, die einem gleich durch ihre Anrede die Frage ersparen, ob sie auch wüßten, was sie wollten ... Sie packen einen zuweilen auf eine Art an, die ich Ihnen dadurch deutlich genug bezeichne, daß ich sie Ihnen nicht sage ... Ich habe von einigen, die wie Fräulein aussahen, Fragen an mich tun hören, bei welchen ein junger Student durch ein sohlendickes Fell rot geworden wäre«, schrieb Lichtenberg aus London. Eine »Metropolitan Police« wurde erst 1840 gegründet; bis dahin mußte eine Truppe von Feld- und Stadtschützen Unfug und Verbrechen ahnden.

Vom Land aus gesehen: Babylon. Doch war man erst mittendrin, zeigte sich die Stadt durchaus anregend: wunderbare Hut- und Stoffgeschäfte, Wedgwoods Ausstellungshalle, Theater, Galerien, Museen, Spaziergänge in Kensington Gardens, Ausfahrten im Hyde Park, französische Küche bei Henry und Eliza und eine musikalische Soiree, über die die *Morning Post* berichtete. »Ich muß Dir leider mitteilen, daß ich sehr extravagant werde und mein ganzes Geld ausgebe; und was für Dich schlimmer ist: Deins habe ich auch ausgegeben«, schreibt sie nicht sonderlich zerknirscht. Zu dem karierten Musselin hatte sie noch zehn Yards eines besonders hübschen Stoffs mit roten Punkten gefunden, und falls Cassandra keine Verwendung dafür habe, würde sie ihn ganz und gar für sich verbrauchen. Damit nicht genug: »Ich werde nicht eher zufrieden sein, ehe ich nicht auch so einen Strohhut nach Art eines Reiterhuts habe wie Mrs. Tilson, und eine junge Frau aus der Nachbarschaft ist schon dabei, mir einen zu machen. Ich bin wirklich unmöglich, aber er wird nur knapp eine Guinee kosten.« Tante Jane scheint in London nicht durchweg ihre Alte-Jungfern-Haube getragen zu haben; ihr Interesse an Bändern und schönen Knöpfen ist ungebrochen.

Henry und Eliza veranstalten eine große Gesellschaft in blumengeschmückten Räumen mit Dinner (»köstliche Seezungen«) und Orchester. Ein Harfenvirtuose ist dabei und zwei Sängerinnen. Austen rückt aus dem heißen Salon auf den kühlen Korridor, wo man Musik hören und zugleich mit vielen Herren plaudern kann, die um das Sofa herumstehen und am nächsten Tag weitererzählen, diese Miss Austen sei doch noch eine recht anziehende junge Frau. »Die Musik war exzellent ... Alle Künstler erfüllten ihre Aufgabe zur vollen Zufriedenheit, indem sie taten, wofür sie bezahlt wurden, und sich nicht vordrängten.« Ein Kapitän Simpson erzählte ihr, daß Kapitän Charles Austen nach sechs Jahren Dienst in westindischen Gewässern mit der *Cleopatra* auf dem Heimweg und bereits im Ärmelkanal sei, aber da der Mann eindeutig betrunken war, glaubte sie ihm nicht. Ein schönes Fest, die letzten Gäste gingen erst nach Mitternacht.

Sie hatte sich darauf gefreut, in Covent Garden die große alte Dame des englischen Theaters, Sarah Siddons, als Constance in Shakespeares *King John* zu sehen, aber es klappte nicht mit den Karten, und sie hätte am liebsten

ganz vulgär mit Mrs. Siddons gezetert, »weil sie mich so
enttäuscht hat«. Covent Garden war eine der drei königlichen Bühnen mit einer Lizenz für gesprochene Dramen
(Drury Lane und Haymarket die anderen), und Abend
für Abend drängte sich die elegante und die weniger vornehme Welt in Parkett und Galerie: 2800 Plätze, sechs
Pence kostete der billigste Platz, vier Shilling die Loge.
Hier traf der Kollege Hutmacher auf den Baron, die Lady
auf die Kokotte, der Offizier auf den Kohlenhändler, der
Dichter auf den Taschendieb – ein Zustand von georgiani-
scher Entgrenzung, der die Viktorianer schockiert hätte.

London hatte alles, was Austen liebte: Komfort, Betrieb, Besuche bei alten Freundinnen wie Catherine Bigg
und französischen Bekannten Elizas (»wenn der Graf
D'Entraigue nur englisch spräche, wäre er mir sehr sym-
pathisch«) – und den Luxus der Einsamkeit: »Ich habe den
vorderen Salon ganz für mich allein«, schreibt sie aus
Sloane Street an Cassandra, »und würde mich für keine
andere Gesellschaft als die Deine bedanken. Die Ruhe tut
mir gut.«

Am 25. April 1813 stirbt Eliza Austen, die Comtesse de
Feuillide, 52 Jahre alt. Jane, die zu dieser Zeit in Chawton
ist, reist nach London, um dem Witwer beizustehen. Sie
findet ihn erstaunlich gefaßt; es ist fast schon ein bißchen
peinlich. An Frank schreibt sie: »Alles in allem haben sich
seine Lebensgeister sehr gut erholt. Sein Sinn ist kein
Sinn, der nach Trübsal steht, wenn ich es einmal so sagen
darf. Er ist zu beschäftigt, zu rege, zu heiter. So herzlich er
der armen Eliza auch zugetan war und so vorzüglich er sich
ihr gegenüber verhielt, war er doch gewohnt, oft und lange

von ihr getrennt zu sein, so daß ihr Verlust nicht als ganz so schmerzlich empfunden wird wie der manch einer anderen geliebten Frau, besonders, wenn man die Umstände ihrer langen, schrecklichen Krankheit bedenkt. Er wußte seit langem, daß sie sterben mußte, und so war es am Ende eine Erlösung.«

Mit 37 Jahren eröffnet Austen ihr erstes eigenes Konto, und an einem Maitag fährt sie ganz allein in Henrys viersitziger Kalesche spazieren. »Es hat mir sehr gefallen. Ich genoß das Gefühl meiner einsamen Eleganz, und die ganze Zeit war mir zum Lachen zumute, daß ich dort saß, wo ich saß. Dabei konnte ich mich des Gefühls nicht erwehren, daß ich eigentlich kein Recht hatte, in einem offenen Landauer durch London kutschiert zu werden.«

Natürlich hatte sie ein Recht, und eigentlich fand sie das auch. Worüber hätte sie sonst so gern gelacht? Endlich war sie, was sie sein sollte: Schriftstellerin. Und als solche sah sie es gar nicht so gern, wenn ihre Bücher immer nur ausgeliehen wurden. »Ich hoffe, daß sich recht viele verpflichtet fühlen, *Stolz und Vorurteil* zu kaufen. Selbst wenn es ihnen lästig sein sollte, stört mich das nicht, solange sie nur kaufen.« Sie hatte nie einen Hehl daraus gemacht, daß sie Damen ohne Einkommen für beklagenswerte Gestalten hielt. Nun hatte sie sich nicht nur 250 Pfund erschrieben – »mit dem Ergebnis, daß mich nun nach mehr verlangt« –, sondern auch ein bißchen Unabhängigkeit, eine eigene Reisekasse und das Vergnügen, Geschenke machen zu können. *Stolz und Vorurteil* verkaufte sich bestens; ihr neues Buch, *Mansfield Park*, stand kurz vor dem Abschluß.

Nirgendwo finden sich in ihren Briefen Spuren falscher Bescheidenheit. Anders als Fanny Burney, die ihre *Evelina* noch »das unbedeutende Produkt einiger Stunden« genannt hatte, war Austen weit davon entfernt, ihr Talent und ihre Kunst herabzusetzen. Das »kleine Stück Elfenbein (zwei Zoll breit), auf dem ich mit so feinem Pinsel strichele, daß es nach harter Arbeit wenig Wirkung zeigt«, wird gern als Ausdruck literarischer Miniaturmalerei zitiert. Aber sie wählte dieses Bild, um sich in einem Brief an ihren Neffen ironisch von dessen schriftstellerischen Versuchen abzusetzen. Aus Edwards Manuskript waren plötzlich zweieinhalb Kapitel verschwunden. »Das ist ja ungeheuerlich«, schreibt sie ihm. »Ich bin froh, daß ich nicht kürzlich in Steventon war und daher nicht des Raubs verdächtigt werden kann; zweieinhalb starke Äste für mein eigenes Nest, das wäre schon etwas gewesen. Ich glaube hingegen nicht, daß ein Diebstahl dieser Art mir von irgendwelchem Nutzen gewesen wäre. Was sollte ich mit solch starken, männlichen, feurigen Skizzen voller Glut und Farbe anfangen?« Feuer, Glut und Farbe – es klingt, als lachte da jemand über allzu starkes Kontrastmaterial, nach dem der Leser gern »zurück zu Witz und Leichtigkeit des vorherrschenden Stils« finden darf.

Es ist Henry, der in unangebrachtem Überschwang das Geheimnis ihrer Autorenschaft lüftet. In Schottland hatte er zwei Damen so überaus schmeichelhaft über *Stolz und Vorurteil* reden hören, daß er nicht mehr hinter dem Berg halten konnte. »By a lady«, von wegen. Jane mußte ihm das Vergnügen verzeihen, daß er im Mittelpunkt entzückter kleiner Schreie gestanden hatte. Sie mußte sich fragen, ob er nicht gar ihren Wünschen zuvorgekommen war... Doch sie ist ernstlich verärgert. Er schwatzte so zufrieden, »als hätte ich es ihm aufgetragen«, beklagt sie sich bei Frank. »Von einer Sache, die einmal auf diese Weise in die Welt gesetzt worden ist, weiß man ja, wie sie sich verbreitet, und er, das liebe, eitle Geschöpf, hat es so viel mehr als einmal herumerzählt. Ich weiß, es ist alles herzlich und freundlich gemeint, aber laß mich hier an dieser Stelle noch einmal sagen, daß ich Deine und Marys größere Freundlichkeit zu schätzen weiß, die sich darin zeigte, daß Ihr Euch nach meinen Wünschen gerichtet habt.«

Als Henry 1817 *Northanger Abbey* und *Persuasion* bei Murray herausbrachte, war er wiederum der erste, der sich mit ihr aus dem Fenster lehnte und nun auch ihren Namen preisgab. »Sie scheute trotz des Beifalls das öffentliche Licht so sehr, daß auch der größte Ruhm sie, wäre sie am Leben geblieben, nicht dazu veranlaßt hätte, eine Schöpfung ihrer Feder mit ihrem Namen zu versehen«, schrieb er in seiner *Biographischen Notiz*. Henry wird gern als Autorität zitiert, wenn es um die Einschätzung von Austens Willen und Befindlichkeit geht.

Nach diesem Sommer 1813 ist es ganz schnell herum, »nicht einmal mehr der Schatten eines Geheimnisses«. In London will eine junge Dame ihr vorgestellt werden. »Sie mir – bin ich denn schon ein solches Fabeltier? Das ist nicht meine Schuld.« Sie nimmt sich vor, »wenn der dritte Roman erscheint, nicht einmal mehr zu versuchen, Lügen darüber zu erzählen. Ich werde eher versuchen, statt eines Geheimnisses so viel Geld wie möglich daraus zu machen.

Die Leute sollen für ihr Wissen bezahlen, wenn ich sie dazu bringen kann.«

Nach Elizas Tod war Henry in eine große Wohnung über seiner Bank in Henrietta Street gezogen, wo Jane ihn im September 1813 besuchte, Edward und drei Nichten im Gefolge, die auch etwas von den Freuden Londons kosten sollten, ehe sie zum Zahnarzt geführt wurden. Fanny und Tante Jane teilten sich das große Bett der verstorbenen Eliza, die übrigen zogen ins Hotel. Mr. Hall, der Friseur, wurde einbestellt und drehte ihr eine Menge Locken – »gräßlich«, aber die Mädchen überstimmten sie: Nein, keine Haube drüber, nur ein Samtband ins Haar. Nein, es würde nicht ziehen im Theater. Onkel Henry hatte Logen-Karten.

Don Giovanni war eins von »drei Musik-Sachen«. Das Vorprogramm wurde als »ziemlich platt und erbärmlich« empfunden, aber Mozarts Musik rührte sie auch nicht. Während Fanny, Marianne und Lizzie bezaubert lauschten, verschwatzten Jane und Henry die Aufführung im Hintergrund. Ein interessanter Charakter, immerhin, diese »Mischung aus Grausamkeit und Lust«. Um halb zwölf verließ man Don Juan in der Unterwelt. »Mein Vergnügen war eher still.« Die Herren fanden gar nichts daran.

Nein, sie war nicht leicht zu beeindrucken. Ins Theater ging sie, um berühmte Schauspieler zu sehen: Edmund Kean als Shylock – »ausgezeichnet gespielt«, Eliza O'Neal – »zwei Taschentücher mitgenommen, aber keins benutzt«. Es gehörte sich einfach nicht, auf der Bühne wie im Leben, Gefühle prunkend vorzuführen. Leicht war da etwas faul. Auch diese neue Generation von Romantikern ging eher an ihr vorbei. Sie las Byrons *Korsar*; dann besserte sie ihren Unterrock aus. Mehr war nicht. Der Poet George Crabbe hingegen, wie sie ein überzeugter Bewohner des vergangenen Jahrhunderts und seines »good sense«, gefiel ihr so gut, daß sie scherzte, wenn schon, dann sei er der richtige Gatte für sie. »Arme Frau«, schrieb sie, als Crabbes Ehefrau gestorben war, »ich werde ihn so gut trösten, wie ich kann, aber ich werde auf keinen Fall nett zu ihren Kindern sein. Besser sie hinterläßt keine.« Von ihrer Loge spähte sie in die Runde. Sie hatte gehört, Mr. Crabbe sei im Theater. Schade, er war es nicht.

Der »liebe, schöne Edward« steckte Jane und Fanny je fünf Pfund zu und begleitete die Damen zum Einkaufsbummel. In Grafton House ließ er sich einen Stuhl bringen. Es war wunderbar, in englischem und irischem Popeline zu wühlen, ohne an den Preis zu denken.

»Statt meinen überflüssigen Reichtum zu sparen, damit Du ihn ausgeben kannst, werde ich mir erlauben, ihn selbst zu verprassen.« Und schickte 20 Yards an Cassandra nach Chawton, rosa und schiefergrau, »die Hälfte für Dich – bitte sag nichts.« Neue Hauben für Jane und Fanny; die ihre aus weißem Satin mit einer herausspitzenden Feder über dem linken Ohr (1 Pfund 16 Shilling), Seidenstrümpfe, 12 Shilling das Paar, ein Schleier für Fanny, ein Netzüberwurf für Anna. Bei Wedgwood bestellten Edward und Fanny ein neues Service. Vor einem halben Jahr war aus dem Austen ein Knight geworden; nun gehörte das Familienwappen auf die Suppenterrine.

Schmerzlicher verlief der Besuch beim Zahnarzt Mr. Spence; viele Tränen und zwei spitze Schreie. Der Papa blieb bei der armen Marianne sitzen, als die Zähne gezogen wurden; die Tante ging nach nebenan. Wahrscheinlich hatte der Mann recht, als er die Gebisse der beiden Jüngeren in Augenschein nahm und über ihren kritischen Zustand ernste Worte sprach, aber wurde da nicht ein bißchen viel gefeilt und gefüllt? »Ich glaube, er ist auf Zähne und Geld gleichermaßen versessen.« Und so einen Wirbel um Fannys makellose Zähne zu machen! »Ich würde ihn nicht für einen Shilling pro Zahn einen Blick auf die meinen werfen lassen.«

Ein paar Tage später reiste sie mit Edward und den Mädchen weiter nach Godmersham. Sie war seit vier Jahren nicht mehr dort gewesen; die Kinder waren älter und ein bißchen fremder geworden.

Das große Haus schwärmte von Gästen; die meisten paßten ihr nicht. Sie waren zu schweigsam, zu affektiert, zu indiskret, zu langweilig, sie aßen zuviel Butter, redeten zuviel und hatten einen vulgären Mund – »kein Gewinn«. Sie erfuhr, daß Mrs. Holder gestorben war – da hatte sie ja das einzig Mögliche in ihrer Macht Stehende getan, daß die Leute aufhörten, schlecht über sie zu reden ... Es war eine seltene Freude, einmal allein im großen Salon an ihrem neuen Roman zu schreiben – in Gesellschaft von »fünf Tischen, 28 Stühlen und zwei Kaminfeuern«, oder ganz en famille zu plaudern. Aber es fiel niemand leicht, es Tante Jane recht zu machen.

Im Oktober kamen Charles und Frances mit ihren beiden kleinen Töchtern Cassandra und Harriet und dem neuen Baby Frances zu Besuch. »Ich würde mich sehr freuen, die kleine Cassy wiederzusehen, wenn ich nicht

Ballkleid mit geknüpftem Überwurf

Jane Austen 1815

erwarten müßte, daß sie mich mit Unartigkeiten enttäuschte.« Sie könnte »eigentlich ein reizendes Kind sein –
von Natur aus mit vielen guten Gaben ausgestattet – nur
fehlte es bisher an Erziehungsmethode.« Doch wenn Papa
und Mama ein wenig konsequenter wären... Besonders
Papa irritierte sie, der nicht geneigt war, sich auf unbestimmte Zeit von »der kleinen Mieze Cassy« zu trennen,
die von dem Schiff-Geschaukel ständig krank war und den
Winter in Chawton verbringen sollte. Die Fünfjährige
wollte Tante Jane bei der Ankunft erst gar nicht wieder-
erkennen. »Etwas anderes hatte ich kaum erwartet«,
schreibt sie über eine Begegnung im Jahr darauf. »Sie
glänzt nicht gerade durch zärtliche Zuneigung.«

Als Schwester rechnete sie sich eine »gute Tat« an, Charles eines Morgens von seiner Familie loszueisen und ihn mit Mr. M. zum Jagen zu schicken. Am liebsten säße er den ganzen Tag da oben ... Cassy wurde schließlich nach Chawton gebracht. Viele Grüße von Tante Jane aus London; hoffentlich hatte ihr das Kind keine Flöhe ins Bett eingeschleppt. Im Jahr darauf starb Frances Austen an Bord der *Namur* bei der Geburt ihres vierten Kindes, das sie nur um wenige Tage überlebte. Sechs Jahre später heiratete der Witwer seine Schwägerin, Harriet Palmer. Reichtümer hatte er in dieser Zeit noch immer nicht gewonnen; die Familie zog in ein möbliertes Cottage in Cornwall, und die neue Mrs. Charles Austen bekam vier Kinder, von denen zwei starben. In der Karibik verlor Charles die *Phoenix* in einem Sturm. Die Crew überlebte, aber danach zog die Admiralität Kapitän Austen für zehn Jahre aus dem Verkehr. Alle liebten diesen kleinen Bruder, aber viel Glück schien ihm nicht auf den Weg gegeben.

In diesem Winter 1813 fährt Jane Austen mit Fanny zu einem Konzert in Chilham Castle, nur zwei Meilen von Godmersham entfernt, und trifft dort auf Lady B., die es nicht gewohnt war, ein Blatt vor den Mund zu nehmen. Die Dame findet Miss Jane »hübscher als erwartet«. Na, siehst Du, schreibt sie an Cassandra, »ich bin doch nicht ganz so übel, wie Du glaubst.« Mit dem Tanzen ist es vorbei. »Ich muß mich damit abfinden, daß ich nicht mehr jung bin, aber es hat auch durchaus seine Reize, eine Art Anstandsdame zu sein. Man setzt mich auf das Sofa am Kamin, und ich kann so viel Wein trinken, wie mir schmeckt.« Sie ist 37. Es ist ausgestanden, aber weh tut es doch.

XII Mansfield Park, Nichten-Liebe & -Literatur

True ease in writing comes from art, not chance;
as those move easiest who have learn'd to dance.
Alexander Pope

»Ich habe etwas in Arbeit, von dem ich hoffe, daß es sich in der Nachfolge von *Stolz und Vorurteil* gut verkaufen wird, obwohl es nicht halb so unterhaltsam ist«, hatte Jane Austen im Juli 1813 an Frank geschrieben und ihn gebeten, ob sie darin »die *Elephant* und zwei, drei Deiner alten Schiffe« erwähnen dürfe. »Ich habe es bereits getan, aber ich streiche es auch wieder, wenn es Dich stört.« Der neue Roman war *Mansfield Park* und ganz anders als die beiden ersten; ein wirklicher Neuanfang, eine Aschenputtel-Geschichte, die, wie sie voraussah, nicht sehr unterhaltsam und nicht sehr amüsant war.

In Elizabeth Bennets Natur liegt es, »glücklich zu sein«, und Mr. Bennet sagt wirklich köstliche Dinge. Fanny Price jedoch ist eher zum Unglück begabt; sie hat keine Waffen außer ihren unerschütterlichen Prinzipien, und nach einer so schauerlichen Verwandten wie Mrs. Norris muß man anderswo lange blättern. Fanny, Kind aus einer unpassenden Ehe, wächst in der adeligen Familie Bertram in Mansfield Park auf, unverstanden von ihrer phlegmatischen Tante Bertram, geringgeschätzt von ihren Cousinen Maria und Julia, herumschikaniert von Tante Norris. »›Ich dränge sie ja gar nicht‹, erwiderte Mrs. Norris scharf, ›aber ich halte sie für ein widerspenstiges, undankbares Mädchen, wenn sie nicht tut, worum ihre Tante und ihre Cousinen sie bitten, ausgesprochen undankbar, wenn man bedenkt, wer und was sie ist.‹« Der einzige, der sich freundlich um sie kümmert, ist ihr Vetter Edmund Bertram, den Fanny mit zehn Jahren zu lieben lernt und nie wieder losläßt; ihr großes, wehes Geheimnis. (Vielleicht hätte sie den Rat von Charlotte Lucas aus *Stolz und Vorurteil* beherzigen sol-

len, daß eine Frau ihre Liebe vorzeigen muß, damit der
Mann aufwacht.) Edmund ist ein Mensch von großem
Ernst und hervorragender Phantasielosigkeit. Nicht nur
bemerkt er nicht, daß er Fannys Ein und Alles ist, er quält
sie auch mit seiner Schwärmerei für die kecke Miss Crawford und drängt sie, den Heiratsantrag ihres Bruders,
Henry Crawford, anzunehmen. Zusammen sind sie un-
ausstehlich.

Das Geschwisterpaar Crawford stellt das Kontrastpro-
gramm zu Fanny und Edmund dar, charmant, witzig, intel-
ligent, respektlos, dabei nicht unsensibel und immer auf
dem Sprung, sich zu positiven Helden zu entwickeln.
Henry, der sich vorgenommen hatte, Fannys Herz nur ein
bißchen zu brechen, verliebt sich ernsthaft in sie. Daß sie,
dieses gesellschaftliche Nichts, diese kleine Duckmaus,
einen Mann von Stellung und Vermögen abzulehnen
wagt, erschüttert ihren Vormund, Sir Thomas Bertram,
und führt zu Fannys Verbannung zurück zu ihrer Familie, zu
Armut, Schlamperei und schlechten Manieren. Doch
Fanny bleibt fest, gut und intakt, während die Bertrams
von den Folgen ihrer Nachsicht und Prinzipienlosigkeit
überrollt werden. Julia brennt mit einem unmöglichen
Mann durch; Maria, die den Langweiler Rushworth geheiratet hat, wirft sich Henry Crawford an den Hals. Nun
muß sich auch der verliebte Edmund von einer Illusion
verabschieden: Mary Crawford entschuldigt diesen Skan-
dal, dieses »Verbrechen«; sie ist fast geneigt, es wegzu-
lachen. Edmund ist vernichtet. Aber nachdem er gelernt
hat, »sanfte blaue Augen strahlenden dunklen vorzuzie-
hen«, darf er Fanny heiraten. Die bösen Stiefschwestern

werden bestraft; am schlimmsten Maria, die mit ihrer Tante Norris zusammengesteckt wird, und wir dürfen »mit gutem Grund vermuten, daß sie sich gegenseitig das Leben zur Hölle machten.«

Als Heldin hatte Fanny Price zum Zeitpunkt ihres Erscheinens eine durchaus positive Presse, aus dem gleichen Grund, aus dem man heute Mary Crawford den Vorzug geben würde: Fanny ist scheu, überangepaßt und konventionell. Sie ist es geworden, weil man seit ihrem zehnten Lebensjahr auf ihr herumgetrampelt hat. Interessanterweise hat sie, die so gut wie keine Erziehung genossen und keine Liebe erfahren hat, sich aber zu einem Ausbund an Tugend entwickelt, während ihre Cousinen durch ein Übermaß an Nachsicht und Schmeichelei verdorben wurden.

Mansfield Park ist ein Roman von herber Moral. Sein ernster Ton führt leicht zu Verwechslungen. Ist das Austen? Predigt sie? Oder ist das Fanny Price? Durch deren Augen verfolgt der Leser einen Teil des Geschehens; in deren innerer indirekter Rede vernimmt er das Genörgel – oder eher die Angst und Kritik – einer eingeschüchterten, abhängigen jungen Frau. Und am Ende behält sie leider recht, denn es sind die losen Reden, die Flirts und das verführerische Theaterspiel, die die familiäre Katastrophe einleiten. Doch wenn Fanny schweigt, dürfen sich die übrigen Figuren zu unsrer Freude um Kopf und Kragen reden. Mr. Yates darf laut deklamierend auf den überraschend heimgekehrten Sir Thomas treffen, worauf ihm »der Ausdruck des Erschreckens vermutlich vollkommener gelang, als er ihm je im Verlauf der Proben gelungen war«, und Mrs. Norris darf mitten in einer spannenden Erzählung über Seeschlachten und Schiffbruch auf der Suche nach einem gebrauchten Hemdenknopf durchs Zimmer irren und sich wichtig machen, »wo nichts als Ruhe und Schweigen gewünscht war.«

Entre nous konnte Austen ja durchaus Witze über Männer mit Mätressen machen, und das Theaterspielen mit Brüdern und Cousinen gehörte einmal zu den Höhepunkten im Steventon-Jahr. In *Mansfield Park* dient es als dramatisches Instrument, so wie das Gezeter über seinen verderblichen Einfluß einer literarischen Logik folgt. Daß die Stimme der Erzählerin nicht die der Heldin ist, wird im Schlußkapitel am deutlichsten, wenn Austen mit knapper Geste die Schicksale ihrer Protagonisten zusammenfaßt. Fanny, so erfahren wir, wäre am Ende doch Henry Crawford zugefallen, wenn ihr Cousin Mary Crawford geheiratet hätte. Henry war ja schon auf dem besten Wege, sich in ihr Herz zu schleichen ... »Von perfekten Figuren wird mir ganz übel und böse zumute«, schrieb Austen später. Fanny Price hatte zu ihrem und unserem Glück doch ein paar Schwächen.

Mansfield Park erscheint im Mai 1814 bei Egerton, der sich wieder nicht dazu verstehen kann, auf eigenes Risiko zu publizieren. *Stolz und Vorurteil* hatte er samt dem Copyright als Schnäppchen für 110 Pfund erworben und drei Auflagen mit hübschem Profit herausgebracht, an dem die Autorin nicht beteiligt war. Nun möchte er die zweite Auflage von *Mansfield Park*, die im November 1814 anliegt, zu denselben Konditionen wie die erste herausbringen, nämlich in Kommission, aber Austen glaubt, daß sie allmählich etwas Besseres verdient hätte. Mit ihrem nächsten Roman, *Emma*, sollte Henry an John Murray herantreten, den renommiertesten Verleger seiner Zeit, der auch Byrons Werk betreut, und der macht ein Angebot.

»Mr. Murrays Brief ist gekommen. Er ist natürlich ein Schurke, aber ein höflicher. Er bietet 450 Pfund (für *Emma*), aber er will dafür auch das Copyright von *Mansfield Park* und *Verstand und Gefühl*. Es läuft wohl wieder darauf hinaus, daß ich auf eigenes Risiko publiziere. Er schickt allerdings mehr Lob, als ich erwartet habe.« Trotzdem verkauft sie ihr Copyright nicht, und Murray bringt die erste Auflage von *Emma* und die zweite von *Mansfield Park* wie gehabt auf Kosten der Autorin heraus und erhält zehn Prozent vom Gewinn. »Ich bin sehr habgierig und will so viel wie möglich herausschlagen«, schrieb sie später einmal. Aber das, was heute millionenfach tantiemenfrei über den Bücher- und Medienmarkt flottiert, kam zu ihrer Zeit nur langsam in Schwung. *Verstand und Gefühl* erhielt lediglich zwei Rezensionen, *Stolz und Vorurteil* drei, *Mansfield Park* keine und *Emma* zehn, davon zwei auf Deutsch. Die meisten Exemplare gingen gleich an die Leihbüchereien, die ihre Klientel auch in den Schichten fanden, die sich eine Neuerscheinung zu 12 oder 15 Shilling klaglos leisten konnten. *Emma*, die mit 2000 Exemplaren aufgelegt wurde, verkaufte sich in den ersten Jahren nur zu zwei Dritteln. Die zweite Auflage von *Mansfield Park* war ein glatter Fehlschlag; von 750 gedruckten remittierten die Buchhändler 500 Exemplare. Da dieser Verlust aufgerechnet wurde, verdiente Austen nur 39 Pfund an *Emma*. Alles in allem »erschrieb« sie sich zu Lebzeiten weniger als 700

Pfund. Umgelegt auf ein jährliches Einkommen erbrachte diese Summe höchstens 90 Pfund; ein sehr bescheidener Reichtum.

Über *Mansfield Park* startete sie eine kleine Publikumsbefragung bei Familie und Freunden. Henry, dem sie bereits das Manuskript auf dem Weg nach London vorgelesen hatte (das muß ein sehr glattes Stück Chaussee gewesen sein), fand das neue Buch »sehr verschieden von den beiden anderen, aber es stehe ihnen in nichts nach.« Er hatte bereits bei der ersten Begegnung eine Neigung zu Lady Bertram und Mrs. Norris gefaßt und »bewunderte die Zeichnung der Charaktere«. Noch besser aber gefiel ihm Henry Crawford, »ich meine wirklich, als ein kluger, angenehmer Mann«. Mrs. Austen bevorzugte *Stolz und Vorurteil* und meinte, Fanny Price sei fade, amüsierte sich aber über Mrs. Norris. Cassandra stufte M.P. als »recht gescheit ein, jedoch nicht so brillant wie S. & V., liebte Fanny und ergötzte sich sehr an Mr. Rushworths Dummheit.« Charles zog S. & V. dem neuen Buch vor, das es an »Ereignissen« fehlen lasse. Frank teilte seine Vorliebe. Fanny sei »reizend«, aber noch besser gefalle ihm Mrs. Norris. Nichte Fanny war geschmeichelt, eine Namensvetterin darin zu finden, und fand sie »wunderbar«, hätte aber gern etwas mehr über das Happy-End zwischen ihr und Edmund erfahren. Anna aus Steventon gefiel M.P. besser als S. & V., aber nicht so gut wie V.& G.

Eine Dame aus dem Bekanntenkreis gestand schließlich, »daß sie sowohl V.& G. als auch S. & V. für kompletten Unsinn hielte, aber besseres von M.P. erwartete und sich schmeichelte, nachdem sie den ersten Band ausgelesen hatte, sie habe nun das Schlimmste hinter sich.« Der Reverend Cooke hingegen bewunderte das Buch außerordentlich, »der vernünftigste Roman, den er je gelesen habe«; die Art, wie die Geistlichkeit darin dargestellt werde, gefiel allgemein. Und eine Miss Dusautoy, die gute Seele, bildete sich tatsächlich ein, das Vorbild für Fanny Price zu sein ...

»Wozu leben wir wohl, wenn nicht um unseren Nachbarn Anlaß zum Lachen zu geben und uns umgekehrt über sie lustig zu machen?« fragt Mr. Bennet seine Tochter. Die Nachbarschaft in Chawton wußte, daß Austen Romane publizierte, seit ihre Mutter es Miss Benn, Mrs. Digweed und Miss Terry erzählt hatte. Nun fehlte es gewiß nicht an Anspielungen und Gelächter, daß man in Gegenwart von Miss Jane zukünftig seine Zunge hüten müsse, andernfalls stecke sie Miss Benn, Mrs. Digweed, Miss Terry, den Landarzt Dr. Lyford, den Reverend Mr. Papillon, den Kuraten Mr. Twyford, Captain Clement, die Webbs, Miss Woolls, Miss Beckford, Mrs. Middleton und alle anderen noch in ihre Bücher. Es muß angenehmer gewesen sein, den unbeachteten Schürhaken in der Ecke zu spielen. Alle diese lieben Menschen waren im selben Lesezirkel, und man sah ohnehin genug voneinander.

Hatte Mr. Papillon (der Mann, den Austen Mrs. Knight versprochen hatte zu heiraten) etwas mit Miss Terry? Beim Dinner wurde beobachtet, daß sie ihn zweimal bitten mußte, ihr vom Braten noch etwas abzuschneiden, »und sogar dann dauerte es eine gute Weile, bis er sich um sie kümmerte. Es könnte natürlich von seiner Seite Absicht dahinterstecken; er mag denken, daß ein leerer Magen der

Liebe günstig sei.« Miss Benn flatterte ständig ein und aus, eine von diesen alten Damen, die kein Geld und nichts zu tun hatten. Durch ihre Fensterritzen pfiff der Wind, und sie hatte nicht einmal ein Mädchen. Der Schal, den man ihr schenken wollte, durfte nicht zu schön sein, sonst trug sie ihn nicht. »Miss Benn wird nicht vernachlässigt«, versicherte Jane Cassandra. Die Webbs zogen um, und als sie die Wagen vor der Tür stehen sah, schalt sie sich, daß sie die Webbs nicht lieber gehabt hatte, aber »seit die Wagen verschwunden sind, ist auch mein Gewissen wieder ruhig, und ich bin außerordentlich froh, daß sie weg sind.«

Jeder formelle Besuch erforderte einen Gegenbesuch, jeder Einladung wurde gefolgt. Captain und Mrs. Clement nahmen Miss Jane in ihrer Kutsche mit. »Höflichkeit auf beiden Seiten. Ich wäre lieber zu Fuß gegangen, und zweifellos hätten sie das auch vorgezogen.« Mr. Papillon wartete ungeduldig auf das Buch des Lesezirkels. Jane trug es hin. Im Gegenzug kam er mit seiner Schwester zum Dinner; dann gingen die Austens ihrerseits zum Dinner zu den Digweeds. Am folgenden Morgen machte Jane einen Spaziergang nach Alton, während die Damen Beckford, Benn, Middleton und Woolls dem Cottage einen Besuch abstatteten. »Meine Mutter freute sich, sie zu sehen, ich, daß ich sie verpaßt hatte.« Es war ein Hin- und Herge-renne, als fürchte man, sich aus den Augen zu verlieren, wenn nicht jeden Tag ein Treffen anberaumt wurde. Noch war der Nachmittagstee nicht erfunden, sonst hätte man sich nie mehr getrennt. So war die Stunde bis zum Dinner gegen drei oder vier den »Morgenbesuchen« gewidmet.

Der Abend gehörte dem geselligen Kreis. Wer zur anberaumten Zeit selbstsüchtig schrieb oder ein Buch las, wie Elizabeth Bennet, statt mitzuplaudern, setzte sich schärfster Mißbilligung aus. Chawton war eine kleine Welt, eine geschlossene Gesellschaft, in der man besser hinter der Hand über seine Nachbarn lachte, wenn man sich das Leben nicht vergiften wollte. Wie Austen es geschafft hat, in zwei Jahren *Mansfield Park* zu schreiben, *Emma* in fünfzehn Monaten und *Überredung* in einem Jahr, ist ein wahres Wunder.

James Tochter Anna hatte sich vorgenommen, nicht so schnell klein beizugeben. Wir hören, daß sie es mit ihren Freundinnen sehr lustig hatte, »Syllabub (ein interessanter Mix aus Milch, Wein und Zucker), Tee, Kaffee, Gesang, Tanz, ein warmes Essen nachts um elf, alles, was man sich vorstellen kann, das Spaß macht.« Gegen den Willen ihrer Eltern hatte sie sich mit Mr. Terry verlobt, doch bald darauf wieder entlobt, was die Stimmung in Steventon nicht verbesserte. Nun war es der zwei Jahre ältere Benjamin Lefroy, der jüngste Sohn von Madame L. aus Ashe, den die Zwanzigjährige heiraten wollte. »Wir hatten keine Zeit, uns auf die Neuigkeit vorzubereiten – und zur gleichen Zeit hatte sie so etwas an sich, das uns in ständiger Erwartung einer Überraschung hielt. Wir hoffen, daß es gutgeht. Zu seinen Gunsten spricht so viel, wie sie in jeder anderen ehelichen Verbindung zu erwarten hätte. Ich glaube, er ist vernünftig, gewiß sehr religiös, aus guter Familie und einigermaßen finanziell gesichert. Leider harmonieren sie in einer Beziehung nicht, was uns einiges befürchten läßt: Er haßt Gesellschaft, und sie liebt sie über alles. Dies mit einiger Launenhaftigkeit auf seiner Seite und viel Wankelmut auf der ihren wird schwer zu meistern sein.«

Ben, der Pfarrer werden sollte, hatte Skrupel, so jung die Weihen zu nehmen. »Er hat eine Kuratenstelle abgelehnt«, schreibt Austen empört, »und falls ihr Vater darauf bestehen sollte, würde er eher auf Anna verzichten, als etwas zu tun, was er für falsch hält. Er muß verrückt geworden sein.« Doch Anna bestand auf ihrer Wahl. Die beiden wurden an einem Novembertag in der kleinen grauen Kirche von Steventon getraut: keine Blumen, keine Gäste (auch keine Tante), und nach dem Frühstück brach das junge Paar nach Hendon auf, heute ein Teil von Greater London. Sie wollten vor der Dunkelheit eintreffen, denn auf Hampstead Heath war mit Straßenräubern zu rechnen. Annas Briefe aus Hendon klangen »vernünftig und zufriedenstellend«. Sie machte nicht den Fehler, allzu laut mit ihrem ehelichen Glück zu prahlen (wenn es denn eins war), denn solche alberne Überschwenglichkeit hatte die Tante schon immer zuverlässig geärgert.

Es ging den jungen Lefroys nie lange gut. Ben entschloß sich schließlich doch, eine Kuratenstelle anzunehmen, und sie zogen öfters um. Eine Weile lebte Anna wieder in der Nähe von Chawton, in Wyards, einem behaglichen Gutshaus, und später in Ashe House, wo Jane als junges Mädchen mit Tom Lefroy getanzt hatte. Austen betrachtete sie noch immer mit gemischten Gefühlen; Ungeduld und Zärtlichkeit: Nicht doch schon wieder schwanger! »Keine Chance zu entkommen ... armes Ding, sie wird verbraucht sein, ehe sie 30 ist.« Und dann wieder Seufzer der Mißbilligung über den Lefroy-Haushalt: »Es hat mich nicht gefreut, zu hören, daß sie ein Klavier haben wird; das scheint mir hinausgeworfenes Geld zu sein. Sie werden die 24 Guineen im nächsten halben Jahr für Bettlaken und Handtücher brauchen. Und was ihr Klavierspiel angeht; das kann doch nie etwas werden.« Es genierte sie auch nicht, in Annas Schränke zu schauen: »Ihr violetter Umhang hat mich ziemlich überrascht. Ich dachte, wir kennten bereits ihre gesamte Ausstattung. Ich will ihr keine Vorwürfe machen, er sah sehr gut aus, und wahrscheinlich braucht sie ihn. Ich fürchte nur, sie hat ihn heimlich gekauft und niemandem etwas davon gesagt. Du weißt, dazu ist sie durchaus imstande.«

Anna bekam sechs Töchter, darunter eine Cassandra, aber keine Jane. Ben starb 1829; da war sie 36 und mußte sich mit sieben Kindern bei der Lefroy-Verwandtschaft einquartieren. Anders als ihre Cousine Fanny, die Tante Jane in allen Herzensangelegenheiten konsultierte, hatte Anna ihre Männer allein ausgesucht. Vielleicht war sie es, die Jane & Cassandra »the formidables«, die Schrecklichen, genannt hatte, in deren Schußlinie sie mit ihrem dicken Kopf lieber nicht geriet. Es war ersprießlicher, mit Tante Jane über Literatur zu sprechen, und zwar über Annas ersten eigenen Roman. James Kinder hatten alle eine literarische Ader geerbt – nichts Lebenswichtiges, eher dem Hobby verwandt –, und in Annas Fall diente das Schreiben wohl auch dazu, sich der häuslichen Turbulenzen, ihrer verdrießlichen Mutter und ihres türenschlagenden Vaters zu entziehen. Tante Jane, die mit *Emma* selbst genug zu tun hatte, fand jedoch Zeit, immer neue Folgen von *Which is the Heroine*, die die Post aus Steventon und später

aus Hendon brachte, in Augenschein zu nehmen, der anderen Formidablen bei der Abendtoilette vorzulesen und
die Manuskriptseiten mit aufrichtigem Lob und aufmerk-
samer Kritik zurückzuschicken. Nie waren sie sich näher,
Tante und Nichte, die Schriftstellerin und ihre noch nicht
ganz so professionelle junge Kollegin.

Es ist bezeichnend, daß Austen mit Anna nicht über
Kunst theoretisierte. Es ging um sauberes Handwerk und
gute Unterhaltung, um Stil und Plot und den richtigen
Klang der Namen. Begib dich nicht auf schwankendes
Terrain, lautete ein Ratschlag, schreib über das, was du
kennst. »Laß die Portmans ruhig nach Irland reisen, aber
da Du nichts über die Gepflogenheiten dort weißt, fahr
lieber nicht mit.« Bleib bei der Wahrscheinlichkeit, ein
anderer Ratschlag. »Ich habe gestrichen, daß Sir Thomas
einen Tag, nachdem er sich den Arm gebrochen hatte, mit
den anderen Männern zu den Ställen geht; denn obwohl
ich weiß, daß Dein Papa, unmittelbar nachdem sein Arm
gerichtet worden war, ausging, glaube ich, daß es eher
unüblich ist und in einem Buch unwahrscheinlich klingt.«
Laß ihn nicht »meiner Seel!« sagen, »das wirkt zu vertrau-
lich und ist nicht standesgemäß.« Sei akkurat in Details:
»Es geht nicht, daß Mr. Griffin Lord P. und seinem Bruder
vorgestellt wird. Ein Landarzt (erzähl das nicht Mr. Lyford)
würde Männern dieses Standes nicht vorgestellt.« Mach
nicht so viele Worte: »Du nennst zu viele Einzelheiten, was
rechts und was links liegt.« Und hüte Dich vor Klischees:
»Daß Devereux Forester von seiner Eitelkeit in den Ruin
getrieben wird, ist ausgezeichnet, aber ich wünschte, Du
würdest ihn nicht in einen ›Abgrund der Ausschweifung‹

werfen. Ich habe nichts gegen den Vorgang, aber ich kann den Ausdruck nicht leiden; er ist durch und durch Roman-Slang – und so alt, daß er Adam schon begegnet sein dürfte, als er den ersten Roman aufschlug.«

Cassandra bemängelte Annas epische Breite, aber Jane war großzügiger: Natürlichkeit und Schwung überdeckten die Mängel einer zu weitschweifigen Geschichte. Und: »Die Wahl Deiner Gestalten gelingt Dir inzwischen ganz wunderbar, und Du versammelst sie genau an dem Fleck, der auch mein ganzes Entzücken ist: Drei oder vier Familien in einem Dorf auf dem Land sind genau das richtige; damit läßt sich trefflich arbeiten, und ich hoffe, Du schreibst noch viel mehr und ziehst den vollen Nutzen aus ihnen, solange sie so vorteilhaft beisammen sind. Jetzt kommst Du langsam zum Kern und zur eigentlichen Schönheit Deines Buchs ... von den nächsten Heften erwarte ich eine Menge gute Unterhaltung.«

Anna warf ihr Manuskript ins Feuer, als ihr Vorbild nicht mehr lebte, Tante Jane, die ihr geschrieben hatte: »Für mich steht nun fest, daß ich keine anderen Romane mag außer denen von Miss Edgeworth, Dir & mir.«

Auch die andere Lieblingsnichte, Fanny, bedurfte in diesen Zeiten des Rates. Ständig war sie in einen anderen jungen Herrn verliebt, konnte sich aber nicht entschließen, einen von ihnen zu heiraten. Der erste war ein Mr. Plumtre aus Kent, den sie so lange in aller Schicklichkeit anschwärmte, bis Mr. Plumtre sich umwandte und ihre Neigung zu erwidern schien. Dies hielten wiederum Fannys Gefühle nicht aus, und sie wurde entschieden ablehnend. Ein Versuch, die zarte Empfindung durch einen verstohlenen Besuch in seinem Zimmer und einen Blick auf Mr. Plumtres Rasierzeug wieder zu entfachen, schlug fehl. Würde Tante Jane bitte helfen, dieses Rätsel zu lösen?

Tante Jane fand die Idee mit dem Rasierzeug geradezu literarisch, aber sie hatte eigentlich den jungen Wyndham Knatchbull als passende Partie favorisiert. Die Familie war mit den Knights verwandt, und Austen schätzte ihre männlichen Vertreter als gutmütig und harmlos, »aber nicht gerade bemerkenswert elegant« ein; junge Männer eben, die jagen, schießen, Whist spielen und Gesichter schneiden konnten. Ausgerechnet mit einem Herrn aus dieser Familie sollte Fanny sich später verbinden. Im November 1814 aber stand erst einmal Mr. P. zur Debatte.

Die Tante war Mr. P. beim Dinner, in Theaterlogen und beim Pferderennen begegnet, und er sollte ihr auch recht sein. »Seit wir zusammen in London waren, habe ich Dich wirklich für sehr verliebt gehalten – und nun bist Du es gar nicht – das läßt sich nicht leugnen. Was sind wir nur für sonderbare Geschöpfe.« Mr. Plumtre »ist derselbe wie immer, Dir nur noch offensichtlicher und tiefer ergeben. Das ist der ganze Unterschied.« So viel spricht zu seinen Gunsten: sein liebenswürdiges Wesen, sein aufrechter Charakter, seine Stellung, seine Familie, seine guten Manieren. Gut möglich, daß Fanny keinen zweiten Mann von solchem Format treffen werde. »Je mehr ich über ihn schreibe, um so mehr erwärme ich mich für ihn ... und um so mehr wünsche ich, Du würdest Dich wieder in ihn verlieben.«

Doch dann macht sie auf dem Absatz kehrt und bittet Fanny inständig, ihn auf keinen Fall zu nehmen, wenn auch nur ein Quentchen Zweifel dagegenstünde. »Alles ist besser als eine Heirat ohne Liebe.« Und wenn ihr nach gründlicher Selbsterforschung seine Mängel schwerer ins Gemüt fielen als seine Vorzüge, »dann gib ihn sofort auf!« Ein wenig Peinlichkeit und Enttäuschung wären in der Folge unvermeidlich, aber »Du kennst sicher meine Überzeugung, daß Liebeskummer noch nie jemand umgebracht hat.«

Fanny schien sich nach diesem Brief ganz in Tante Janes Hand begeben zu wollen, aber das war nicht in deren Sinne. »Du darfst nichts von meiner Meinung abhängig machen.« Doch falls sie die hören wolle, dann solle sie nicht auf ihre lauen Gefühle vertrauen, sondern auf den Richtigen warten, der in den nächsten zwei, drei Jahren bestimmt auftauchen werde.

Drei Jahre später schickte Mr. Plumtre sich an, eine andere zu heiraten, ein Gerücht, das Fanny unvernünftigerweise aus ihrer Ruhe scheuchte. Jane Austen, die im Februar 1817 schon so krank war, daß sie kaum noch schreiben konnte, mußte sie gleichwohl brieflich noch einmal in die Arme nehmen. »Meine liebste Fanny, Du bist unnachahmlich, unwiderstehlich. Du bist die Wonne meines Lebens! Was für Briefe, was für unterhaltsame Briefe Du kürzlich geschickt hast! Welch eine Beschreibung Deines wunderlichen kleinen Herzens! ... Ich kann Dir gar nicht sagen, was ich beim Lesen Deiner Autobiographie empfunden habe, wie sehr mich Mitgefühl und Sorge und Bewunderung und Erheiterung erfüllt haben. Du bist ein Ausbund an Torheit und Vernunft, Konventionalität und Exzentrik, Traurigkeit und Heiterkeit, Herausforderung und Reiz. Wer kann mit dem Wechsel Deiner Launen, den Capriccios Deiner Vorlieben, der Widersprüchlichkeit

Deiner Gefühle Schritt halten? Du bist so verdreht und dabei so natürlich ... Es ist sehr, sehr angenehm, Dich so gut zu kennen. Du kannst Dir kaum vorstellen, wieviel Freude es mir macht, so offen in Deinem Herzen zu lesen. Ach, welch ein Verlust wird das sein, wenn Du heiratest. Du gefällst mir einfach zu gut als Fräulein und als Nichte. Ich werde Dich hassen, wenn Dein köstlicher, wacher Geist in ehelicher und mütterlicher Zuneigung zur Ruhe gekommen sein wird.«

Und nun ist da ein Mr. Wildham von Chilham Castle aufgetreten. Das Schloß gönnt sie ihr von Herzen, und sie weiß auch, »daß nur die Ehe Dich wirklich glücklich machen kann; aber nichts wird mich für den Verlust einer Fanny Knight entschädigen können.« Was Mr. Plumtre angeht: »Du wolltest ihn nicht haben; warum ihm jetzt nicht gestatten, Trost zu suchen, wo er ihn findet?« Mr. P. hatte sich ihr drei Jahre zuvor als nahezu perfekter Gatte empfohlen, doch nun: »Denk an seine Grundsätze, an die Vorbehalte seines Vaters, die Geldknappheit, seine derbe Mutter und diese Brüder und Schwestern wie Pferde ...« Und noch etwas: »Fang das Geschäft mit der Mutterschaft nicht so früh im Leben an ...«

Diese Liebe, Sorge und Erheiterung waren an Fanny leider verschwendet. Die unwürdigste aller Lieblingsnichten heiratete mit 27 Sir Edward Knatchbull, einen zwölf Jahre älteren Witwer, der einen Engel im Haus und eine Mutter für seine fünf Kinder suchte. Und Fanny, die seit ihrem 15. Lebensjahr keine andere Rolle gekannt hatte, schien auf ein solches Angebot gewartet zu haben. »Sag mir ganz genau, was Du wünschst, Liebster, und ich werde

Fanny Lady Knachtbull, geborene Knight

keinen Willen außer dem Deinen kennen.« Sollte sie das Harfenspiel aufgeben? Was noch? Sie schenkte Sir Edward weitere sieben Kinder und wurde als Lady Knatchbull genau die Sorte Figur, die Jane Austen literarisch massakriert hätte. Sie hat es nicht mehr erleben müssen, wie »die Wonne ihres Lebens«, »die süße, verquere Fanny«, die ihr fast eine zweite Schwester war, ihrerseits das Messer wetzte.

»Ja, meine Liebe,« schrieb Fanny als alte Dame an eine

ihrer Schwestern, »es ist sehr wahr, daß Tante Jane aus verschiedenen Gründen nicht so vornehm war, wie sie es von ihrem Talent her hätte sein sollen, und wenn sie 50 Jahre später gelebt hätte, hätte sie sich in vieler Hinsicht unserem vornehmen Geschmack besser angepaßt. Sie waren nicht reich, und die Leute ihres Bekanntenkreises nicht alle aus den ersten Familien, oder, genauer gesagt, nicht viel mehr als mittelmäßig, und sie natürlich, obwohl viel gebildeter und kultivierter, standen auf der gleichen Ebene, was Vornehmheit betrifft. Ich glaube aber, daß in ihrem späteren Leben der Umgang mit Mrs. Knight (die sie sehr mochte und freundlich zu ihnen war) beide geformt hat, und Tante Jane war zu gescheit, um nicht alle Anzeichen von ›Gewöhnlichkeit‹ (wenn der Ausdruck erlaubt ist) abzulegen und sich zu lehren, vornehmer zu erscheinen – wenigstens im Umgang mit den Leuten im allgemeinen. Beide Tanten (Cassandra und Jane) wuchsen in vollkommener Unkenntnis der Welt und ihrer Gepflogenheiten auf (ich meine Mode und dergleichen), und wäre Papas Heirat nicht gewesen, die sie nach Kent brachte, und die Freundlichkeit von Mrs. Knight, die oft die eine oder andere Schwester bei sich hatte, wären sie zwar nicht weniger gescheit und liebenswürdig, aber unter aller Kritik gewesen, was die gute Gesellschaft und ihre Formen angeht.«

Es versteht sich von selbst, daß Fanny, Lady Knatchbull, für diesen Brief von den Austen-Biographen einmütig gehaßt wird.

XIII Emma, Der Prinzregent, Realismus, »Plan eines Romans«, Henrys Bankrott

Ich habe gleichfalls eins von Miss Austens Werken, *Emma*, gelesen. Sie beherrscht ihr Geschäft, die Oberfläche des Lebens der vornehmen englischen Gesellschaft zu beschreiben, erstaunlich gut. Es liegt eine chinesische Genauigkeit, eine miniaturhafte Zartheit in ihrer Schilderung. Sie regt ihren Leser mit keinem Ungestüm auf, verstört ihn mit keiner Tiefe: Leidenschaft ist ihr völlig unbekannt. Sie weist jede Art Bekanntschaft mit dieser stürmischen Schwesternschaft zurück ...
Was scharf blickt, angemessen spricht, sich geschmeidig rührt, dient ihr zur Studie, aber was, wenn auch verborgen, schnell und schwer pocht, vom Blut durchströmt, was der unsichtbare Sitz des Lebens und das fühlende Ziel des Todes ist – das sieht Miss Austen nicht ... Sie war eine vollkommene und sehr vernünftige Dame, aber eine sehr unvollkommene und eher unempfindliche (nicht empfindungslose) Frau, und wenn das Ketzerei ist, kann ich es nicht ändern.
Charlotte Brontë

Von Emma Woodhouse glaubte die Autorin, kein Mensch außer ihr selbst werde sie gut leiden können. Die Heldin des neuen Romans, »hübsch, klug und reich, im Besitz eines gemütlichen Heims sowie einer glücklichen Veranlagung, schien einige der besten Gaben des Lebens auf sich zu vereinigen.« Schien – denn Emma geht es eigentlich zu gut; sie hat zu oft ihren eigenen Kopf durchgesetzt, und nun glaubt sie, ungestraft Schicksal spielen zu dürfen. Das hat noch kein Autor seiner Figur gestattet.

Emma Woodhouse kann sehr unangenehm sein, aber sie ist Austens interessanteste Heldin; ein Snob, ein verwöhnter Braten, eine unbefugte Bestimmerin – und doch: sensibel, liebesfähig, keck und selbstbewußt, – manchmal – der eigenen Fehler eingedenk und mit einem Drang nach Leben und Bewegung, der in Highbury nicht gestillt werden kann. Das Städtchen, in dem die Woodhouses gesellschaftlich die erste Geige spielen, erscheint auf den ersten Blick als eine ideale, geblümte englische Landidylle; zu Austens Zeiten hatte es jedoch verflixt viel Ähnlichkeit mit Chawton, seinen langweiligen Bewohnern, gesellschaftlichen Zwängen und seinem Geschwätz. »Ich sage immer, wir haben ein solches Glück mit unseren Nachbarn!« meint Miss Bates, die so leicht zufriedenzustellen ist: eine Einladung zum Plaudern, ein Korb Äpfel, eine Schweinelende ... Tatsächlich ist fast jeder mit jedem in Highbury überkreuz, und es bedarf genauer Strategie, welche Auserwählten zum Picknick mitfahren (am Ende doch wieder alle), wer bei wem diniert und wer nur zum Nachtisch eingeladen wird (nämlich »die weniger wichtigen Damen«).

Emma Woodhouse langweilt sich. Mr. Knightley, der Freund der Familie, darf sein Augenmerk auf die Reform seiner Landwirtschaft richten; Mr. Frank Churchill, ein charmanter Neuankömmling, seiner Laune folgen und nach London reiten, um sich die Haare schneiden zu lassen. Sogar der Pfarrer, Mr. Elton, ist frei, nach Bath zu reisen, nachdem er sich zu Hause blamiert hat. Miss Woodhouse aber ist verurteilt, in Highbury und in Gesellschaft ihres debilen Vaters zu verweilen, der keinen anderen Gesprächsstoff kennt als die werte Gesundheit und keine anderen Wünsche, als seine Freunde zu einem Täßchen Haferschleim vor dem Zubettgehen zu bekehren.

In dieser geistigen Wüste verfällt die allzu gescheite Emma auf die Idee, Ehen zu stiften, und damit setzt ihre Autorin eine komplizierte Maschinerie in Gang, die in diesem Kreis, da jeder mit jedem verbandelt ist, Liebende und Nichtliebende unter die Räder nimmt, zu falschen Schlüssen, Eigentoren und einer endlichen Erleuchtung der Heldin führt: »Es schoß ihr blitzschnell durch den Kopf, daß Mr. Knightley nur sie selbst heiraten dürfe!«

Doch bis es soweit ist, muß unendlich viel Gesprächsstoff bewältigt werden. Jede Figur entblößt sich dabei so gut sie kann: Der Pfarrersgattin, Mrs. Elton, gegen deren beleidigende Einmischung in das Leben der schutzlosen Jane Fairfax Emmas Winkelzüge verblassen, gelingt dies besonders schön. Die Temperatur steigt fühlbar, wenn Miss Woodhouse und Mrs. Elton aufeinandertreffen und sich unter Lächeln und Girren ihrer gegenseitigen Abscheu versichern. Manchmal hilft nur ein Stühlerücken und ein schneller Aufbruch, um zu verhindern, daß sie anfangen, sich an den Haaren zu ziehen. Am konkurrenzlosesten vermag allerdings Miss Bates zu plaudern, deren »gutgemeinte Greuel« ihrer Nichte Jane das Leben zusätzlich verbittern, und am pointiertesten verständigen sich Emma und Mr. Knightley, was dem gewieften Austen-Leser sogleich bedeutet, daß diese beiden füreinander bestimmt sind.

»Mit wem werden Sie tanzen?« fragte Mr. Knightley...
»Mit Ihnen, wenn Sie mich dazu auffordern.«

Wie sehr Emma Woodhouse in ihrer Rezeption dem Geschmack der Zeit unterworfen sein würde, ahnte Austen bereits bei der Niederschrift. 1814 war ihre Heldin eine provozierende Erscheinung, eine Frau, die unabhängig dachte und selbstsüchtig handelte. Austen nahm ihr die konsequente Schärfe, indem sie sie nachsichtig gegen die dümmsten Figuren handeln läßt: ihren Vater, die obskure Harriet, und auch der kleine Hieb, den sie Miss Bates beim Picknick auf Box Hill versetzt, entspringt eher ihrem Ärger über die mißglückte Veranstaltung als wirklicher Bosheit und wird mit vielen Sitzungen in Miss Bates Wohnzimmer gesühnt. Austens Einlenken macht das Geschehen rund; mit einer zerrissenen Heldin ginge *Emma* nicht auf, aber ein wenig wundern darf sich der Leser doch: Wie kommt es, daß ein Mann wie Mr. Woodhouse eine Tochter wie Emma nicht zum Vatermord reizt? Warum bindet sie ein solches Schaf wie Harriet Smith an sich? Wie erträgt eine intelligente Frau die »Schwerarbeit ... immer Zustimmung zu erhalten, ohne wirklich einer Meinung zu sein«? Vielleicht aus denselben Gründen, aus denen Jane Austen in Chawton den inzwischen berühmten Schürhaken gab: weil es kein Entkommen gab. Nicht einmal für die reiche, »unabhängige« Miss Woodhouse. Sie bleibt in Highbury, als verheiratete Frau im Haus ihres Vaters doppelt gebunden. Und auch Austen blieb da, wo die Familie sie hingesetzt hatte. Dort galt es, die Fassung zu wahren. Elternmord erschien höchst unpassend, und man stellte sich das lieber nicht vor. Ihr Radius war so klein; der Garten, das Klavier, der Stickrahmen und schon wieder Miss Benn und die Webbs vor der Tür. Jane Austen konnte sowenig den Platz wechseln, wie Emma Woodhouse nach London zum Friseur fahren konnte.

Zumindest was Fanny Knight betraf, hatte Austen recht. Sie verabscheute ihre Heldin und rügte das unschickliche Aufbegehren in ihrer Person. Anna Lefroy gefiel sie bezeichnenderweise so gut wie keine andere. Eine Generation später erblickte Charlotte Brontë, die Gefühl und Leidenschaft mit der vulkanischen Erscheinung eines Mr. Rochester und dem irren Lachen vom Dachboden verband, in dem kontrollierten Spiel der Emotionen nicht viel mehr als »einen sorgsam eingezäunten, hochkultivierten Garten mit sauberen Rändern«. Austens Biographin, Elizabeth Jenkins, schrieb 1938: »Emma Woodhouse ist mit ihrer Dreistigkeit und erdrückenden Gefühllosigkeit fast zuviel für den modernen Geschmack.« Nach einer Heldin wie Fanny Price war sie zumindest eine Überraschung.

Jane Austen war in London am Hans Place, Henrys neuer, schicker Adresse, um mit ihrem Verleger Murray Honorarverhandlungen zu führen, als ihr Bruder unvermittelt erkrankte. Mr. Haden, ein junger Arzt, wurde gerufen, der dem Patienten halbliterweise Blut abzapfte, worauf es ihm noch schlechter ging. Jane alarmierte die Familie; Edward, James und Cassandra kamen ans Krankenbett geeilt, auf das Schlimmste gefaßt, aber Henry erholte sich wieder.

Die Bekanntschaft mit Mr. Haden hatte jedoch interessante Folgen. Er war ein erstaunlicher junger Mann, geistreich und wohlerzogen, der sich nicht vornehmer gab, als es ihm als Arzt nun einmal zukam, und, wie sie anerkennend schreibt, mit größter Bereitwilligkeit zu seinen Patienten rannte, wenn sie nach ihm verlangten. Sie konnte herrlich mit ihm streiten und über ihn lachen. Dieser Mann glaubte, eine unmusikalische Person sei zu jeder Schlechtigkeit bereit, »entsetzlicher Wirrsinn!« Mr. Haden und ein sommerlicher Oktober stiegen ihr ein wenig zu Kopf. »Du nennst ihn einen Apotheker«, rügte sie Cassandra. »Er ist kein Apotheker, war nie ein Apotheker ... er ist ein Haden, nichts weiter als ein Haden, eine Art bisher unbeschriebenes Wesen auf zwei Beinen, etwas zwischen Mann und Engel und ohne den geringsten Anflug von Apotheker.« Wie ging es der Frau Mutter? »Ich fürchte, dieses köstliche Wetter ist zu gut, um ihr angenehm zu sein. Ich genieße es rundherum, von Kopf bis Fuß, von links nach rechts, der Länge, Breite und Quere nach; – und ich hoffe ganz selbstsüchtig, daß es bis Weihnachten anhält; – schönes, ungesundes, unzeitgemäßes, behagliches, drückendes, schwüles Wetter!«

Seine zwei Beine trugen den Arzt fast täglich zum Hans Place, zu seinem Patienten, natürlich, aber auch zu abendlichen Einladungen: Dinner, Harfenspiel, Plaudern mit der Autorin – er schätzte vor allem *Mansfield Park* – und aufsehenerregendem Zusammensitzen mit der Nichte. »Fanny und Mr. Haden auf zwei Stühlen (ich glaube wenigstens, daß es zwei Stühle waren).« Henry würde es wohl erst erlaubt sein, vollständig zu gesunden, wenn Fanny abgereist sei, vermutete sie.

Der Arzt war wiederum mit dem Bibliothekar des Prinzregenten bekannt, einem Reverend James Stanier Clarke, der auf diese Weise erfuhr, daß die Autorin der Romane *Verstand und Gefühl, Stolz und Vorurteil* und *Mansfield Park*, die der Regent in jeder seiner Residenzen eingestellt hatte, in London weilte. Seine königliche Hoheit ließ sie durch Mr. Clarke wissen, er schätze ihre Werke über die Maßen; und kurz darauf erging eine Einladung: Mr. Clarke würde ihr die Bibliothek von Carlton House, dem Stadtpalais des Regenten, zeigen.

Am 13. November fuhr sie hin. Carlton House lag an der Pall Mall. Vom Exterieur her eine neoklassizistische Villa, herrschte drinnen die Mode des Phantastischen als adäquater Ausdruck der Spielarten von »madness«, mit denen das Haus Hannover das englische Volk unterhielt. Der Prinzregent, der im Baujahr 1794 mit 630 000 Pfund bei Handwerkern und Herrenausstattern in der Kreide stand, hatte gleichwohl bei der Gestaltung seiner Stadtresidenz nicht gespart: Der karmesinrote Salon war überwölbt von einer vergoldeten Decke; die Wände waren mit Seidendamast bespannt; mit Samt ausgeschlagene Gemächer prunkten in Blau, Gold, Rosarot und Bronze, und im Speisezimmer trugen die Säulen die steingewordenen

Federbüsche des prinzlichen Wappens im Kapitell. »Prinny« verlor jedoch bald das Interesse an seinem teuren Heim und wandte sich der Verschönerung des Buckingham Palace zu. Carlton House wurde 1829 abgerissen; die Säulen seines Portikus stehen heute der National Gallery vor.

Mr. Clarke war an diesem Novembertag ganz Höflichkeit und Bewunderung; er richtete noch einmal die Komplimente des Regenten aus und schloß die seinen an, aber als sie wieder in Henrys Kutsche saß und zum Hans Place zurückratterte, schwirrte ihr der Kopf. Hatte dieser verbindliche geistliche Herr wirklich gesagt, der Prinzregent würde es begrüßen, wenn sie ihm ihr neues Buch widmete? Sie ihm? Das war ja schrecklich! Dessen mußte sie sich schriftlich versichern. »Ich bitte Sie, haben Sie die Güte, mich wissen zu lassen, wie ich eine solche Erlaubnis verstehen soll und ob ich verpflichtet bin, meine Hochachtung dadurch zu zeigen, daß ich das nun im Druck befindliche Werk seiner Königlichen Hoheit widme. Ich möchte weder anmaßend noch undankbar erscheinen«, schrieb sie Mr. Clarke. »Selbstverständlich sind Sie dazu nicht ›verpflichtet‹«, erwiderte er, »aber wenn Sie dem Regenten diese Ehre jetzt oder zu einem späteren Zeitpunkt erweisen wollen, werde ich mich glücklich schätzen, Ihnen die entsprechende Erlaubnis zu erteilen.« Was sollte dies nun wieder bedeuten? Nichts weniger, als daß der Hof ihr ein Angebot machte, das sie nicht ablehnen konnte. *Emma* erschien im Dezember 1815 mit der hochformellen aber kürzestmöglichen Widmung: »Seiner Königlichen Hoheit, dem Prinzregenten, ist dieses Werk mit Erlaubnis Seiner Königlichen Hoheit mit höchstem Respekt von Seiner

Königlichen Hoheit ehrerbietigem und gehorsamen Diener, dem Autor, zugeeignet.«

Es geschah nicht mit freudigem Herzen, aber ein Hinweis auf diese allerbesten Beziehungen, in einen Brief an
Mr. Murray eingeflochten, mochte nützlich sein, um dem
Drucker Beine zu machen. Da Henry zu krank war, um ihre
Geschäfte zu führen, hatte sie selbst an den Verleger in
dieser Angelegenheit geschrieben, und sie tat es im Ton
einer Geschäftsfrau, die sich vom Glanz des Hauses Murray
nicht blenden ließ. »Bitte sind Sie so freundlich, mich hier
aufzusuchen . . .« und »ich bin sehr enttäuscht und verärgert über die Verspätung der Druckerei . . . von höchster
Wichtigkeit, daß keine Zeit mehr verloren wird.« Henry
hatte wohl recht, als er später schrieb, sie habe mit ihrer
Schriftstellerei weder Ruhm noch Geld gesucht, aber sie
hatte durchaus Geschmack an beidem gefunden: »Ich höre
Lob so gerne wie andere Leute, aber ich bekomme auch
gern das, was Edward Kies nennt.« Mr. Murray entschuldigte sich mit ausgesuchter Höflichkeit (Der Papierliefe-
rant!), Botenjungen würden künftig die Korrekturbögen
abholen und bringen. Es ging also. Sie fühlte sich »hinreichend getröstet, besänftigt und verkomplimentiert.«
Drei Tage vor Erscheinen erhielt der Prinzregent durch Mr.
Clarke seine dreibändige *Emma*-Ausgabe, dann, an Austens 40. Geburtstag, durfte das neue Kind in die Welt hinaus. »Meine liebe Anna, da ich mir sehr wünsche, Deine
Jemima (das Baby) zu sehen, wirst Du sicher auch gerne
meine Emma sehen, die ich Dir anbei schicke...«

Murray, in dessen Verlag die *Quarterly Review* erschien,
bat Sir Walter Scott, das Buch zu besprechen. Scott war

von *Emma* sehr angetan, aber seine Kritik setzte einen Tenor, der noch Jahrzehnte fortklingen sollte: Er lobte Austen für ihren Realismus, für die Lebendigkeit und Originalität ihrer Skizzen aus der alltäglichen Welt und verglich ihren Stil mit dem flämischer Maler. Miss Dusautoy hatte sich bereits eingebildet, das Vorbild für Fanny Price zu stellen; Scott formulierte es nur ein wenig intellektueller: »Die Schilderungen sind vollkommen lebenstreu und von einer Genauigkeit, die den Leser entzückt.« Seitdem hält sich die Meinung, Austens Romane zeichneten pünktlich das Leben der Gentry um die Jahrhundertwende nach. Dabei wählte die Autorin nur ein schmales Segment dieser Gesellschaft, um ihre Figuren aufeinanderzuhetzen, von denen sie – nebenbei – sagte, sie sei viel zu stolz auf sie, als daß sie Colonel A., Reverend B. oder Miss D. nachgebildet seien.

Aus den Romanen erfahren wir nicht mehr als das atmosphärische Ambiente; weder treffen wir ihre Damen im Streit mit der Köchin an noch im Bett, noch beim Ankleiden, und wir müssen draußen warten, bis sie (selten) aus der Hütte eines Armen wieder heraustreten. Ein junges Mädchen verknackst sich den Knöchel, ein anderes schlägt aufs Pflaster, als es von der Kaimauer springt, ein Ehepaar stürzt sachte mit der Kutsche um. Schlimmeres passiert nicht. Verglichen mit Scotts großen Historien-Gemälden oder den wilden, gotischen Abenteuern der Heroinen in den zeitgenössischen Frauenromanen, wirkten Austens Schilderungen »realistisch«. »Keine Fluten, keine Feuersbrünste, keine durchgehenden Pferde, weder Schoßhündchen noch Papageien, keine Zimmermädchen und keine Näherinnen, keine zufälligen Treffen und kein Mummenschanz; ich finde wirklich, dies ist die plausibelste Prosadichtung, die ich jemals gelesen habe«, befand Annabella Milbanke, die künftige Lady Byron, über *Stolz und Vorurteil*. Die vollständige Abwesenheit von Schmus und Sentimentalität war so erfrischend, daß zumindest Sir Walter Scott übersah, daß es der Autorin weniger um naturalistische Genremalerei ging, als um den Ausdruck eines moralischen Realismus, und daß es sich um sehr kunstvolle Gebilde von Fiktion handelte.

Austen fühlte sich denn auch nicht ganz von ihm verstanden. »Die Autorin von *Emma* hat keinen Grund, sich über ihre Behandlung zu beklagen«, schrieb sie an Murray, »außer über die vollständige Auslassung von *Mansfield Park*. Ich kann nur bedauern, daß so ein gebildeter Mann wie der Rezensent es seiner Aufmerksamkeit nicht für würdig erachtete. Es wird Sie freuen, zu hören, daß ich ein Dankschreiben des Prinzen für die ›geschmackvolle‹ Ausgabe von *Emma* erhalten habe. Was immer er von meinem Anteil an dem Werk hält, der Ihre scheint zu gefallen.«

Mr. Clarke, der Bibliothekar des Prinzen, der ihr den Dank übermittelt hatte, war für seinen Teil mit der Korrespondenz noch nicht fertig. Er, der selbst Amateurschriftsteller war, schlug der Autorin ziemlich unverblümt vor, ihn zum Helden eines neuen Romans zu machen, einen »Geistlichen, der sein Leben mal in der Hauptstadt, mal auf dem Land verbringt«, interessanten, schwankenden Stimmungen unterworfen ist, ein Freund der Literatur »und keines Menschen Feind außer seiner selbst.« Bitte, verehrte gnädige Frau, denken Sie einmal darüber nach.

Dies war ja nun eher zum Lachen, bedurfte gleichwohl einer diplomatischen Reaktion. »Daß Sie mich für fähig halten, einen Geistlichen zu gestalten, wie Sie ihn in Ihrem Brief vom 16. November entworfen haben, ehrt mich sehr«, antwortete sie. »Ich versichere Sie jedoch, ich kann es nicht. Den komischen Seiten des Charakters wäre ich vielleicht gewachsen, nicht aber seinem Ernst, seinem Eifer und seiner Bildung. Die Gespräche eines solchen Mannes müssen sich zuweilen um wissenschaftliche und philosophische Themen drehen, von denen ich nichts verstehe; oder er müßte sich bei Gelegenheit in Zitaten und Anspielungen ergehen, die eine Frau wie ich, die nur ihre Muttersprache beherrscht und auch darin sehr wenig gelesen hat, ihm unmöglich zuschreiben könnte. Eine klassische Bildung, oder in jedem Fall eine weitgehende Kenntnis alter und moderner englischer Literatur, erscheint mir unverzichtbar für den Autor, der Ihrem Geistlichen Gerechtigkeit widerfahren lassen wollte; und ich glaube, ich kann mich in aller Eitelkeit rühmen, die ungebildetste und unwissendste Frau zu sein, die es je gewagt hat, Schriftstellerin zu werden.«

Gewiß hatte der Reverend Clarke nicht an die komischen Seiten eines Pfarrers gedacht. Er selbst konnte wohl aufrichtig behaupten, daß er keine solchen besaß. Und offenbar war ihm beim Überfliegen der Seiten auch der Gottesmann entgangen, denn er lobte behende die Natürlichkeit und wundervolle Charakterzeichnung in *Emma*. Aber er blieb auch harthörig wie nur je ein Mr. Collins, der das Nein einer Frau lediglich als Kaprize verstand, die ihn zu verschärfter Werbung anstacheln sollte. In seinem

nächsten Brief unterbreitete er ihr genauere Vorschläge:
»Ich bitte Sie, schreiben Sie weiter, und veranlassen Sie
alle Ihre Freunde, Ihnen zu Ihrer Unterstützung Skizzen –
und Memoires pour servir, wie der Franzose sagt –, zu
schicken. Schenken Sie uns einen englischen Geistlichen
ganz nach Ihrer Vorstellung – viele neue Gedanken mögen
da einfließen – zeigen Sie uns, liebe gnädige Frau, wieviel
Gutes aus der völligen Abschaffung des Kirchenzehnten
erwüchse, und beschreiben Sie ihn, wie er seine eigene
Mutter begräbt – wie ich es tat –, weil der Pfarrer der Ge-
meinde, in der sie starb, ihren sterblichen Überresten
nicht die gebotene letzte Ehre erweisen wollte. Ich habe
mich nie von diesem Schock erholt. Schicken Sie Ihren
Geistlichen zur See als Freund eines hohen Marineoffiziers
am Hofe ...« und so geht es immer fort in gleisnerischer
Bescheidenheit.

Drei Monate später hatte Clarke eine neue Idee. Inzwischen zum Kaplan und englischen Privatsekretär des
Prinzen Leopold von Sachsen-Coburg aufgestiegen, regte
er an, die »Geschichte des erlauchten Hauses Coburg«
zum Gegenstand eines Romans zu machen. Angesichts der
bevorstehenden Vermählung des Prinzen Leopold mit
Charlotte, der einzigen Tochter des Prinzregenten, sei eine
»historische Romanze« gerade jetzt hochinteressant. Das
war durchaus marktwirtschaftlich gedacht, aber nicht im
Sinne der Autorin. Die »liebe Miss Austen« schickte dem
Reverend Clarke einen Pfeil zurück, der sein Ziel gefunden
haben mußte, denn wir hören danach nie wieder von ihm.
»Es ist mir völlig bewußt, daß eine historische Romanze
über das Haus Sachsen-Coburg viel mehr Profit und Po-

pularität einbringen könnte als diese Bilder häuslichen Lebens auf dem Lande, mit denen ich mich befasse. Aber ich könnte eine Romanze genausowenig schreiben wie ein episches Gedicht. Ich könnte mich nicht ernsthaft hinsetzen, um eine ernsthafte Romanze zu schreiben; es sei denn, es ginge um Leben und Tod; und wenn es denn unvermeidlich wäre, wenn ich dranbleiben müßte und niemals zu meiner Erholung über mich oder andere Leute lachen dürfte, würde ich mich ganz bestimmt aufhängen, ehe ich noch das erste Kapitel beendet hätte. Nein, ich muß bei meinem Stil bleiben und auf meine Art weiterschreiben, und selbst wenn ich damit nie wieder Erfolg haben sollte, bin ich doch überzeugt, daß ich in jedem anderen Stil vollständig versagen würde.«

Die Anregungen von Mr. Clarke tauchen allerdings doch einmal in einer kleinen Collage auf, die Austen zu ihrer eigenen Erheiterung aus »Vorschlägen von verschiedenen Personen« zusammenstellte und die entfernt an die Kapriolen ihres Jugendwerks erinnert. Dieser »Plan eines Romans« sieht eine makellose Heldin vor, empfindsam, musikalisch, gütig, aus bester Gesellschaft und auf großem Fuße lebend (Idee Fanny Knight), die bändefüllende Gespräche mit ihrem Vater, einem zur See fahrenden Kaplan, über viele interessante Situationen, in die er verwickelt war, führt (Idee Mr. Clarke). Seine Erzählung »schließt mit seiner Ansicht, wie vorteilhaft die Abschaffung des Kirchenzehnten wäre und wie er seine eigene Mutter, die tief betrauerte Großmutter der Heldin, selbst beerdigt hat ... Der Vater muß sich sehr für Literatur interessieren, ein begeisterter Leser sein, immer nur sein eigener

Feind...« Vater und Tochter kommen durch die Intrigen ihrer Feinde in keinem europäischen Land zur Ruhe (verschiedene Kritiker), so daß sie am Ende nach Kamtschatka fliehen, wo der Vater nach »einem letzten Ausbruch literarischer Begeisterung, untermischt mit Anklagen gegen die Empfänger von Kirchenzehnten« entkräftet den Geist aufgibt.

Es sollte Jane Austens letzter Aufenthalt in London sein. Als sie John Murray für die Rezension in der *Quarterly Review* dankt, bittet sie ihn im selben Brief, wegen des »traurigen Ereignisses« in der Henrietta Street alle künftige Korrespondenz nach Chawton zu richten. Henrys Bank hatte Bankrott gemacht; er war nicht nur persönlich ruiniert, sondern hatte auch seine Familie mit hineingerissen. Nach Aussagen von Caroline Austen hatte Henry »über etliche Jahre sehr aufwendig gelebt, jedoch nicht über das Maß, das dem Direktor einer florierenden Bank zustand, und niemand beschuldigte ihn je, daß er zu verschwenderisch gewesen sei.« Jedenfalls drang keine Kritik nach außen.

Jane Austen kam glimpflich davon – mit 13 Pfund; sie hatte den Löwenanteil ihres Honorars, 600 Pfund, bei einer anderen Londoner Bank deponiert. Charles und Frank verloren beide mehrere hundert Pfund; die Leigh Perrots 10 000 – Mrs. Leigh Perrot vergab ihm das nie –, und Edward 20 000. Er hatte gerade erst einen Erbschaftsstreit mit einem Nachkommen der Familie Knight um Chawton House durchgestanden, in dessen Verlauf er einen großen Teil des alten Baumbestandes fällen und verkaufen mußte, um die Prozeßkosten zu finanzieren. Bei al-

Edward Austen/Knight, Haus- und Grundbesitzer in Kent und Hampshire

ler Unerschütterlichkeit, die man Edward nachsagte, wird dieser neue Schlag doch möglicherweise den Schatten eines Grolls gegen Bruder Lustig heraufbeschworen haben.

Henry selbst erholte sich mit staunenswerter Beweglichkeit von den Ereignissen. Mit 45 begann er noch einmal von vorn – als Geistlicher –, ohne Aussicht auf Karriere und Pfründe. In London hatte er mehreren Damen seine Aufmerksamkeit geschenkt; seine Schwester glaubte, er werde bald wieder heiraten, aber als armer Kurat mit

54 Pfund im Jahr konnte er keine Frau ernähren. Im Januar
1817 feierte er in Chawton seinen ersten Gottesdienst.
»Das wird eine unruhige Stunde für unsere Kirchenbank
werden«, sah Jane voraus, »obwohl wir hören, daß er sich
mit soviel Fassung und Geschick der Sache widmet, als
habe er sein ganzes Leben lang nichts anderes getan.«

XIV Krankheit, *Überredung, Sanditon*, Winchester, Tod

Jane lies in Winchester
Blessed be her shade,
Praise the Lord for making her
And for all she made,
And while the stones of Winchester –
Or Milsom Street – remain,
Glory, love and honour
Unto England's Jane
Rudyard Kipling

Es hatte im Sommer 1816 mit Rückenschmerzen begonnen. Sie hatte sich bleiern und matt gefühlt, aber war es ein Wunder nach der ganzen Aufregung? Erst dieser Bierbrauer aus Alton, der Edward Chawton House streitig machte, dann Henry, so krank und ihrer Pflege bedürftig, und am Ende dieser furchtbare Bankrott. Natürlich war es nicht Henrys Schuld; im vergangenen Herbst mußte ihm die Kontrolle über seine Geschäfte entglitten sein. Das war alles ein wenig unbegreiflich, aber nun war er glücklich wieder wohlauf. Nur sie konnte sich so schwer erheben. Im Mai war sie mit Cassandra in Cheltenham gewesen, um vom Brunnen zu trinken. Es hatte sie nicht gestärkt. So fuhr sie zurück nach Chawton, um das neue Buch fertigzuschreiben. Vielleicht würde sie es *Die Elliots* nennen. Es war gut, nun die kleine Eselskutsche zu haben, denn mehr als einen Weg nach Alton bewältigte sie nicht; an manchen Tagen nicht einmal die halbe Strecke bis Wyards, wo Anna lebte.

Mit 40 Jahren begann Jane Austen an der Addisonschen Krankheit zu leiden, einem Versagen der Nebennieren, hervorgerufen durch Tuberkulose oder einen Tumor. Die meisten ihrer Biographen haben ihre damals unerkannte und unheilbare Krankheit auf die häuslichen Sorgen und Henrys strapaziöse Pflege zurückgeführt. »Sie trug den Keim einer Schwäche in sich, zu der es lediglich einer gewissen Unpäßlichkeit und ausgedehnter nervöser Belastung bedurfte, damit er sich zu einer Gefahr entwickelte« (Elizabeth Jenkins). Erst Fay Weldon kam zu der interessanten Ansicht, Jane Austen sei an einem unerträglichen inneren Zwiespalt gestorben, aufgerieben zwischen ihren unterdrückten »bösen« Ressentiments und dem Bemühen, »ganz besonders brav zu sein«. »Ich glaube, sie gab wahrscheinlich einfach auf«, schreibt sie. »Ich kann nicht glauben, daß das Unbewußte nicht beteiligt ist, wenn der Tod durch das Autoimmunsystem herbeigeführt wird, dadurch, daß der Körper sich selbst angreift.«

Die Krankheit kam in langsamen Schüben, unterbrochen von Zeiten, in denen sie sich wohler fühlte und glaubte, auf dem Weg der Besserung zu sein. Aber glaubte sie das wirklich, oder war es ihr so zur zweiten Natur geworden ihre Bedürfnisse hintanzustellen, daß sie fast bis zu ihrem Tod stoisch und heiter erschien? Im Wohnzimmer ruhte sie auf drei zusammengeschobenen Stühlen, weil ihre Mutter auf dem Sofa die Stellung hielt. Es geht, es geht ...! »Ich pflege mich, so schön ich kann« – und »ich glaube jetzt, es ist die Galle, und da weiß ich, was zu tun ist.« Es war nicht die Galle, und es half nichts mehr. Aber wenn sie auf dem Weg der Besserung schien, war sie wieder ganz die Tante. An Charles »Mieze Cassy« schickte sie einen Neujahrsgruß, in dem alle Worte rückwärts geschrieben waren.

Die jüngeren Neffen und Nichten wuchsen langsam in ein zurechnungsfähiges Alter hinein. James' Kinder hatten alle Spaß am Schreiben; nach Anna suchten auch Edward und die zehnjährige Caroline das Gespräch mit der Autorin. »Du bist nun eine wichtige Person«, hatte sie an Caroline geschrieben, als Annas Baby Jemima geboren wurde. »Ich habe immer die Wichtigkeit der Tanten hochgeschätzt. Tue Du es auch.« Von da an wechselten Bulletins zwischen Steventon und Chawton, in denen Caroline die »Schwester-Tante« über ein literarisches Geschehen auf dem laufenden hielt. »Ich wünschte, ich könnte Geschichten so schnell zu Ende bringen wie Du ... Olivia ist Dir sehr gut geglückt, aber der nichtsnutzige Vater, der an all ihren Mängeln und Leiden schuld ist, sollte nicht ungestraft davonkommen. Ich hoffe, er hängt sich auf ...« Caroline hatte (sicher nicht von ihren Eltern) komödiantisches Talent; Jane Austen war stolz auf sie.

Auch James Edward, 17 Jahre alt, der in Winchester die Schule besuchte, war unter die Schriftsteller gegangen, und Austen hörte ihm gern zu, wenn er kam, um aus dem work in progress vorzulesen. Sein Roman sei »außerordentlich gescheit, mit großem Geschick und Energie geschrieben«. Wenn er die Arbeit durchhalte, verspreche sie sich ein erstklassiges Werk, das sich gewiß gut verkaufen werde. Sollten sie beide nicht die eine oder andere von Onkel Henrys Predigten einflechten, schlug sie ihm vor. Sie seien ganz vorzüglich und als Vorlesestoff für Heldinnen bestens geeignet, ganze Bände zu füllen.

Weder Caroline noch Edward hielten durch; das einzige, was der Neffe der Nachwelt hinterließ, war das Memoir of Jane Austen, ein Stück Prosa, das literarisch neben dem kühlen Licht ihres Sterns wie »eine trübe kleine Laterne« glomm (Mrs. Oliphant).

Trotz der Rückenschmerzen und der Schwäche schrieb Austen selbst weiter an ihrem Roman. Persuasion / Überredung ist der Titel, den Henry ihm gab, als er ihn posthum veröffentlichte. Sie selbst schob ihn auf die lange Bank, wo Catherine oder Susan, später Die Abtei von Northanger schon lag, die Henry in einem letzten Akt als Geschäfts-

Das zehnte Kapitel von Überredung,
das Jane Austen in der Endfassung neu schrieb

mann vom Verlag Cadell zurückgekauft hatte. Im Juli 1816 hatte sie den Punkt unter Anne Elliots Geschichte gesetzt, dann, nach einer Denkpause, noch einmal zwei Schlußkapitel umgeschrieben, und nun war das Manuskript vollendet. Dennoch bot sie es Murray nicht an. Offenbar wollte sie zunächst wieder eine Summe ansparen, um mögliche Verluste ausgleichen zu können. »Ich habe etwas fertig, das vielleicht in einem Jahr erscheinen wird«, erzählte sie Fanny. »Es ist kurz, etwa die Länge von *Catherine*«, und: »Du wirst es nicht mögen, deshalb mußt Du nicht ungeduldig sein. Vielleicht wird Dir die Heldin gefallen, denn für mich ist sie beinahe zu gut.«

Es war wohl ein wenig Spiegelfechterei dabei, wie immer, wenn sie von ihrer Arbeit sprach, besonders mit Fanny, die überhaupt keinen literarischen Geschmack besaß. Anne Elliot, die Heldin von *Überredung*, ist gewiß nicht Austens beste Heldin – dieser erste Platz gehört Fanny Price –, aber ihre erwachsenste. Ihre Geschichte ist auch nicht die einer ersten Liebe, sondern eines gegen die Zeit bewahrten Gefühls, und sie endet nicht im Pfarrhaus oder im kalten Bett eines brüderlich liebenden Gesponses, sondern an der Seite eines bewegten Mannes. Kapitän Wentworth ist ein leidenschaftlich Liebender und dazu Vertreter eines neuen Standes, der England Macht und Ehre zugewonnen hatte; bedeutend aktiver, klarer und lebendiger als die leicht verschnarchten Herren des Landadels, die, wie Sir Walter Elliot, auf die Parvenus aus der Marine glauben herabblicken zu dürfen. Der Beruf »ist mir in zweierlei Hinsicht zuwider. Einmal erhebt er Menschen obskurer Herkunft zu unverdienten Ehren, von denen weder ihre Väter noch Großväter geträumt haben; zweitens zerstört er die Jugend und Kraft eines Mannes aufs abscheulichste.« In London war Sir Walter der Anblick eines Admirals Baldwin zugemutet worden, »einer denkbar bedauernswert aussehenden Person. Sein Gesicht war mahagonifarben, grau und zerfurcht, lauter Linien und Falten, neun graue Haare auf jeder Seite und nur ein bißchen Puder obenauf. ›Im Namen des Himmels, wer ist der alte Kerl?‹« fragt Sir Walter seinen Freund. »›Sie werden herumgeschlagen, sind jedem Wetter und jedem Klima ausgesetzt, bis man sie nicht mehr ansehen mag. Es ist schade, wenn sie nicht einen über den Schädel bekommen, ehe sie Admiral Baldwins Alter erreichen.‹«

Austens Bild von der Kriegsmarine enthält keine »Realismen«, keinen Krieg, keinen Skorbut, keine ausgepeitschten Matrosen, splitternden Masten und keine Geschützdecks, die mit Sand bestreut waren, um das Blut aufzusaugen. Sie wird davon gehört haben, aber sie wählte die romantische, herzerhebende Erscheinung: knarrendes Holz, hochgeschwellte Segel und einen mutigen, ritterlichen Offizier mit hellen Augen und einem schönen Mund.

Zu Beginn der Geschichte ist Anne Elliot 27, schon ein wenig verblüht und still ihren eingekapselten Kummer nährend, daß sie vor acht Jahren den Heiratsantrag von Frederick Wentworth ausgeschlagen hatte. Ihre mütterliche Freundin, Lady Russell, fast ein ebensolcher Snob wie Sir Walter, hatte sie überredet, einem Mann ohne Vermögen und mit sehr ungewissen Aussichten den Laufpaß zu geben. Nun taucht Wentworth wieder in ihrer Umgebung auf; im Krieg gegen die Franzosen reich geworden und auf der Suche nach einer Gattin.«Er hatte Anne Elliot nicht verziehen. Sie hatte ihn schlecht behandelt, ihn verlassen und enttäuscht und dadurch eine Charakterschwäche bewiesen, die seinem eigenen, entschlossenen, vertrauenden Wesen unerträglich war. Sie hatte ihn aufgegeben, um anderen gefügig zu sein, als Ergebnis einer zwingenden Überredung. Sie hatte aus Schwäche und Furcht gehandelt. Er hatte sie herzlich geliebt und seitdem nie eine Frau gefunden, die ihr gleich war. Aber... ihre Gewalt über ihn war für immer gebrochen.«

Darin täuscht er sich selbstverständlich. Zwar macht er den jungen Damen Louisa und Henrietta Musgrove den Hof, aber der Leser weiß rechtzeitig, was von denen zu halten ist.

»Beide sind sehr nette junge Damen, ich kann die eine kaum von der anderen unterscheiden«, sagt Admiral Croft. »Wirklich recht gutmütige, natürliche Mädchen«, setzt Mrs. Croft hinzu, in einem Ton ruhigen Lobes, der in Anne den Verdacht aufsteigen ließ, ihr lebhafterer Verstand halte die beiden ihres Bruders nicht ganz für würdig, »und eine sehr ehrenwerte Familie. Man könnte gar nicht mit besseren Menschen verwandt sein.«

Natürlich tauschen Anne und Wentworth bald verstohlene Blicke und verlegene Freundlichkeiten aus, und Anne beginnt aufzublühen. Ihren großen Auftritt hat sie, als Louisa beim Sprung von der Kaimauer in Lyme verunglückt und Anne als einzige die Nerven behält – immerhin in Gegenwart von zwei kriegserprobten Offizieren, die

einer Ohnmacht näher scheinen als einer besonnenen
Aktion. In Lyme wendet sich das Blatt. Von da an ist sie
nicht mehr »nur Anne«, sondern die Person, deren prakti-
schem Sinn die Übrigen vertrauen, und Kapitän Wentworth registriert mit aufkeimender Eifersucht die bewun-
dernden Blicke fremder Männer auf seine Verflossene.

Bedauerlicherweise muß sie nach Bath zu ihrer schrecklichen Verwandtschaft übersiedeln. Wentworth folgt ihr,
und nun »fühlte Anne sich allem, was sie für recht hielt,
gewachsen.« Wann lag in einem »How do you do?« je so
viel Leidenschaft? Wo wurde ein Regenschirm mit ver-
gleichbarem Herzklopfen angeboten? Halbe Geständnisse
trotz Türenschlagens und allgemeinen Geschnatters in
einem Foyer so genau verstanden und ein Arrangement
von Grünpflanzen so ausführlich gemeinsam bewundert?
Anne und Wentworth können sich nie alleine treffen, und
ein hochformalisierter Verhaltenskodex muß ihre wach-
sende Erkenntnis vermitteln, daß sie sich noch immer lieben. Anne muß hoffen, daß er ihr Gespräch mit Kapitän
Harville über die Beständigkeit von Frauen und Männern
mithört, und Wentworth krakelt unterdessen in höchster
Erregung seine Liebeserklärung, die er ihr heimlich in die
Hand drücken muß. »Sagen Sie mir nicht, daß es zu spät
ist, daß alle köstlichen Gefühle für immer dahin sind. Ich
biete mich Ihnen noch einmal dar mit einem Herzen, das
Ihnen noch mehr gehört als vor acht und einem halben
Jahr, als Sie es fast zerbrachen. Sagen Sie nicht wieder, daß
der Mann schneller vergißt als die Frau, daß er seine Liebe
früher zu Grabe trägt ...«

Wir steuerten einmal mehr der vollkommensten Glückseligkeit entgegen, wenn dies kein Roman von Jane Austen wäre. Mitten im Fußgängergewühle von Bath dürfen die beiden endlich alleine sein und aussprechen, was sie seit acht und einem halben Jahr kränkte. Wentworth ist im Besitz eines ansehnlichen Vermögens – 25 000 Pfund –, und Anne wird sich einen »hübschen kleinen Landauer« leisten können. Sir Walter ist versöhnt und Lady Russell willens, ihren Irrtum einzusehen. Nur diesen kleinen, aber ständigen »Tribut jäher Sorge« muß Anne für ihr Glück entrichten, die unbestimmte Erwartung eines neuen Krieges...

Im Januar 1817 teilt Jane ihrer alten Freundin Alethea Biggs mit, sie sei im Winter stärker geworden und fast wieder ganz gesund. In diesem guten Gefühl hatte sie am 17. Januar einen neuen Roman begonnen, *Sanditon*. Er ist für eine sehr kranke Frau ein erstaunliches Werk, denn sie schmäht darin mit Genuß sowohl die eingebildeten Kranken als auch die vernunftlosen Gesunden. Sanditon ist ein neues Ambiente, eines der aufstrebenden kleinen Seebäder an der Küste von Sussex, und durch seine Straßen, die noch irgendwo in den Dünen enden, pfeift das frische Lüftchen der Moderne. Es geht um Tourismus und Investitionen. Für Mr. Parker, Gründer, ehrenamtlicher Kurdirektor und Immobilienmakler in einer Person, ist der Ort »seine Goldmine, seine Lotterie, sein Spekulationsobjekt und sein Hobby, sein Beruf, seine Hoffnung und seine Zukunft.« Und er gackert in einem Ton, der dem 20. Jahrhundert fast schon vertraut klingt: »Unsere Küste ist voll genug... mehr ist nicht nötig. Für Finanzen und Geschmack aller ist gesorgt. Und all die guten Leute, die die Zahl noch zu vergrößern suchen, lassen sich auf etwas ganz

Unsinniges ein und werden sich bald selbst in den Netzen
ihrer eigenen trügerischen Kalkulationen gefangen haben.
Aber ein Ort wie Sanditon, Sir, das darf ich sagen, war
nötig, war einfach unerläßlich. Er war dazu von der Natur
bestimmt, hier hat sie auf höchst intelligente Weise gesprochen. Die beste, klarste Seebrise an der Küste und
dafür berühmt, dazu ausgezeichnete Bademöglichkeiten,
feiner, harter Sandstrand, tiefes Wasser zehn Meter vom
Ufer, kein Watt, kein Tang, keine schleimigen Felsen. Nie
war ein Ort unmißverständlicher von der Natur zum Kur-
ort für die Kränklichen bestimmt, haargenau der Ort, auf
den Tausende gewartet haben. Genau die richtige Entfernung von London . . .«

Noch stehen die meisten der kleinen Villen leer, aber da
ist Hoffnung. Die Bewohner des Regency glaubten gerne,
daß Wasser, Luft und angenehme Zerstreuung jedem Ge-
brechen gewachsen wären, »ein unfehlbares Mittel gegen
Krämpfe, Lungenleiden, Zweifel, Gallenschäden und Rheu-
matismus . . . Luft und Bad heilten, beruhigten, entspann-
ten, stärkten und kräftigten; sie waren bald das eine und
bald das andere . . .«

Ahnte sie, wie es um sie stand? War dieses letzte Werk,
das so losgelöst, saugrob und funkelnd ist wie die frühe
Austen, ein Versuch, noch einmal über sich und die Welt
zu lachen? Es tut schon weh. »Ich hatte gerade den bisher
schwersten Anfall meines alten Leidens, diese Gallenko-
liken, und konnte kaum von meinem Bett zum Sofa krie-
chen«, sagt Diana Parker, eine Dame Mitte 30, der nichts
fehlt, und die ihr leeres Leben mit ausgefallenen Erkran-
kungen füllt.

Jane und Cassandras Schlafzimmer in Chawton Cottage

Die Parkers sind eine neue Klientel, eher bourgeois als gentry, mit neuem Geld statt mit Erbschaftssteuern geschlagen. Doch neben ihnen versammelt Austen ihr gewohntes Lieblingspersonal, die drei, vier Familien, die aufeinanderzutreiben sich lohnt: Lady Denham, die ein »Zimmer-Roß«, offenbar ein Fitneßgerät des 19. Jahrhunderts, zu verleihen hat; ihre schöne, arme, unterdrückte Nichte und Gesellschafterin Clara; der bizarre, schwärmende Sir Edward Denham; zwei Schwestern Parker, die mit ihrer überschüssigen Energie das größte Durcheinander schaffen; und ihren Bruder, den langsam aus dem Leim gehenden jungen Mr. Parker, der mit seinem abendlichen Kakao schon fast ein solcher Narr ist wie der alte Mr. Woodhouse mit seinem Haferschleim. Ein zweiter Mr. Parker ist angekündigt – Austen hatte als Titel *Two Brothers*

erwogen – sowie eine Erbin aus Westindien. Und schließlich ist da die Heldin, Charlotte Heywood, die sich auf ihre
Ferien an der See freut. Am Ende des vierten Kapitels steht
sie in ihrem Erkerzimmer und blickt »über den abwechs-
lungsreichen Vordergrund mit seinen halbfertigen Gebäu-
den, der im Wind flatternden Wäsche und den Dächern
aufs Meer hinunter, das im Sonnenschein vor Frische
tanzte und funkelte.« Nun könnte es richtig losgehen, aber
Austen hat *Sanditon* nicht vollendet. Nach 80 Seiten legt
sie am 18. März den Bleistift (mit dem sie leichter schreiben konnte als mit der Feder) aus der Hand.

Ende März stirbt Onkel Leigh Perrot. Sein Testament ist
für alle außer Mrs. Leigh Perrot, seine Alleinerbin, eine
große Enttäuschung. James, der sehr mit einer Zuwendung
gerechnet hatte, darf sich auf 24000 Pfund freuen, zahlbar
nach dem Tod seiner Tante; für einen 52jährigen, der sich
nicht bei bester Gesundheit fühlt, ein herber Schlag. »Zu
spät, viel zu spät; wahrscheinlich bekommen sie den Besitz
erst in zehn Jahren. Meine Tante ist sehr robust«, schreibt
Jane. Sie lebte noch fast zwanzig Jahre, und James sah
nichts von seinem Erbe. Noch härter trifft es Mrs. Austen.
Seit Henrys Bankrott hatten Frank und Henry ihre je-
weiligen 50 Pfund Unterstützung streichen müssen, und
das Haushaltsgeld war knapp geworden. »Alleinstehende
Frauen haben eine fatale Neigung zur Armut.« Und krank
werden dürfen sie schon gar nicht. Das war »ein Luxus, den
ich mir in meinem Alter nicht leisten kann.« Ihre Mutter
hatte offenbar üble Vorahnungen, »sitzt und brütet über
einem Mißgeschick, das nicht gewendet werden, und einem Verhalten, das niemand verstehen kann.« Jane er-

College Street Nr. 8 in Winchester, das Haus, in dem Jane Austen starb

leidet einen Nervenzusammenbruch, für den sie sich glaubt entschuldigen zu müssen. »Ich hatte eine Gallenkolik mit ziemlich hohem Fieber. Vor ein paar Tagen schien es überwunden zu sein, aber ich schäme mich zu sagen, daß der Schock über das Testament meines Onkels einen Rückfall bewirkte. Am Freitag war ich so krank und fürchtete, daß es noch schlimmer würde, daß ich Cassandra bat, gleich nach der Beerdigung zurückzukommen ... Ich bin die einzige der Erben, die sich so dumm angestellt hat, aber ein schwacher Körper muß die schwachen Nerven entschuldigen.«

Sie hütet nun das Bett, in diesem kleinen Schlafzimmer

zum Garten raus, »unser Zimmer«, das Cassandra wohl noch immer mit ihr teilt, und zieht nur gelegentlich auf das Sofa um. »Jetzt bin ich auf dem Weg der Besserung«, schreibt sie am 22. Mai. Eine Woche später macht sie ihr Testament. Anna und Caroline besuchen sie, als sie im Morgenrock aufsitzen kann, »schwarz und weiß und lauter falsche Farben im Gesicht«, wie die Krankheit sie gezeichnet hat. Was hat sie ihnen noch zu sagen? Ihr Kopf ist klar, und sie leidet kaum Schmerzen, aber die Nächte, in denen sie fiebrig und bleiern zugleich ... Cassandra pflegt sie wunderbar, so aufopferungsvoll, alle Brüder so zärtlich und besorgt; sie findet keine Worte für ihre Freundlichkeit ...

Der Apotheker von Chawton ist schon lange mit seiner Weisheit am Ende, und die Patientin begibt sich in die Hände von Mr. Lyford in Winchester. »Wir werden sehen, was er tun kann, um mich wiederherzustellen.« In *Sanditon* hatte sie Lady Denham über die ganze Ärzte-Sippschaft herziehen lassen: »Zehn Honorare, eines nach dem anderen, hat der Mann genommen, der den armen Sir Harry aus der Welt hinauskomplimentiert hat.« Aber was sollte man raten und verschreiben, wenn man nicht einmal wußte, woran die Frau starb?

James schickt die Kutsche, und am 24. Mai reist sie mit Cassandra nach Winchester. 16 Meilen; es regnet den ganzen Weg. Die Chausseebäume scheinen vorbeizuschwimmen. Henry und der Neffe William Knight begleiten sie zu Pferde, zwei in sich verkrochene Gestalten, denen das Wasser von den Hüten läuft. Sie nehmen Wohnung in der College Street, nicht weit von der Kathedrale,

Die Kathedrale von Winchester 1805.
Am 24. Juli 1817 wurde Jane Austen darin bestattet

deren Turm sie vom Fenster aus sehen kann. Einmal wird
sie in diesem Frühling in einer Sänfte in die Stadt getragen; an den Ruinen von Wolvesey Castle vorbei und am
Itchen entlang, auf dem die Enten schnattern – oder an-
dersherum, durch Cathedral Close und den Park. In der
alten Pilgerherberge stehen die Fenster offen, und sie
hört die College-Schüler Verben deklinieren oder Violine
üben, wer weiß. Sonst lebt sie auf dem Sofa, schleppt sich
von einem Zimmer ins andere. »Es geht mir besser, mein
lieber Edward; freilich kann ich noch nicht mit meiner
Handschrift prahlen. Weder sie noch mein Gesicht haben
bisher ihre wahre Schönheit wiedergewonnen ... Mr. Ly-

ford sagt, er werde mich heilen, und wenn nicht, werde ich eine Beschwerde beim Dechanten und beim Domkapitel einreichen.«

Mr. Lyford sagt James, was alle ahnen. Der schreibt an seinen Sohn: »Ich fand sie sehr verändert vor, aber gefaßt und heiter. Sie ist sich ihrer Lage bewußt.« James und Henry reichen ihr das Abendmahl, ihre alte Freundin Elizabeth geborene Bigg besucht sie und Mary aus Steventon. »Du bist mir immer eine gute Schwägerin gewesen.« Es war Zeit, ihren Frieden zu machen. Sie stirbt am frühen Morgen des 18. Juli 1817, den Kopf in Cassandras Schoß. Lange Zeit fast ohne Schmerzen, wünscht sie jetzt nur noch den Tod. Wenige Tage darauf wird sie in der Kathedrale bestattet. Cassandra sieht dem kleinen Zug – ihre Brüder Edward, Henry, Frank und der Neffe Edward – vom Erkerfenster aus nach. Für Frauen schickte es sich nicht, an Begräbnissen teilzunehmen. »Sie öffnet ihren Mund mit Weisheit, und gütige Lehre ist auf ihrer Zunge« (Sprüche 31; 26) läßt James auf die Bronzeplatte im nördlichen Seitenschiff gravieren. Kein Wort davon, daß sie Schriftstellerin war.

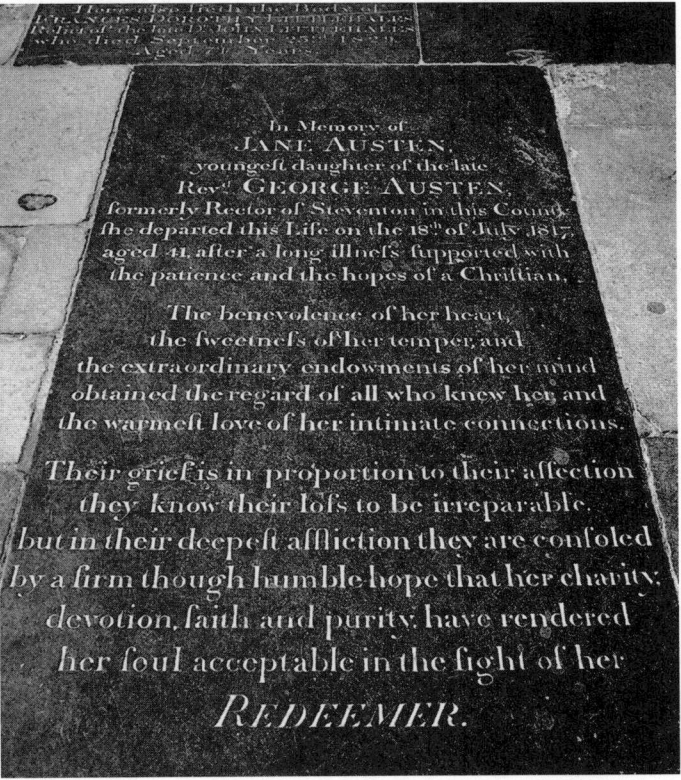

*Jane Austens Grabstein im nördlichen Seitenschiff
der Kathedrale von Winchester*

Epilog, Nachruhm, Familiengeschichte

He: I can remember everything as if it were yesterday –
we met at nine.
She: We met at eight.
He: I was on time.
She: No, you were late.
He. Ah yes, I remember it well.
Alan J. Lerner

Natürlich ist es ungerecht und unhistorisch, von einem Mann wie James Austen die Erkenntnis zu verlangen, daß seine Schwester eine der größten Schriftstellerinnen Englands und eine zukünftige Klassikerin war. Aber es sieht dieser Familie ähnlich, daß sie ihre Existenz als Künstlerin so ungerührt verschlief. Den Tisch wegzugeben, an dem sie schrieb! Die Manuskripte zu verkramen! Auf ihrer Grabplatte sind neben der Güte ihres Herzens und der Liebenswürdigkeit ihres Naturells nur ihre »außerordentlichen geistigen Gaben« erwähnt. Ein Küster in Winchester Cathedral wunderte sich noch fünfzig Jahre später, was eigentlich so Besonderes an dieser Dame gewesen sein sollte, nach deren Grab sich die ersten Literatur-Touristen erkundigten. Aber wer hatte ihre Bedeutung rechtzeitig erkannt? John Murray vielleicht, oder Walter Scott, der (auch erst) 1826 in sein Tagebuch schrieb: »Das große Wau Wau beherrsche ich wie heutzutage jeder andere auch, aber ihr feiner Pinselstrich ... ist mir versagt.«

In ihrem Testament hatte Austen ihre Schwester als Alleinerbin eingesetzt, ausgenommen waren 50 Pfund für Henry und 50 für seine ehemalige französische Haushälterin, die bei dem Bankenkrach ihre gesamten Ersparnisse verloren hatte. Fanny erhielt eine Haarlocke, ihre Schwester Louise, Janes Patenkind, eine Goldkette.

Cassandra kehrte nach Chawton zurück und lebte mit ihrer Mutter und Martha Lloyd, bis die alte Mrs. Austen 1827 starb und Martha, 56, im Jahr darauf Frank Austen heiratete. Franks erste Frau Mary war 1823 bei der Geburt ihres elften Kindes gestorben, tief betrauert, selbstverständlich, aber manchmal fragt man sich, ob die Männer

damals wußten, wo die kleinen Kinder herkommen, die
das Leben ihrer Frauen so kurz und gefährlich machten.

Fanny hatte »das Geschäft mit der Mutterschaft« spät
im Leben begonnen, sich, dem Rat ihrer Tante folgend, ihre Jugend und Schönheit aufgespart. Mit 32 bekam sie ihr
erstes Kind, dem sechs weitere folgten.

Die Nachkommenschaft von Reverend und Mrs. Austen
zählte 33 Enkel und 101 Urenkel. Selbst Cassandra verlor
im Alter ein wenig den Überblick. Bemerkenswerterweise
wurden in der Enkelgeneration mehrere Cassandras, aber
nur eine Jane getauft – Tochter von Charles und Harriet;
sie lebte nur zwei Monate.

James starb im Dezember 1819. Die Pfarrstelle von Steventon, die für Edwards Sohn William Knight vorgesehen
war, wurde bis zu dessen Ordination von Henry warm-
gehalten. Dem neuen Kuraten und Hausherrn mußten
natürlich James Witwe und seine Tochter Caroline weichen. Bei einem ersten Besuch erwies Henry der alten
Dame zwar den schuldigen Respekt, konnte aber offenbar
sein Grinsen nicht unterdrücken. »Es ist nicht sehr angenehm, die Hochstimmung deines Nachfolgers zu erleben,
der gewinnt, was du verloren hast«, schreibt Caroline,
»und obwohl wir unser Heim mit schwerem Herzen verließen, wünschten wir doch nicht, noch länger darin zu
verweilen.« Mutter und Tochter zogen nach Bath.

Henry, der nun – wie befristet auch immer – ein Haus
und eine Stellung hatte, heiratete eine Miss Eleanor
Jackson, Nichte eines Pfarrers und mit ihrem Mangel an
Glamour Henrys neuen Lebensumständen durchaus angepaßt. Als altes Ehepaar wohnten sie eine Weile bei

Flotten-Admiral Sir Francis Austen

Cassandra in Chawton Cottage, später wurden sie in verschiedenen Kurorten gesichtet, vorwiegend in den weniger kostspieligen Vierteln. Henry war mit seinen vielen Häutungen noch nicht fertig; im Alter neigte er den Evangelikalen zu, die Laschheit und Frivolität der englischen Hochkirche geißelten. Oh Henry!

1823 übernahm der junge, frisch ordinierte William Knight die Stelle in Steventon und riß als erste Amtshandlung das alte Pfarrhaus ab.

Nachdem Tante Leigh-Perrot ihre Erben lange genug auf Trab gehalten hatte, starb sie am 13. November 1836 und hinterließ ihr Vermögen Edward Austen-Leigh. Sie hatte so lange gefürchtet, ihr geschmackvolles Haus einer unachtsamen oder nicht standesgemäßen Dame hinterlassen zu müssen, doch kaum war der Erbe eingezogen, räumte er das ganze Chippendale-Gerümpel auf den Dachboden. Es war das Jahr, in dem Königin Victoria den Thron bestieg; ein neues Zeitalter begann und verlangte nach neuen Möbeln.

Im Zuge der Krönungsfeierlichkeiten wurde Frank Austen zum Vize-Admiral befördert. Noch mit 70 nahm er einen Posten als Kommandant der amerikanischen und westindischen Verbände an und zog mit zwei seiner Töchter nach Nordamerika. Kurz bevor sie segelten, kam seine 72jährige Schwester Cassandra zu einem Abschiedsbesuch, eine »blasse Dame mit dunklen Augen, freundlichem Lächeln und einer Hakennase«, wie sich eine Nichte erinnerte. Sie starb plötzlich, als die Reisenden schon an Bord gegangen waren, und wurde in Chawton neben ihrer Mutter beigesetzt.

Henry starb 1850 mit 79 in Tunbridge Wells. In diesem Jahr wurde Konteradmiral Charles Austen mit 71 noch einmal zum aktiven Dienst berufen, um als Oberbefehlshaber der ostindischen Verbände Krieg gegen Burma zu führen. Erst mit der Eröffnung des Suezkanals knapp zwanzig Jahre später begann der langsame Abschied der großen Segelschiffe; aber bis Alexandria reiste Charles bereits mit dem Dampfer. Er starb 1852 in Burma an der Cholera. Im selben Jahr beschloß Bruder Edward sein eher ereignisloses Leben friedlich im Bett.

Kapitän Charles Austen

Ein Jahr nach Jane Austens Tod hatte Murray *Die Abtei von Northanger* und *Überredung* in einem Band aufgelegt, begleitet von Henrys *Biographischer Notiz*, in der zum erstenmal der Name der »Lady« genannt wurde, der das lesende Publikum so viele angeregte Stunden verdankte und deren »Hand nun im Grabe modert«. Die nächste Ausgabe ihrer Romane erschien erst 1832; Henry und Cassandra verkauften das Copyright an allen Werken bis auf das von *Stolz und Vorurteil*, das bei Egerton lag, für 250 Pfund. Die Auflagen waren klein, die Bücher teuer, das Publikum noch immer geneigt auszuleihen, statt zu kaufen. Bis auf Henrys salbungsvollen Nachruf gab es keine Lebensbeschreibung. Jane Austen war auch fünfzig Jahre nach ihrem Tod so etwas wie ein literarischer Geheimtip. Tennyson, der ihre Bücher sehr bewunderte (»ein Shakespeare der Prosa«), wollte gar nichts über ihr Leben wissen, »gottfroh, daß es weder von Shakespeare noch von Austen Briefe gibt und sie deshalb nicht wie Schweine ausgeweidet werden können.«

Das änderte sich, nachdem James Edward Austen-Leigh 1870 sein *Memoir of Jane Austen* veröffentlichte. Alle Geschwister waren inzwischen gestorben – Sir Francis mit 91 als letzter –, und die Opposition betagter Neffen und Nichten gegen das Ausweiden von Tante Jane war der Einsicht gewichen, daß »die Erinnerungen« eines der letzten, der sie noch gekannt hatte, »helfen sollten, ihr Leben und ihren Charakter dem Vergessen zu entreißen.« Austen-Leigh stellte einer »neuen Generation von Lesern« seine Tante Jane vor, eine damenhafte Amateurin, die sich die Zeit für ihr Hobby von den Stunden glücklicher Pflicht-

Edward Austen-Leigh, Neffe und Biograph

erfüllung abgespart hatte. Die Quellenlage war bescheiden: ein paar Briefe, ein paar persönliche Erinnerungen seiner Schwestern Anna und Caroline. Nicht nur Cassandra hatte bereits einen großen Teil der Korrespondenz vernichtet; auch eine von Franks Töchtern hatte gründlich aufgeräumt. Cassandra hatte Fanny einige mit der Schere zensierte Briefe Janes hinterlassen, und Anna die Manuskripte von *Sanditon* und *Persuasion*. Anna versuchte später, *Sanditon* zu Ende zu schreiben; Franks Tochter

Catherine nahm sich mit ähnlichem Mißerfolg *Die Watsons* vor.

Einen Teil der Juvenilia und *Die Watsons*, die sich ebenfalls in Annas oder Carolines Händen befanden, veröffentlichte Austen-Leigh in einer zweiten Auflage, zusammen mit *Lady Susan* (nach einer Kopie), Auszügen aus *Sanditon* sowie den beiden letzten Kapiteln von *Überredung*, die Austen umgeschrieben hatte. (*Persuasion* ist das einzige Original-Manuskript ihrer publizierten Romane, das den Marsch durch die Generationen überlebte.)

Fanny war seit Jahren senil und fand nichts mehr, weder in ihrem Kopf noch in ihren Schubladen. Erst ihr Sohn, Lord Brabourne, exhumierte nach ihrem Tod 1882 sowohl Austens Reinschrift von *Lady Susan* als auch eine Schachtel mit Korrespondenz. Er war der erste Herausgeber einer Sammlung von Jane Austens Briefen.

A *Memoir of Jane Austen* fand bei den Viktorianern, die immer sehr besorgt um die geistige Gesundheit ihrer jungen Frauen waren, großen Anklang. Person und Werk erschienen wunderbar deckungsgleich, das stille Leben eine Empfehlung für ihre unaufgeregten Romane. Doch endlich wurden Austens Werke auch in großen Stückzahlen aufgelegt, zum Teil mit niedlichen Illustrationen, von denen R.W. Chapman schon 1948 vergeblich hoffte, daß sie bald vergessen sein würden. Der Insel Verlag druckt sie noch immer fort.

Das Lob, das nun aus den literarischen Zeitschriften floß, hatte einen kleinen Stich ins Gönnerhafte. »Voll ausgezeichneter Unterweisung und frei von jedem Gedanken oder Wort, die beschmutzen könnten ...« (Trollope)

»Eine Kunst wie die ihre kann niemals altern, niemals verschwinden. Jedoch, wie auch immer, Miniaturen sind keine Fresken, und ihre Werke sind Miniaturen. Ihre Stellung ist unter den Unsterblichen, aber ihr Sockel ist in einer stillen Ecke des großen Tempels aufgerichtet.« (George Henry Lewes) Hatte sie dort landen wollen? Lewes' Lebensgefährtin, George Eliot, spendete Beifall für »die wundervolle Realität«, vermißte aber »tiefes psychologisches Verständnis, wie wir es etwa bei George Sand finden (oder natürlich bei männlichen Autoren)«. Leslie Stephen sah nur Milde und Behaglichkeit und keinen einzigen satirischen Blitz. Ein paar harschere Stimmen – »Es fehlt ihren Leuten an Seele« (Elizabeth Barrett Browning) – »Elender Mist« (Thomas Carlyle) – »Nie war das Leben so eng und eingeklemmt« (Ralph Waldo Emerson) – verloren sich im allgemeinen Applaus. E.M. Forster bekannte, er sei ein Janeite und als solcher »ein bißchen schwachsinnig... Sie ist meine Lieblingsautorin, ich lese sie immer wieder, den Mund offen und den Verstand ausgeschaltet«, denn der wahre Austen-Fan sei bei weitem nicht so helle und aufgeweckt wie sein Idol. »Wie alle regelmäßigen Kirchgänger bemerkt er kaum, was gesagt wird.«

Den Viktorianern erschien Jane Austen als Botschafterin einer Zeit, in der es weder Krach noch Ruß, weder Maschinen noch Maschinenstürmer gab und in denen die finsteren und verletzenden Seiten menschlicher Existenz, über die Charles Dickens und George Eliot dicke Bücher schrieben, Schichten vorbehalten waren, die man nicht zur Kenntnis nehmen mußte. Und den Rezensenten des ausgehenden 19. Jahrhunderts fielen ähnliche Sätze ein

wie den Filmkritikern hundert Jahre später, als Austen
wieder einmal wiederentdeckt wurde: bezaubernd, dieses
Feingefühl, dieser elegante Stil; ihre Satire ein Glücksfall,
ihre Tugenden ewig haltbar und ihre Prinzipien gesund
und erfrischend wie ein Schwall klares Wasser.

– Ich habe die allerhöchste Meinung von Ihrem treffen-
den Urteil in allen Angelegenheiten, die sich im Rahmen
Ihres Verständnisses halten, würde Mr. Collins vielleicht
sagen, aber gestatten Sie mir den Einwand, daß die Dame
viel lieber Wein getrunken hatte.

Anhang · Chronologie, Benutzte Literatur, Bildnachweis, Register

Chronologie

1731   George Austen geboren

1739   Cassandra Leigh geboren

1764   Heirat von George Austen und Cassandra Leigh

1765   James Austen geboren

1766   George Austen geboren

1768   Edward Austen geboren

1771   Umzug der Familie von Deane nach Steventon

       Henry Austen geboren

1773   Cassandra Austen geboren

1774   Francis Austen geboren

1775   Jane Austen wird am 16. Dezember geboren

1779   Charles Austen geboren

1781/82   Jane und Cassandra auf der Schule in Oxford und Southampton

1784/85   Jane und Cassandra auf der Schule in Reading

1787 – 1793   J. A. schreibt ihre »Juvenilia«

1791   Edward Austen heiratet Elizabeth Bridges

1792   James Austen heiratet Anne Mathew

1793   Geburt der Nichte Fanny (Knight)

       Geburt der Nichte Anna (Lefroy)

       J. A. schreibt *Lady Susan*

1794   Der Comte de Feuillide stirbt unter der Guillotine

       Thomas Knight, Edwards Adoptivvater, stirbt

1795   J. A. schreibt *Elinor and Marianne*

       James Austens Frau, Anne, stirbt

Cassandra Austen verlobt sich mit Thomas Fowle

Tom Lefroy besucht Ashe

J. A. schreibt *First Impressions*

1797 James Austen heiratet Mary Lloyd

Der Reverend Thomas Fowle stirbt

Edward Austen erbt Godmersham

Henry Austen heiratet Eliza de Feuillide

1798 J. A. schreibt *Susan* (*Northanger Abbey*)

Geburt des Neffen James Edward (Austen-Leigh)

Francis zum Fregattenkapitän befördert

1799 Mrs. Leigh-Perrot wegen Ladendiebstahls angeklagt

1801 Umzug der Familie Austen nach Bath

1802 J. A. lehnt den Heiratsantrag von Harrison Bigg Wither ab

1803/04 J. A. beginnt *Die Watsons*

1805 Der Reverend George Austen stirbt

Martha Lloyd zieht zu den Damen Austen

Geburt der Nichte Caroline

1806 Auszug aus Bath, Besuch in Stoneleigh Abbey

Francis Austen heiratet Mary Gibson

Umzug der Austen-Frauen nach Southampton

1807 Charles Austen heiratet Frances Palmer

1808 Edward Austens Frau, Elizabeth, stirbt bei der Geburt ihres elften Kindes

1809 Umzug der Austen-Frauen von Southampton nach Chawton

1810 J. A. schreibt ihre frühen Manuskripte um

1811 J. A. schreibt *Mansfield Park*

Charles kehrt nach sieben Jahren aus Westindien zurück

Sense and Sensibility (*Verstand und Gefühl*) erscheint

1812 Edward Austen nimmt nach dem Tod seiner Adoptivmutter den Namen Knight an

1813 *Pride and Prejudice (Stolz und Vorurteil)* erscheint
Eliza Austen (de Feuillide) stirbt

1814 J. A. schreibt *Emma*
Mansfield Park erscheint
Charles Austens Frau, Frances, stirbt bei der Geburt
ihres vierten Kindes
Nichte Anna heiratet Ben Lefroy

1815 J. A. schreibt *Persuasion (Überredung)*
Besuch in Carlton House, der Residenz des Prinzregenten

1816 Bankrott von Henrys Bank
Henry wird zum Pfarrer ordiniert

1817 J. A. beginnt *Sanditon*
18. Juli, Jane Austen stirbt
Dezember, *Northanger Abbey* und *Persuasion*
(Überredung) erscheinen

1819 James Austen stirbt

1820 Charles Austen heiratet seine Schwägerin Harriet Palmer
Henry Austen heiratet Eleanor Jackson
Fanny Knight heiratet Sir Edward Knatchbull

1823 Francis Frau, Mary, stirbt bei der Geburt ihres elften
Kindes

1827 Mrs. Cassandra Austen stirbt

1828 Francis heiratet Martha Lloyd

1836 Mrs. Leigh-Perrot stirbt

1838 George Austen, der behinderte Bruder, stirbt

1843 Lady Austen (Martha Lloyd) stirbt

1845 Cassandra Austen stirbt

1850 Henry Austen stirbt

1852   Charles Austen stirbt
        Edward Austen stirbt
1865   Francis Austen stirbt
1870   *Memoir of Jane Austen* von Edward Austen-Leigh
        erscheint, zusammen mit *Die Watsons*
1882   Lady Knatchbull (Fanny Knight) stirbt
1925   *Sanditon* erscheint

Benutzte Literatur

Austen, Jane: *Die Abtei von Northanger*. Übersetzung von Margarete Rauchenberger. Mit Illustrationen von Hugh Thomson. Frankfurt: Insel 1986

Austen, Jane: *Anne Elliot*. Übersetzung von Margarete Rauchenberger. Mit Illustrationen von Hugh Thomson. Frankfurt: Insel 1988

Austen, Jane: *Die Liebe der Anne Elliot*. Übersetzung von Gisela Reichel. Weimar: Gustav Kiepenheuer o.J.

Austen, Jane: *Emma*. Harmondsworth: Penguin 1983

Austen, Jane: *Emma*. Übersetzung von Charlotte Gräfin von Klinckowstroem. Mit Illustrationen von Hugh Thomson. Frankfurt: Insel 1979

Austen, Jane: *Frederic and Elfrida*. Übersetzung von Elfi Bettinger und Friedrich Tontsch. Zürich und Dortmund: eFeF 1992

Austen, Jane: *Lady Susan*. Übersetzung von Angelika Beck. *Die Watsons* und *Sanditon*. Übersetzung von Elizabeth Gilbert. Frankfurt: Insel 1989

Austen, Jane: *Letters to her sister Cassandra and others*, collected and edited by R.W. Chapman. Oxford, New York, Toronto, Melbourne: The Oxford University Press 1979

Austen, Jane: *Liebe und Freundschaft. Drei Schwestern. Catharine*. Übersetzung von Renate Orth-Guttmann. Zürich: Manesse o.J.

Austen, Jane: *Love and Friendship and other early works*. London: The Women's Press 1978

Austen, Jane: *Mansfield Park*. Übersetzung von Ursula und Christian Grawe. Stuttgart: Philipp Reclam 1984

Austen, Jane: *My dear Cassandra*. Letters selected and introduced by Penelope Hughes-Hallett, London: Collins & Brown 1990

Austen, Jane: *My dear Cassandra!* Ausgewählte Briefe, Übersetzung von Ingrid von Rosenberg, Frankfurt, Berlin: Ullstein 1993

Austen, Jane: *Northanger Abbey*, London: Nicholas Vane, 1947

Austen, Jane: *Persuasion*, with *A Memoir of Jane Austen* by James Edward Austen-Leigh, Harmondsworth: Penguin 1975

Austen, Jane: *Pride and Prejudice*, London: Century Hutchinson 1985

Austen, Jane: *Sanditon*, Übersetzung von Elizabeth Gilbert, vollendet von Marie Dobbs, München: dtv 1994

Austen, Jane: *Stolz und Vorurteil*, Übersetzung von Ursula und Christian Grawe, Stuttgart: Philipp Reclam 1977

Austen, Jane: *The History of England*, Kettering: J. L. Carr Publisher o.J.

Austen, Jane: *The Juvenilia of Jane Austen and Charlotte Brontë*, ed. by Frances Beer, Harmondsworth: Penguin 1986

Austen, Jane: *Verstand und Gefühl*, Übersetzung von Ursula und Christian Grawe, Stuttgart: Philipp Reclam 1982

Austen, Jane: *Die Watsons*, Übersetzung von Elisabeth Gilbert, München und Zürich: Droemer Knaur 1980

Beck, Angelika: *Jane Austen*, Leben und Werk in Texten und Bildern, Frankfurt: Insel 1995

Bussby, Frederick: *Jane Austen in Winchester*, Winchester: The Friends of Winchester Cathedral 1979

Byrde, Penelope: *A frivolous distinction, fashion and needlework in the works of Jane Austen*, Bath City Council 1986

Chapman, R.W.: *Jane Austen, Facts and Problems*, Oxford: The Clarendon Press 1948

Cecil, David: *A Portrait of Jane Austen*, Harmondsworth: Penguin 1981

Copeland, Edward and McMaster, Juliet (Ed.), *The Cambridge Companion To Jane Austen*, Cambridge: Cambridge University Press 1997

Daiches, David and Flower, John: *Literary Landscapes of the British Isles*, Harmondsworth: Penguin 1981

Fox Celina (Hrsg.): *Metropole London, Macht und Glanz einer Weltstadt 1800 – 1840*, Ausstellung Kulturstiftung Ruhr, Essen: Aurel Bongers 1992

Gard, Roger: *Jane Austen's Novels*, New Haven and London: Yale University Press 1992

Grawe, Christian: *Jane Austen*, mit einer Auswahl von Briefen, Dokumenten und nachgelassenen Werken, Stuttgart: Philipp Reclam 1988

Howard, Tom: *Austen Country*, London: Grange Books 1995

Hubback, J.H. & E.C.: *Jane Austen's Sailor Brothers*, London 1906 (Reprint Ian Hodgkins & Co, Stroud/Meckler Publishing, Westport 1986)

Jenkins, Elizabeth: *Jane Austen*, London: Victor Gollancz Ltd., 1992

Kaplan, Deborah: *Jane Austen among Women*, Baltimore & London: The John Hopkins University Press o.J.

Lane, Maggie: *Jane Austen's England*, London: Robert Hale 1989

Lane, Maggie: *Jane Austen's Family*, London: Robert Hale 1992

Lane, Maggie: *Jane Austen's World*, London: Carlton Books 1996

MacDonagh: *Jane Austen – Real and imagined worlds*, New Haven and London: Yale University Press 1991

Martynkewicz, Wolfgang: *Jane Austen*, Reinbek: Rowohlt 1995

Maurer, Michael (Hrsg.) O *Britannien, von deiner Freiheit einen Hut voll, Deutsche Reiseberichte des 18. Jahrhunderts*, München: Beck 1992

Nicolson, Nigel: *The World of Jane Austen*, London: Weidenfeld and Nicolson 1995

Nokes, David: *The wild beast uncaged*, London: TLS 31. Mai 1996

Southam, Brian (Hrsg.): *Jane Austen, the critical heritage, 1870 – 1940*, London and New York: Routledge & Kegan Paul 1987

Weldon, Fay: *Briefe an Alice, oder Wenn du erstmals Jane Austen liest*, Übersetzung von Angela Praesent, Reinbek: Rowohlt 1993

Wilks, Brian: *Jane Austen*, London: Hamlyn Publishing 1978

Woolf, Virginia: *Der gewöhnliche Leser*, Essays Band 1, Übersetzung von Hannelore Faden, Frankfurt: S. Fischer 1989

Bildnachweis

Bilder, Portraits und Photographien wurden folgenden Büchern entnommen:

Brian Wilks, *Jane Austen*, London: Hamlyn Publishing 1978; Nigel Nicolson, *The World of Jane Austen*, London: Weidenfeld & Nicolson 1995; Maggie Lane, *Jane Austen's England*, London: Robert Hale 1989; Maggie Lane, *Jane Austen's Family*, London: Robert Hale 1992; Maggie Lane, *Jane Austen's World*, London: Robert Hale 1996; Angelika Beck, *Jane Austen. Leben und Werk in Texten und Bildern*, Frankfurt: Insel Verlag 1995; David Cecil, *A Portrait of Jane Austen*, Harmondsworth: Penguin Books 1981; Tom Howard, *Austen Country*, London: Grange Books 1995; Wolfgang Martynkewicz, *Jane Austen*, Reinbek: Rowohlt Verlag 1995; J.H. & E.C. Hubback, *Jane Austen's Sailor Brothers*, London: 1906 (Reprint)

Register

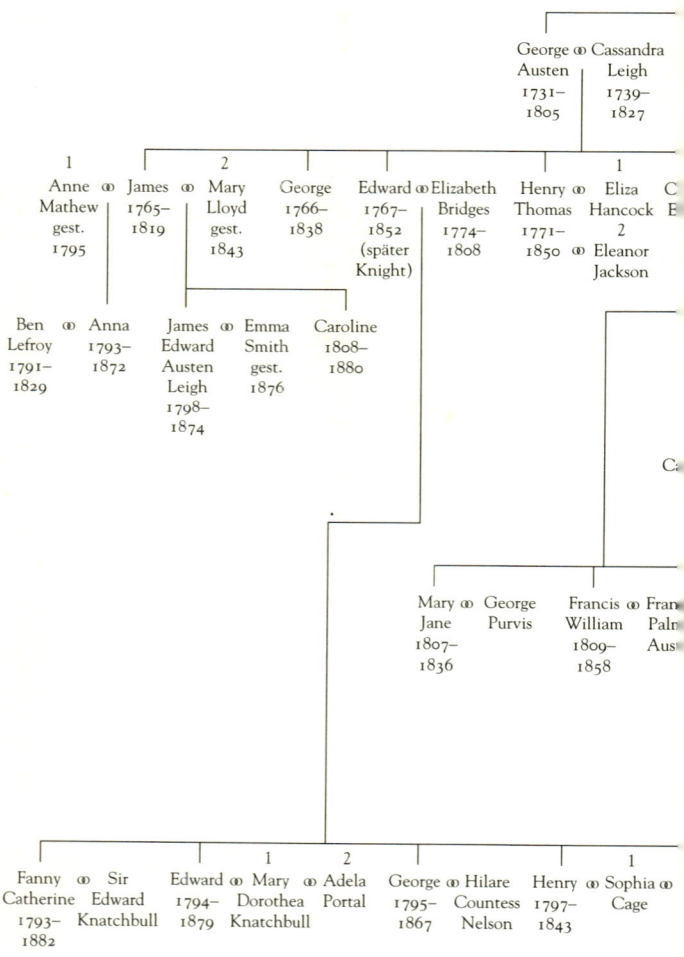

1 Erste Ehefrau
2 Zweite Ehefrau
① Erster Ehemann
② Zweiter Ehemann